国家出版基金项目
NATIONAL PUBLICATION FOUNDATION

"十三五"国家重点图书出版规划项目

城市安全风险管理丛书

编委会主任：王德学　总主编：钟志华　执行总主编：孙建平

城市道路设施运行风险防控

Operation Risk Prevention and Control of Urban Road Facilities

刘　斌　主　编　钱国辉　执行主编

同济大学出版社 · 上海

图书在版编目(CIP)数据

城市道路设施运行风险防控 / 刘斌主编；钱国辉执行主编. —上海：同济大学出版社，2021.12
(城市安全风险管理丛书 / 钟志华总主编)
“十三五”国家重点图书出版规划项目
ISBN 978-7-5765-0099-8

Ⅰ. ①城… Ⅱ. ①刘… ②钱… Ⅲ. ①城市道路—基础设施—风险管理—研究 Ⅳ. ①U412.37

中国版本图书馆 CIP 数据核字(2021)第 276991 号

“十三五”国家重点图书出版规划项目
国家出版基金资助
上海市促进文化创意产业发展财政扶持资金资助
城市安全风险管理丛书

城市道路设施运行风险防控

Operation Risk Prevention and Control of Urban Road Facilities

刘　斌　主编　　钱国辉　执行主编

出 品 人：华春荣
策划编辑：高晓辉　吕　炜　马继兰
责任编辑：李　杰
责任校对：徐逢乔
装帧设计：唐思雯

出版发行　同济大学出版社　www.tongjipress.com.cn
(地址:上海市四平路 1239 号　邮编:200092　电话:021-65985622)
经　　销　全国各地新华书店、建筑书店、网络书店
排版制作　南京文脉图文设计制作有限公司
印　　刷　上海安枫印务有限公司
开　　本　787mm×1092mm　1/16
印　　张　15
字　　数　374 000
版　　次　2021 年 12 月第 1 版
印　　次　2021 年 12 月第 1 次印刷
书　　号　ISBN 978-7-5765-0099-8
定　　价　88.00 元

内容简介

城市道路设施是维系城市交通正常运转的纽带，城市道路设施的风险防控是确保城市风险可控、城市救灾有保障的关键因素之一。本书基于“事前科学预防”“事中有效控制”“事后及时救济”的理念，系统介绍了道路、桥梁、隧道等城市道路设施在风险源辨识、检测、评估与风险防控等方面的特点、原理与方法，并通过案例分析给出具体实施过程与成效。

本书是城市道路设施规划、设计、管理和运营维护等相关技术人员的重要参考读物，同时也可作为高等院校道路、桥梁、隧道等相关专业的教材。

作者简介

刘斌

男，1969 年 11 月生，交通运输工程硕士。现任上海市交通委员会党组成员、副主任，上海市道路运输管理局党组书记、局长，曾任上海市路政局局长、上海市道路运输局常务副局长。长期从事道路设施、道路运输一线管理工作，在道路设施养护、大中修以及设施运维等方面做了大量深入的探索和实践。

“城市安全风险管理丛书”编委会

《城市道路设施运行风险防控》编撰人员

主　　　编　刘　斌

执行主编　钱国辉

编撰人员　杨　轸　阮　欣　柳　献　王金刚　陈　列　施小忠
钱钟达　李志明　商国平　张列学　张建华　朱微微
丁　炜　张佩良　谢世坤　魏　祎　董留群　王祺明
吴华勇　彭崇梅　周理含　彭子晖　王晓佳　季蓓蓉
罗艳利　陈　希

总序

浩荡40载，悠悠城市梦。一部改革开放砥砺奋进的历史，一段中国波澜壮阔的城市化历程。40年风雨兼程，40载沧桑巨变，中国城镇化率从1978年的17.9%提高到2017年的58.52%，城市数量由193个增加到661个(截至2017年年末)，城镇人口增长近4倍，目前户籍人口超过100万的城市已经超过150个，大型、特大型城市的数量仍在不断增加，正加速形成的城市群、都市圈成为带动中国经济快速增长和参与国际经济合作与竞争的主要平台。但城市风险与城市化相伴而生，城市规模的不断扩大、人口数量的不断增长使得越来越多的城市已经或者正在成为一个庞大且复杂的运行系统，城市问题或城市危机逐渐演变成了城市风险。特别是我国用40年时间完成了西方发达国家一二百年的城市化进程，史上规模最大、速度最快的城市化基本特征，决定了我国城市安全风险更大、更集聚，一系列安全事故令人触目惊心。北京大兴区西红门镇的大火、天津港的“8·12”爆炸事故、上海“12·31”外滩踩踏事故、深圳“12·20”滑坡灾害事故等等，昭示着我们国家面临着从安全管理1.0向应急管理2.0乃至城市风险管理3.0的方向迈进的时代选择，有效防控城市中的安全风险已经成为城市发展的重要任务。

为此，党的十九大报告提出，要“坚持总体国家安全观”的基本方略，强调“统筹发展和安全，增强忧患意识，做到居安思危，是我们党治国理政的一个重大原则”，要“更加自觉地防范各种风险，坚决战胜一切在政治、经济、文化、社会等领域和自然界出现的困难和挑战”。中共中央办公厅、国务院办公厅印发的《关于推进城市安全发展的意见》，明确了城市安全发展总目标的时间表：到2020年，城市安全发展取得明显进展，建成一批与全面建成小康社会目标相适应的安全发展示范城市；在深入推进示范创建的基础上，到2035年，城市安全发展体系更加完善，安全文明程度显著提升，建成与基本实现社会主义现代化相适应的安全发展城市。

然而，受制于一直以来的习惯性思维，当前我国城市公共安全管理的重点还停留在发生事故的应急处置上，突出表现为“重应急、轻预防”，导致对风险防控的重要性认识不足，没有从城市公共安全管理战略高度对城市风险防控进行统一谋划和系统化设计。新时代要有新思路，城市安全管理迫切需要由“强化安全生产管理和监督，有效遏制重特大安全事故，完善突发事件应急管理体制”向“健全公共安全体系，完善安全生产责任制，坚决遏制重特大安全事故，提升防灾减灾救灾能力”转变，城市风险管理已经成为城市快速转型阶段的新课题、新挑战。

理论指导实践，“城市安全风险管理丛书”（以下简称“丛书”）应运而生。“丛书”结合城市安全管理应急救援与城市风险管理的具体实践，重点围绕城市运行中的传统和非传统风险等热点、痛点，对城市风险管理理论与实践进行系统化阐述，涉及城市风险管理的各个领域，涵盖城市建设、城市水资源、城市生态环境、城市地下空间、城市社会风险、城市地下管线、城市气象灾害以及城市高铁运营与维护等各个方面。“丛书”提出了城市管理新思路、新举措，虽然还未能穷尽城市风险的所有方面，但比较重要的领域基本上都有所涵盖，相信能够解城市风险管理人士之所需，对城市风险管理实践工作也具有重要的指南指引与参考借鉴作用。

“丛书”编撰汇集了行业内一批长期从事风险管理、应急救援、安全管理等领域工作或研究的业界专家、高校学者，依托同济大学丰富的教学和科研资源，完成了若干以此为指南的课题研究和实践探索。“丛书”已获批“十三五”国家重点图书出版规划项目并入选上海市文教结合“高校服务国家重大战略出版工程”项目，是一部拥有完整理论体系的教科书和有技术性、操作性的工具书。“丛书”的出版填补了城市风险管理作为新兴学科、交叉学科在系统教材上的空白，对提高城市管理理论研究、丰富城市管理内容，对提升城市风险管理水平和推进国家治理体系建设均有着重要意义。

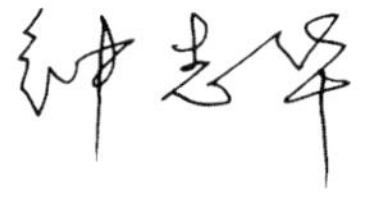

中国工程院院士

2018年9月

前言

当前我国城镇人口占比已经超过63%，未来十年城镇化进程仍将快速推进。人口不断向城市集聚，这对城市治理者的城市治理能力和水平提出了更高的要求。城市道路设施作为城市健康运行的循环系统，其运行风险防控对整个城市的安全运行具有重要意义。

本书由长期从事城市道路设施运行相关工作的专家、学者、一线技术人员等组成团队完成编撰，旨在系统介绍城市道路设施的风险防控基本理论、方法与实践。

本书可为城市道路设施规划、设计、建设施工、运行管理、检测（监测）等相关技术人员提供参考和借鉴，也可作为高等院校道路、桥梁、隧道等相关专业的教材。

本书共6章。第1章概略介绍了城市道路设施的基本组成、性能要求、风险源辨识常用方法、风险评估及防控要求；第2章介绍了道路、桥梁、隧道主要运行风险及风险源；第3章介绍了城市道路路基失稳、路面损坏与功能失效、附属设施破坏等方面的检测（监测）、性能评估与风险防控方法；第4章介绍了城市桥梁在自然灾害、车船事故等方面的风险特点及风险防控方法与实践；第5章介绍了基于全生命周期的城市隧道风险防控理论，针对预防性养护及隧道水害、冻害、地震、火灾等典型灾害风险的防控策略与措施；第6章介绍了城市道路、桥梁、隧道三类典型城市道路设施运行风险的检测、评估、防控的工程实践案例。

本书在编撰过程中得到了同济大学、同济大学风险管理学院、上海市道路运输管理局、上海市道路运输事业发展中心、上海城建城市运营（集团）有限公司、上海市政工程设计研究总院（集团）有限公司、上海城市建设设计研究总院（集团）有限公司、上海市隧道工程轨道交通设计研究院、上海市建筑科学研究院（集团）有限公司、上海勘察设计研究院（集团）有限公司、上海市地质调查研究院、上海市市政公路工程检测有限公司、上海巨一科技发展有限公司等单位的大力支持，在此表示感谢。

鉴于城市道路设施运行风险防控方面的系统性总结尚属首次，且受编著者的学识水平和实践经验所限，许多理念和经验总结也仅针对上海市的既有实践，疏漏和不当之处请读者批评指正。

编著者

2021年12月

目　录

1 绪　　论

1.1 城市道路设施构成及服役性能要求

城市道路设施主要包括城市道路、城市桥梁和城市隧道三个方面。

1.1.1 城市道路

1.1.1.1 城市道路分类

城市道路根据其在城市道路系统中的地位和交通功能，可分为快速路、主干路、次干路和支路。

快速路：为流畅地处理城市大量交通而建筑的道路。快速路应有平顺的线形，与一般道路分开，满足交通安全、通畅和舒适的要求。当快速路与交通量大的干路相交时应采用立体交叉，与交通量小的支路相交时可与辅道形成平面交叉，并有控制交通的措施。快速路两侧有非机动车道时，必须设完整的分隔带。当快速路横过车行道时，需经由信号控制的交叉路口或地道、天桥。

主干路：连接城市各主要部分的交通干路，是城市道路的骨架，其主要功能是交通运输。主干路上的交通要保证一定的行车速度，故应根据交通量的大小设置相应车行道的宽度，以供车辆通畅地行驶。线形应顺捷，交叉口宜尽可能少，以减少相交道路上车辆进出的干扰。平面交叉要有控制交通的措施，交通量超过平面交叉口的通行能力时，可根据规划采用立体交叉。机动车道与非机动车道应用隔离带分开。在交通量大的主干路上，快速机动车如小客车等也应与速度较慢的卡车、公共汽车等分道行驶。主干路两侧应有适当宽度的人行道，并应严格控制行人横穿主干路。主干路两侧不宜建设吸引大量人流、车流的公共建筑物，如剧院、体育馆、大商场等。

次干路：一个区域内的主要道路，是一般交通道路，兼有服务功能，配合主干路共同组成干路网，起广泛联系城市各部分与集散交通的作用。一般情况下快慢车混合行驶，条件许可时也可另设非机动车道。道路两侧应设人行道，并可设置吸引人流的公共建筑物。

支路：次干路与居住区的联络线，为局部地区交通服务，也起集散交通的作用，两侧可有人行道，也可有商业性建筑。

1.1.1.2 城市道路结构组成

城市道路按照路面性质主要分为刚性路面和柔性路面两大类，前者以水泥混凝土路面为代表，后者以沥青混凝土路面为代表。刚性路面的特点是在荷载作用下产生板体作用，弯拉强度大、弯沉变形很小，它的破坏取决于极限弯拉强度。柔性路面的特点是荷载作用下产生的弯沉变形较大、抗弯强度较小，它的破坏取决于极限垂直变形和弯拉应变。

城市道路由路面和路基构成。路面是指在路基顶面的行车部分，用不同粒料或混合料铺筑而成的层状结构物。路基是指在地表按道路的线形（位置）和断面（几何尺寸）的要求开挖或堆填而成的岩土结构物。行车荷载和自然因素对路面的影响随路基深度的增加而逐渐减弱，对路面材料的强度、刚度和稳定性的要求也随路基深度的增加而逐渐降低。为适应这一特点，绝大部分路面结构是多层次的，按使用要求、受力状况、土基支承条件和自然因素影响程度的不同，路基顶面采用不同规格和要求的材料分别铺设垫层、基层和面层等结构层。

面层是直接与行车和大气相接触的层位，承受行车荷载引起的竖向力、水平力和冲击力，同时又受降水的侵蚀作用和温度变化的影响。因此，面层应具有较高的强度、刚度、耐磨性、不透水性和高低温稳定性，并且其表面层还应具有良好的平整度和粗糙度。面层可由一层或数层组成，高等级路面面层可划分为磨耗层、面层上层、面层下层，或上（表）面层、中面层、下（底）面层。

基层是路面结构中的承重层，主要承受车辆荷载的竖向力，并把由面层下传的应力扩散到土基，故基层应具有足够的、均匀一致的承载力和刚度。基层受自然因素的影响虽不如面层强烈，但沥青类面层下的基层应有足够的水稳定性，以防基层湿软后变形过大导致面层损坏。

垫层是介于基层和土基之间的层位，其作用为改善土基的湿度和温度状况，保证面层和基层的强度稳定性和抗冻胀能力，以及扩散由基层传来的荷载应力，以减小土基产生的变形。因此，通常在土基湿度、温度状况不良时设置垫层。垫层材料应具备良好的水稳定性。

1.1.1.3 城市道路性能要求

1. 路面的性能要求

路面直接承受行车的作用力。设置路面结构可以改善车辆的行驶条件，提高道路服务水平（包括舒适性和经济性），以满足交通运输的要求。路面的性能指标包括以下六个方面。

（1）平整度。平整的路表面可减小车轮对路面的冲击力，行车产生的附加振动小，不会造成车辆颠簸，能提高行车速度和舒适性，且不会增加运行费用。依靠优质的施工机具、精细的施工工艺、严格的施工质量控制及经常、及时的维修养护，可实现路面的高平整度。为减缓路面平整度的衰减速率，应重视路面结构及面层材料的强度和抗变形能力。

（2）承载能力。车辆荷载作用在路面上会使路面结构内产生应力和应变，如果路面结构整体或某一结构层的强度或抗变形能力不足以抵抗这些应力和应变，路面便会出现开裂或变形（沉陷、车辙等），导致路面服务水平下降。路面结构暴露在大气中，受到温度和湿度的周期性影响，承载能力也会下降。路面在长期使用中会出现疲劳损坏和塑性累积变形，需要维修养护，但频繁维修养护势必会干扰正常的交通运行。为此，路面必须满足设计使用年限的要求，具有足够的抗疲劳破坏和塑性变形的能力，即具备相当高的疲劳强度和刚度。

（3）温度稳定性。路面材料特别是表面层材料，长期受到水文、温度、大气因素的作用，材料强度会下降，材料性状会变化，如沥青面层老化，弹性-黏性-塑性逐渐丧失，最终路况劣化，导致车辆运行质量下降。为此，路面必须保持较高的稳定性，即具有较低的温度、湿度敏感性。

（4）抗滑能力。光滑的路表面使车轮缺乏足够的附着力，车辆在雨雪天行驶以及紧急制动或转弯时，车轮易产生空转或溜滑危险，极有可能造成交通事故。因此，路表面应平整、密实、粗糙、耐磨，具有较大的摩擦系数和较强的抗滑能力。路面抗滑能力强，可缩短车辆的制动距离，降低交通安全事故发生的频率。

（5）透水性。普通路面应具有不透水性，以防止水渗入道路结构层和土基，致使路面的使用功能损失。要求路面具有透水功能时，必须在透水层之下设置隔水层，防止雨水下渗进入路基，造成路基的结构性破坏。

（6）噪声量。城市道路使用过程中产生的交通噪声，使人们出行时感到不舒适，降低沿线居民生活质量。城市区域应尽量使用低噪声路面，为营造静谧的社会环境创造条件。

2. 路基的性能要求

路基既为车辆在道路上行驶提供基本条件，也是道路的支撑结构物，对路面的使用性能有重要影响。路基性能指标主要有以下两个方面。

（1）整体稳定性。在地表上填筑或开挖路基，必然会改变原地层（土层或岩层）的受力状态。原先处于稳定状态的地层，有可能由于填筑或开挖而引起力学状态不平衡，导致路基失稳。在软土地层上填筑高路堤产生的填土附加荷载如果超出软土地基的承载力，就会造成路堤沉陷；在山坡上开挖深路堑将使上侧坡体失去支承，有可能造成坡体坍塌破坏。在不稳定的地层上填筑或开挖路基会加剧滑坡或坍塌。因此必须保证路基在不利的环境（地质、水文或气候）条件下具有足够的整体稳定性，以发挥路基在道路结构中的强力承载作用。

（2）变形量。路基及其下承的地基，在自重和车辆荷载作用下会产生变形，当地基软弱、填土过分疏松或潮湿时，所产生的沉陷或固结、不均匀变形，会导致路面出现过量的变形和应力增大，使路面过早破坏并影响车辆行驶舒适性。因此，必须尽量控制路基、地基的变形量，才能给路面以坚实的支承。

3. 附属设施的性能要求

城市道路除了路基、路面主体结构外，还有较多的附属设施，这些附属设施可以为车辆提供行车信息和引导，为车辆提供安全防护，也可为行人、非机动车等其他交通参与者提供引导及防护。此外，城市道路还为城市供水、供电、通信、供暖等提供布设空间及防护，这些也应作为城市道路附属设施综合考虑。

1）交通标志

道路交通标志是用图案、符号和文字传递特定信息，用以管理交通的安全设施，一般设置在路侧或道路上方。交通标志应使交通参与者在很短的时间内看清、认知并完全明白其含义，并在适当的时机采取正确的措施。故交通标志必须具有良好的视认性、易读性和公认性。交通标志通常包括警告、禁令、指示、指路等类型。从使用上讲，交通标志应满足如下要求：

（1）结构稳定。交通标志应具备稳固的基础、结实的支撑杆件和一定强度的板面结构，具备抗风、抗震和抗冲击的能力。

（2）良好的耐久性。交通标志暴露在阳光、雨水和大气环境中，应具备足够的使用寿命。交通标志结构应满足抗腐蚀、耐氧化等要求，其板面还应满足防褪色、抗剥落、耐紫外线等要求。

2）交通标线

道路交通标线是由各种路面标线、箭头、文字、立面标记、突起路标和路边线轮廓标等组成的交通安全设施。其作用是交通管制和引导交通，可以和交通标志配合使用，也可以单独使用。道路交通标线按其功能可分为纵向标线、横向标线和其他标线。从使用上讲，交通标线应满足如下要求：

（1）夜间反光性能好。现代交通不仅要求昼时效果，也要注重夜间效果。夜间反光性能良好的标线可大大提高夜间行车的安全性，同时也可提高夜间的行车效率。

（2）附着力强。要求标线涂料与地面之间具有较强的附着力，这样才能充分保证标线完整和清晰。

（3）经久耐磨，使用寿命长。标线涂料应具有较长的使用寿命，这样才能保证标线在较长时间内完整清晰。同时也可省去多次施工所造成的人力、物力浪费，并减少对正常交通的阻碍和影响。

(4) 耐候性好，抗污染、抗变色。要求标线涂料能长期保持鲜明度，自然老化速度缓慢。

3) 防护设施

道路防护设施用来限定和防护车辆、非机动车、行人等交通参与者的活动范围，保护其不受其他运动物体的侵犯或不侵犯其他运动物体。常见的防护设施包括城市道路中央分隔带防撞护栏、防眩板、波形梁护栏、中央分隔带开口处活动护栏、跨线桥防护网、隔离栅、交通护栏等。从使用上讲，防护设施应满足如下性能要求：

(1) 足够的防护能力。快速路、主干路上用于阻止车辆碰撞后侵入路侧或对向车道的防撞护栏应具有足够的强度、性能以及防跨越的能力。通常采用混凝土护栏、波形梁护栏等形式。

(2) 隔离功能。除了用于机动车与机动车隔离的防撞护栏，还有用于机动车与非机动车以及非机动车与行人隔离的隔离栏。隔离栏应具有一定的高度并连续布设，防止随意穿越，同时具有一定的通透性和美观性。

(3) 耐候性。由于长期暴露在外，受紫外线、雨水等侵袭，防护设施应具备耐候性。防护设施上附带反光或引导标识的，还应具有较低的色衰变性。

4) 地下管线

城市地下管线是指城市范围内供水、排水、燃气、热力、电力、通信、广播电视等管线及其附属设施，是保障城市运行的重要基础设施和“生命线”。从使用上讲，地下管线应满足如下性能要求：

(1) 防泄漏。供排水管一旦发生泄漏，可能显著降低地基强度，导致路基湿陷、沉降等问题。特别是作为压力管的供水管道一旦发生破损，将对土体产生严重的冲刷，导致路基产生空洞，如果管线埋置较深，其病害延伸到路面后将导致车辆或人员坠落等严重人身伤亡事故。燃气管线的泄漏可能导致爆炸等事故。此外，由于地下水的存在，电路、通信等管线的破损可能导致水进入管线，长期浸泡对线路安全是巨大的隐患。

(2) 耐久性。地下管线长期埋置在地下，受荷载、地下水、反复冻融(特别是北方城市)等作用，并且需要维持其耐压、防渗漏等性能，因此需具备较好的耐久性。

1.1.2 城市桥梁

1.1.2.1 城市桥梁分类

城市桥梁的分类方式很多，可以从受力特点、建桥材料、适用跨度、施工方法等方面来划分。①按受力特点可分为梁式桥、拱式桥、斜拉桥、悬索桥和组合体系桥；②按建桥材料可分为圬工桥、钢筋混凝土桥、预应力混凝土桥、钢桥、钢-混组合结构桥和木桥等；③按桥梁多孔跨径总长或单孔跨径长度，可分为特大桥、大桥、中桥和小桥；④按用途可分为公路桥、铁路桥、公铁两用桥、农用桥、人行桥、水运桥以及其他专用桥梁；⑤按跨越障碍的性质可分为跨河桥、跨线桥（立体交叉桥）、高架桥和栈桥；⑥按行车道位置可分为上承式桥、下承式桥和中承式桥；⑦按施工方法可分为整体式施工桥梁和节段式施工桥梁。

1. 按受力特点分

梁式桥是一种在竖向荷载作用下不产生水平反力的结构。在竖向荷载作用下，梁发生弯曲变形并产生竖向挠度。梁式桥的跨径一般较其他桥型的小，梁高较大，因此其体系刚度也较大，通常采用抗拉能力强的材料（钢筋混凝土、钢-混凝土组合结构等）建造。

拱式桥的主要承重构件是拱圈或拱肋。在竖向荷载作用下，在桥墩和桥台处将产生水平推力。拱主要承压，因此可以充分利用抗压性能好的圬工材料（石料、混凝土等）。在地基条件不佳时，还可以修建带系杆的无推力拱式桥。

斜拉桥主要由塔、梁和斜拉索等组成。大跨度的主梁在斜拉索的支承下，像多个弹性基础上的小跨度连续梁一样工作，使主梁内的弯矩大大减小。所以相对于梁式桥，斜拉桥的主梁尺寸大大减小，结构自重显著减轻，跨越能力大幅提高。

悬索桥是用悬挂在两边塔架之间的强大主缆作为主要承重构件的悬吊结构。在竖向荷载作用下，吊杆将荷载传递到主缆上，主缆支承在桥塔上并最终锚固于锚碇中，将荷载通过桥塔和锚碇传至基础。有时也可将主缆直接锚固在主梁上，形成自锚式悬索桥。

组合体系是两种或两种以上基本体系桥梁为充分发挥各自特长而组合成的桥梁体系。组合体系的受力特点继承了基本体系的受力特点，但需要注意不同体系间的连接问题。

2. 按跨越障碍的性质分

跨河桥是城市中较为常见的桥梁类型，且有相当一部分是用于非机动车和行人通行的。这类桥梁多具有一定的观赏价值，是将桥与周围环境关联在一起进行整体打造的范例。

跨线桥为上跨式横过公路的设施，通常设置在行人、自行车和其他车辆横跨高速公路及一级公路的地点，特别是交通流冲突较严重的地方，如车站、大型商业中心或其他交叉口处。跨线桥分为分离式和互通式，前者只保证上下层线路的车辆各自独立通行，后者能使上下层线路的车辆相互通行。为减少噪声，跨线桥多为预应力混凝土桥。

高架桥一般是指跨越深沟峡谷以代替高路堤的桥梁，以及在城市桥梁中跨越道路的桥梁，由高支撑的塔或支柱支撑。城市发展后，交通拥挤，建筑物密集，而街道又难以拓宽，采用高架桥可以降低交通密度，提高运输效率。此外，在城市间的高速公路或铁路，为避免和其他线路平面交叉、节省用地、减少路基沉陷，也可采用高架桥。

栈桥是在车站、港口、矿山或工厂，用于装卸货物，或上下旅客，或专供施工现场交通、机械布置及架空作业用的临时桥式结构。按使用的材料可分为木栈桥和钢栈桥。

1.1.2.2 城市桥梁组成

城市桥梁由“五大部件”和“五小部件”组成。

1. 五大部件

五大部件是指桥梁承受行驶在桥面上的车辆和其他荷载或作用的桥跨上部结构和下部结构，它们必须通过严格的计算与分析进行设计，是桥梁结构安全服役的重要保证。其具体包括以下部分。

(1) 桥跨结构：线路跨越障碍的结构物，是桥梁结构的关键结构。

(2) 支座系统：在桥跨结构与桥墩、桥塔的支承处所设置的传力装置。支座不仅要有传递较大荷载的能力，还要保证桥跨结构能产生一定的变位。

(3) 桥墩：在河中或岸上支承桥跨结构的构筑物，将支座系统传来的力传给基础。

(4) 桥台：设置在桥的两端，一边与路堤相接，以防止路堤垮塌；另一边支承桥跨结构的端部。为保护桥台和路堤填土，桥台周围通常要设置锥形护坡、挡土墙等防护工程。

(5) 墩台基础：保证墩台安全并将荷载传递至地基的结构。

2. 五小部件

五小部件是指直接与桥梁服务功能有关的部件，也称为桥面构造，具体包括以下部分。

(1) 桥面铺装：也称行车道铺装。为保证行车舒适，铺装的平整、耐磨、不翘曲、不渗水等性能均需满足相关要求。

(2) 排水防水系统：要求能迅速排除桥面积水，并将渗水的可能性降至最小，应保证桥下无滴水和结构上无漏水现象。

(3) 栏杆(或防撞护栏)：既是保证安全的构造措施，又是提升结构观赏性的装饰件。

(4) 伸缩缝：桥跨上部结构之间或桥跨上部结构与桥台端墙之间所设置的缝隙，用以保证结构在各种因素作用下的变位，使行车舒适、不颠簸。

(5) 灯光照明：用于夜间行车照明，同时也是城市夜景的重要组成部分。

1.1.2.3 城市桥梁服役性能要求

城市桥梁的设计应符合城乡规划要求，根据道路功能、等级、通行能力以及抗灾要求，结合水文、地质、环境条件进行综合设计。桥梁结构应按承载能力极限状态和正常使用极限状态进行设计，并应同时满足构造和工艺方面的要求。桥梁结构构件的设计应符合国家现行有关标准和规范的规定。

(1) 构件在制造、运输、安装和使用过程中，应具有规定的强度、刚度、稳定性和耐久性。选用的型式应便于制造、施工和养护。

（2）构件应减小由附加力、局部力和偏心力引起的应力。结构或构件应根据其所处的环境条件进行耐久性设计；采用的材料及其技术性能应符合相关标准和规范的规定。

（3）桥梁防撞护栏及人行道栏杆应具有足够的强度，并应与桥梁主体结构可靠连接。

（4）桥梁应进行抗震设计。当受到城市区域条件限制，需建斜桥、弯桥、坡桥时，应根据其具体特点，作为特殊桥梁进行设计。

（5）桥梁基础沉降量应符合现行行业标准。对外部为超静定体系的桥梁，应控制引起桥梁上部结构附加内力的基础不均匀沉降量，宜在结构设计中预留调节基础不均匀沉降的构造装置或空间。

（6）桥梁应根据所在道路等级、使用功能、工程规模和不同的桥型结构设置照明、交通信号标志、航运信号标志、航空障碍标志、防雷接地装置以及桥面防水、排水、检修、护栏等附属设施和安全设施。

此外，城市桥梁属于城市中的特殊建筑，除了关注它们的位置、占地、布局等建设标准以及车辆、行人通行等使用功能的安全性、舒适性、便捷性等性能指标，还要关注桥梁结构造型对城市空间、文化等方面的综合影响。

1.1.3 城市隧道

1.1.3.1 城市隧道分类

城市隧道是指从地下穿越城市水体、建筑物、道路或地块，通行轨道车辆、机动车、非机动车或行人的人工建筑物。

大量新技术的研发和应用使得隧道和地下工程的地质适应能力、安全质量等水平有了很大提高，按照施工技术可以把隧道分成盾构隧道、沉管隧道、明挖隧道、暗挖隧道以及顶管隧道。下面将主要介绍盾构隧道、沉管隧道、明挖隧道和暗挖隧道。

盾构隧道目前广泛运用于公路、铁路以及轨道交通等隧道中。盾构机在地下土体开挖过程中，主要通过盾构机外壳和管片承受四周土体或围岩释放的应力，防止隧道内发生坍塌、沉陷等事故。近年来，由于土压平衡、泥水平衡、盾尾密封等一些技术难题得到了有效解决，盾构技术得到了较快的发展，目前盾构技术趋于成熟，自动化程度不断提高，正向着断面多元化、复杂地层掘进技术等方向继续发展。

沉管隧道是一种穿越江、河、湖、海峡等水域的水下隧道，将很多节预制的钢管段或钢筋混凝土管段，依次浮运到隧道现场，沉放安装，并在水面下将管段连接而成的水下通道。

明挖隧道是通过提前施作围护结构，从地面开始向下挖到设计结构处，施工完结构再回填恢复到原状地面的一种施工方法。明挖法一般来说经济性好，施工比较可靠，安全性高，能保证主体结构的质量,但是施工时对周边环境及交通影响较大。

暗挖隧道是直接在土体内部开挖,不需要从地面一直挖下去(当然竖井和工作井还是需要明挖的)的一种施工方法。此外还有盖挖法等介于明挖法和暗挖法之间的工法。暗挖法一般相对造价较高,施工风险大,技术难度大,但施工时对周边环境及道路交通影响小,能尽快恢复交通,特别适用于市中心和一些埋深很深的结构。

1.1.3.2 城市隧道结构组成

城市隧道结构由洞身、衬砌、洞门以及附属建筑物组成。

(1) 洞身:隧道结构的主体部分,是列车通行的通道,其净空应符合国家规定的铁路隧道建筑限界的要求,其长度由两端洞门的位置来决定。

(2) 衬砌:承受地层压力,维持岩体稳定,阻止坑道周围地层变形的永久性支撑物。它由拱圈、边墙、托梁和仰拱组成。拱圈位于坑道顶部,呈半圆形,为承受地层压力的主要部分。边墙位于坑道两侧,承受来自拱圈和坑道侧面的土体压力,可分为垂直形和曲线形两种。托梁位于拱墙和边墙之间,用来支承拱圈,防止拱圈底部挖空时发生松动开裂。仰拱位于坑底,形状与一般拱圈相似,但弯曲方向与拱圈相反,用来抵抗土体滑动和防止底部土体隆起。

(3) 洞门:位于隧道出入口处,用来保护洞口土体和边坡稳定,排除仰坡流下的水。它由端墙、翼墙及端墙背部的排水系统组成。

(4) 附属建筑物:为工作人员、行人及运料小车避让列车而修建的避人洞和避车洞;为防止和排除隧道漏水或结冰而设置的排水沟和盲沟;为机车排出有害气体而设置的通风设备;电气化铁道的接触网、电缆槽;等等。

1.1.3.3 城市隧道的性能要求

为有效保障城市隧道运营安全,应明确隧道设施的性能及具体要求。隧道性能一般包括安全性、使用性和可修复性(韧性)。

隧道安全性能要求包括隧道结构安全与行车安全,体现在以下五个方面:①在结构稳定性方面保证隧道不会破坏坍塌;②确保建筑界限与间距;③在路基稳定性方面不能有影响列车安全运行的底鼓、沉降、移动等;④在剥落掉块方面不能有影响列车安全运行的混凝土掉块或修补材料剥落;⑤在漏水、冻害的安全影响方面不能有影响列车安全运行的漏水或冻结。

使用性能要求有三点:①保障隧道内的设备能正常运行,不能有影响洞内设备性能的漏水或冻结;②表面污垢不能影响隧道检查及病害检测;③不能对周边环境产生有害影响。

可修复性能要求：隧道结构在突发灾害时具有良好的韧性或可修复性，不会发生隧道坍塌破坏。

1.2 风险源辨识方法

1.2.1 安全检查表法

安全检查表起源于20世纪30年代工业迅速发展时期，当时由于安全系统工程尚未出现，安全专家为解决企业生产中日益增多的事故，基于系统工程的相关思想编制了安全检查表。

安全检查表法(Safety Checklist Analysis, SCA)是依据国家及地方法律法规、行业相关标准及规范，对工程、系统中的危险类别、设计缺陷和涉及工艺设备、操作、管理的潜在危险性和有害性进行判别审查的一种方法。安全检查表法是一种最通用的定性安全评价方法，可用于城市道路设施运行风险及防控中各类设施设备的运行、管理阶段以及事故调查等过程。

安全检查表法是按照项目列出的检查表进行分析，以确定各项设施的状态是否符合安全要求，通过检查发现系统中存在的安全隐患，提出改进措施。检查项目可以包括城市道路设施、设备、操作、管理等各方面。

安全检查表主要依据以下项目进行编制：

(1) 国家和地方的相关法律、法规、政策、标准及规范，行业、企业的规章制度、标准及安全生产操作规程等。

(2) 国内外本行业及相关行业的事故统计案例、经验教训等。

(3) 行业及企业安全生产的经验，包括已知的引发事故的各种潜在危险因素及避免或减少事故发生的相关经验等。

1. 安全检查表法主要步骤

(1) 收集评价对象的设计、运行、管理等相关的图纸、数据资料。

(2) 针对工程特点，选择或编制安全检查表。

(3) 由领域相关专家对工程现场进行勘察，并作出评价。

(4) 数据分析汇总，并给出评价结果及改善建议。

2. 安全检查表的优缺点

优点：

(1) 由于在检查表编制前已收集了行业相关的大量数据，因此可较为系统全面地核查工程项目的危险因素和有害因素，在一定程度上可避免危险源统计的遗漏。

（2）安全检查表依据国家和地方的相关法律、法规、政策、标准及规范进行编制，保证了实施过程的合法性及合理性。

（3）安全检查表简明易懂，便于检查人员按表逐项检查，成本较低，可操作性较强。

缺点：

（1）安全检查表的编制受制于参编者的行业知识及经验水平。

（2）对于一些检查项目，较难给出量化评价结果。

（3）只能对目前已知的安全风险评价项目进行评价。

1.2.2 故障树分析法

故障树分析法（Fault Tree Analysis, FTA）是一种自上而下的演绎式失效分析法，于1961年由美国贝尔电话研究所沃森（H. A. Watson）和默恩斯（A. B. Mearns）首次提出并用于分析导弹发射控制系统。其通过布林逻辑组合低阶事件，分析系统中不希望出现的状态。故障树分析法主要用于工程项目的安全性及可靠度分析，通过分析系统失效原因，寻找到降低风险的最优方法，也可用于确认某一安全事故或特定系统失效的发生概率。

许多政府及行业技术标准中都涉及故障树分析法，当系统复杂到一定程度时，可能会由于一个或多个子系统失效而导致整个系统失效。整体失效的可能性可以通过系统设计的提升来降低。故障树分析法利用构建整个工程系统的逻辑图示，分析得到系统失效结果与各子系统以及冗余安全设计元件之间的关系。故障树通常使用传统的逻辑门符号表示，故障树中从初始事件（initiator）到事件之间的路径称为分割集合（cut set），从初始事件到事件的最短可能路径称为最小分割集合（minimal cut set）。

1. 故障树分析法主要步骤

1）定义要探讨的顶事件

顶事件的定义可能非常困难，可请行业内经验丰富的专家经过充分调研后进行分析，充分讨论后对顶事件进行列举。顶事件可以通过故障树分析法进行分析，一个故障树只能对应一个需要避免的顶事件。

2）获得工程项目全面、系统的资料

若选择了需要避免的顶事件，要研究并分析所有影响顶事件的原因及其发生概率，可通过电脑软件研究相关概率，从而进行成本较低的系统分析。

3）故障树绘制

在确定顶事件后，可从工程项目整个系统对事件进行因果分析，核查汇总导致顶事件的所有原因，并绘制故障树。

4）故障树评估

在针对顶事件绘制故障树后，对故障树进行定量计算，计算出顶事件发生概率、各底事件的结构重要度、概率重要度、关键重要度等指标，并对所有可能的改善方式进行分析和评估。

2. 故障树分析法主要特点

（1）故障树分析法是一种图形演绎法，不局限于对系统作一般的可靠性分析，而是可围绕一个或一些特定的失效状态，作层层追踪分析。

（2）故障树分析法不仅可以应用于工程项目可靠性问题分析，也可用于工程项目经济性管理中。

（3）故障树建树过程复杂，需要经验丰富的工程专家、技术人员、管理人员、操作及维修人员等共同商讨分析。

3. 故障树分析法的优缺点

优点：

（1）故障树分析法对事故发生原理剖析更加透彻，可围绕一个或一些特定的失效状态，作层层追踪分析。

（2）因故障树可对系统故障的各种可能因素进行整体考量，因此有利于提高系统的可靠性。

（3）通过故障树可以定量得到复杂系统的失效概率和其他可靠性特征量，为评估和改进工程系统的可靠性提供定量数据。

缺点：

（1）故障树分析首先需要建树，建树过程复杂，且受制于故障树编制者的知识及经验水平。

（2）系统越复杂，资料收集难度越大，建树越困难，耗时越长。

1.2.3 德尔菲技术

德尔菲技术（Delphi Technique）是一种综合多名专家经验与主观判断的决策方法，本质上是一种匿名反馈函询法。1946 年，美国兰德公司首次用该方法进行预测，随后该方法很快被广泛运用。

1. 德尔菲技术主要步骤

（1）根据工程项目特点，邀请行业内具有丰富经验的专家。

（2）收集评价对象的设计、运行、管理等相关的图纸、数据资料并提供给专家，请专家各自独立发表意见，并形成书面材料。

(3) 管理者汇总参评专家的全部意见后，再将汇总报告反馈给各位专家，并请他们再次独立发表意见，形成书面材料。

(4) 分析专家第二轮意见，若仍存在较大分歧，可以召集专家针对分歧点进行集中讨论；若不存在较大分歧，则管理者可分头与专家沟通，形成代表专家组意见的方案。

2. 德尔菲技术实施注意事项

(1) 由于专家成员之间可能存在联系，一些专家也许出于不愿批评或否定其他人观点的想法而放弃自己的合理主张。因此必须采用专家匿名咨询的方法，由每个专家单独提出意见，尽量避免集体讨论。

(2) 应基于专家对行业及工程项目的了解程度对专家进行挑选。专家既可以是一线管理人员，也可以是高校或科研机构等的外聘专家。

(3) 应尽可能多地收集评价对象的设计、运行、管理等相关的图纸、数据资料并提供给专家，以保证评价结果的全面性及可靠性。

(4) 由于采用专家匿名咨询的方法，各专家在提出意见前未进行沟通交流，因此在德尔菲技术实施前，需尽量明确问题的含义以保证所有专家能够从同一角度去理解同一问题。

(5) 允许专家对事项进行较为粗略的量化评分，但需专家说明评分数字的准确程度以供综合分析。

3. 德尔菲技术优缺点

德尔菲技术与传统的专家以开会的形式集体讨论而形成一致意见具有本质上的不同，其匿名咨询的特点可放大专家的自主评议优势，但也因此存在一定程度的片面性。

优点：

(1) 能充分发挥各位专家的个体作用，避免了专家间相互影响，避免出现专家不愿意发表与其他人不同意见的情况。

(2) 通过汇总结果并再次反馈给每位专家的形式，可将分歧点充分体现，使问题分析更加透彻。

(3) 通过匿名咨询的方式，以便每位专家能够独立自由地作出个人判断，也可避免专家出于自尊心而不愿意修改完善自己之前不全面意见的情况。

(4) 决策过程可经历数轮结果反馈和再决策的过程，使专家提出的各个问题都能够被充分全面地考虑。

缺点：

(1) 专家间缺少思想沟通，提出的意见可能存在一定程度的片面性。

(2) 评价效果对专家选择和专家对工程项目的经验水平存在较强依赖性。

1.2.4 鱼骨图方法

1. 鱼骨图方法基本原理

用于事件风险源识别的图解技术主要指因果图法,因果图又称为鱼骨图或石川图,是日本管理大师石川馨发明的一种用于发现问题"根本原因"的方法,已被广泛应用于安全系统工程和质量管理工程中。其特点是简捷实用,深入直观。

因果图法通过映射判定表与多个输入条件间的相互影响关系来确定判定条件。问题的特性总是受到一些因素的影响,通过头脑风暴法找出这些因素,并将它们与特性值一起,按相互关联性整理成层次分明、条理清楚并标出重要因素的图形,如图 1-1 所示。因其形状如鱼骨,所以又称为鱼骨图(以下即称鱼骨图),它是一种透过现象看本质的分析方法。

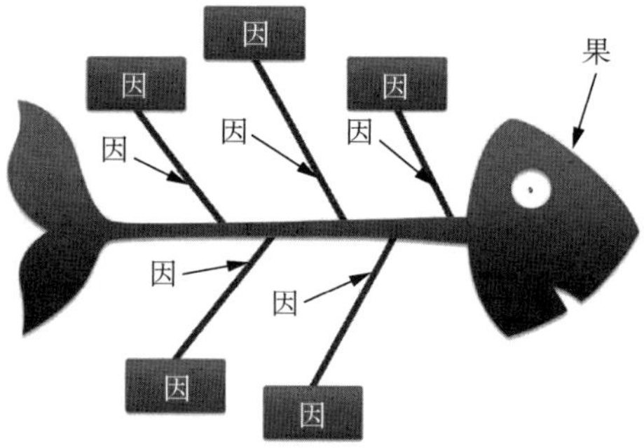

图 1-1 鱼骨图原理

鱼骨图包括三种类型,分别是整体问题型鱼骨图、原因型鱼骨图、对策型鱼骨图。整体问题型是指各要素与特性值不存在因果关系,而是结构构成关系,重点在于梳理结构,而不是分析原因。原因型主要用于找出某一结果的形成原因并进行分析,解决"为什么"的问题。对策型侧重于分析某一问题的解决方法,主题通常为"如何提高……?"或是"如何改善……?"等。

2. 基于鱼骨图的风险源辨识

事件风险源识别是一种典型的原因型鱼骨图,着重分析输入条件的各种组合,每种组合条件就是"因",它必然有一个结果输出,这就是"果"。其中,问题或后果标在"鱼头"外,在鱼骨上长出"鱼刺",按照出现机会列出产生问题的可能原因。鱼骨图通常结合头脑风暴法进行分析,有助于说明各个原因之间是如何相互影响的。鱼骨图辨识风险源的基本流程如图 1-2 所示。

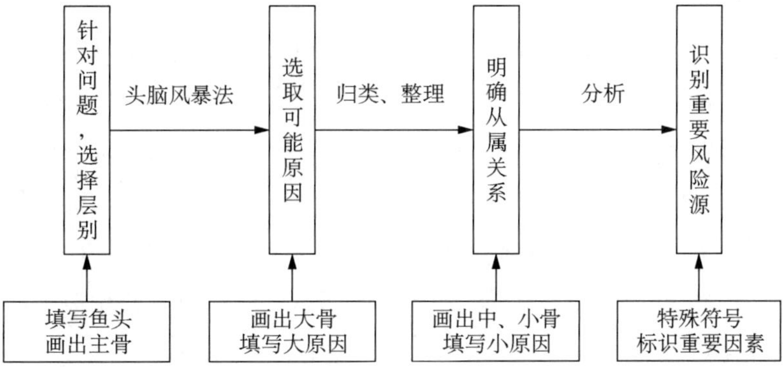

图 1-2　鱼骨图辨识风险源流程

基于鱼骨图识别风险源的具体操作步骤如下：

1）确定待评事件

针对待评事件(如交通事件)进行原因与结果分析。原因是输入条件或等价类别，结果是输出条件。依据分析结果给每个原因及结果赋予一个标识符号，依据事件的因果关系绘制鱼骨图框架。

2）确定约束条件

鱼骨图框架绘制完成后，在对应的事件上利用标识注明限制条件或约束条件。如驾驶员因素、车辆因素、道路因素、环境因素、交通管理因素等。

3）绘制因果关系图

针对绘制的鱼骨图，按照头脑风暴法分别在各层找出所有可能影响事件发生的主要因素，应尽可能多而全地找出所有可能原因。将找出的各要素进行归类、整理，明确其从属关系，绘制因果关系图。

4）制定风险判定表

以上述内容为基础，将鱼骨图的关系及标识内容转换为判定表。如果某种原因可同时归属于两种或两种以上因素，按照相关性最强的因素归类。

5）识别风险源

将判定表的每一列作为依据，找出各要素间的因果关系。将所辨识出来的风险因素进行整合分析，最终形成完整的风险因素清单。

1.2.5　主成分分析法

1. 基本原理

主成分分析法是指用较少的变量去解释原来资料中的大部分变量，将许多相关性很高的变量转化成彼此相互独立或不相关的变量。通常是选出比原始变量个数少、能解释大部分资料中变量的几个新变量，即所谓主成分，并用以解释资料的综合性指标。因此，主成分分析法实际上是一种降维方法。

主成分分析法的优点是完全依赖于评价指标的实际数据，较为客观，而且将多维数据进行降维处理，得到影响风险评价结果的主要因素。例如，交通运输系统中危险源较多，如对每一危险源进行安全风险评价会使评价更复杂。通过主成分分析法，可以对危险源种类进行降维分析，将多个危险源变量转化为几个综合变量，以此筛减合并相似事故危险源，得到最主要、最关键的风险源。

2. 基于主成分分析法的风险源辨识

主成分分析法中每个主成分都是原始变量的线性组合，且主成分各指标间互不相关。因此，采用该方法要比采用原始指标构建的指标体系更为合理、简洁。主成分分析法辨识风险源的基本流程如图 1-3 所示。

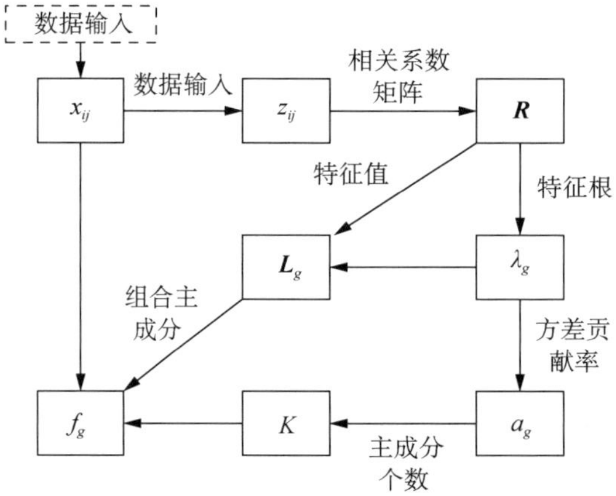

图 1-3　主成分分析法辨识风险源流程

主成分分析法运用具体数据将危险源这一抽象事实具象化，从定性至定量，有助于直接理解并规避风险源。以交通事件为例，辨识风险源的基本步骤如下。

1）确定风险因子体系

一起交通事件的发生取决于很多因素，如驾驶员因素、车辆因素、道路条件因素和交通运行环境等(图 1-4)。一般情况下，选取影响因素指标数越多，指标的解释面就越大，但指标之间信息冗余也就越多。同时，构建的风险因子体系应既能体现影响交通事件的风险，又具有一定的可行性和可操作性，同时还要考虑各个指标之间的相关性。因此，需从客观性、可行性、可解释性等出发选取风险影响因素。

在构建交通事件风险因子体系框架的基础上，采用 KMO(Kaiser-Meyer-Olkin)和

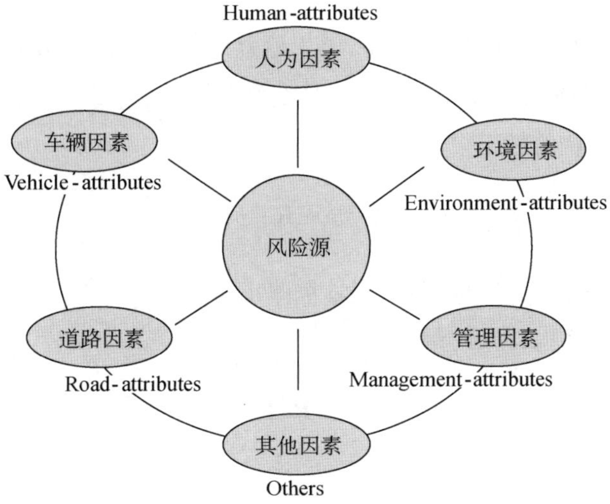

图 1-4　交通事件风险影响因素

Bartlett's 球形检验来判断初步构建的风险指标体系是否合理以及因子间的相关关系。KMO 值越接近 1,意味着变量间的相关性越强,原有变量越适合做因子分析;当 Bartlett's 球形检验的 $sig<0.05$ 时表示拒绝因子之间相互独立的原假设,说明因子间具有相关性,适合做因子分析,反之将不适合进行因子分析。

2）指标标准化处理

由于各个风险指标的量纲不同,无法直接进行计算,因此需要对各个指标进行无量纲化处理,以得到同一量纲下的各指标因子值。对原始数据矩阵采用 Z-Score 法对指标进行标准化处理:

$$z_{ij}=\frac{x_{ij}-\bar{x}_j}{S_j} \tag{1-1}$$

式中, $\bar{x}_j$ 为第 j 个风险指标的均值; S_j 为第 j 个风险指标的标准差。

3）指标相关性分析

对标准化后的指标进行相关性及显著性检验,为下一步数据降维提供依据。线性相关关系表示危险源之间相互影响的关系。例如,恶劣天气会增加超速运行造成交通事件的发生概率。指标相关系数矩阵 $\boldsymbol{R}$ 计算公式如式(1-2)—式(1-4)所示。

$$\boldsymbol{R}=|r_{jk}|_{m\times m},\ r_{ij}=1 \tag{1-2}$$

$$r_{jk}=r_{kj} \tag{1-3}$$

$$r_{jk}=\frac{1}{n-1}\sum_{i=1}^{m}z_{ij}z_{ik} \tag{1-4}$$

4）主成分分析

对变异和相关分析后所保留的指标应用主成分分析法进行数据降维，把多个风险源缩减为较少的互不相关的指标。主成分分析具体步骤如下：

步骤 1：确定矩阵 $\boldsymbol{R}$ 的特征根。

$$|\lambda_g I_m - \boldsymbol{R}| = 0 \tag{1-5}$$

式中，$\lambda_g = (1, 2, \cdots, m)$ 为特征根，表明分量的重要性。

步骤 2：确定矩阵 $\boldsymbol{R}$ 的特征向量。

$$|\lambda_g I_m - \boldsymbol{R}| \boldsymbol{L}_g = 0 \tag{1-6}$$

式中，$\boldsymbol{L}$ 是 m 维的向量。

步骤 3：确定矩阵 $\boldsymbol{R}$ 的贡献率。

$$a_g = \frac{\lambda_g}{\sum_{g=1}^{m} \lambda_g} \tag{1-7}$$

步骤 4：确定主分量个数 K。将各分量按照贡献率大小排序，如果原始个数较多，则取前 K 个分量代表所有分量。

$$a(K) = \left(\sum_{g=1}^{K} \lambda_g\right)\left(\sum_{g=1}^{m} \lambda_g\right)^{-1} \tag{1-8}$$

根据 $a(K) \geqslant 95\%$ 确定主分量个数，可以将 m 个相关指标缩减为 K 个不相关的主分量。

$$f_{iK} = \sum_{j=1}^{m} L_{ij} z_{ij} \tag{1-9}$$

根据步骤 1～步骤 4，对标准化后的矩阵特征值进行分析。相关系数矩阵的特征值代表了所对应的主成分所涵盖原始变量信息的多少，特征值越大，表示该主成分越能较大程度地表示原始变量。贡献率表明主成分对原始指标的反映程度，贡献率越高则表明主成分对原始指标的表征越全面准确。

5）关键风险源提取

为确定评价因子，一般认为累计贡献率达到 85%时能够较为真实而全面地反映原始指标的信息。将累计贡献率达到 85%且特征值大于 1 作为因子提取的标准，进一步得到主成分个数，各个主成分中包含了影响风险事件的关键风险源。

1.2.6 相关性分析法

1. 相关性分析

相关性分析旨在研究变量之间是否存在某种依存关系，描述变量之间的相关程度，有助于了解变量之间的相关特征。样本数据的相关系数计算有多种算法，最常用的是 Pearson 相关系数、Spearman 相关系数和 Kendall 相关系数。其中，Spearman 和 Kendall 属于等级相关系数，亦称为"秩相关系数"，是反映等级相关程度的统计分析指标。

1）Pearson 相关系数

Pearson 相关系数又称 Pearson 积矩相关系数，是两个变量之间的协方差和标准差的商，反映了两个随机变量之间的线性相关程度，记作 r，如式(1-10)所示。

$$r=\frac{\sum_{i=1}^{n}(X_i-\overline{X})(Y_i-\overline{Y})}{\sqrt{\sum_{i=1}^{n}(X_i-\overline{X})^2}\sqrt{\sum_{i=1}^{n}(Y_i-\overline{Y})^2}} \tag{1-10}$$

式中，n 是样本数；X_i 和 Y_i 分别是变量 X 和 Y 对应 i 点的观测值；$\overline{X}$ 是 X 样本平均值，$\overline{Y}$ 是 Y 样本平均值。

2）Spearman 相关系数

Spearman 相关系数用来描述两个样本的数据是否在一条直线上，即描述两个样本之间是否具有相关性，以及两个样本之间相关程度的指标，记作 ρ。Spearman 相关系数的计算公式如式(1-11)所示。

$$\rho=\frac{\sum_{i=1}^{n}(x_i-\bar{x})(y_i-\bar{y})}{\sqrt{\sum_{i=1}^{n}(x_i-\bar{x})^2\sum_{i=1}^{n}(y_i-\bar{y})^2}} \tag{1-11}$$

3）Kendall 相关系数

Kendall 相关系数是一个用来测量两个随机变量相关性的统计值，主要用于反映分类变量相关性，适用于两个分类变量均为有序分类的情况。Kendall 检验是一个无参数假设检验，它使用计算而得的相关系数去检验两个随机变量的统计依赖性。Kendall 相关系数常用希腊字母 τ 表示，如式(1-12)所示。

$$\tau=\frac{2P}{\frac{1}{2}n(n-1)}-1=\frac{4P}{n(n-1)}-1 \tag{1-12}$$

4）相关性判别标准

Pearson 相关系数和 Spearman 相关系数的绝对值越大，相关性越强。相关系数越接近 1 或－1，相关度越强；相关系数越接近 0，相关度越弱。通常情况下通过表 1-1 中的取值范围判断变量的相关性程度。

表 1-1　相关性程度判别标准

相关系数	0.8～1.0	0.6～0.8	0.4～0.6	0.2～0.4	0～0.2
相关程度	极强相关	强相关	中等程度相关	弱相关	极弱相关或不相关

Kendall 相关系数的取值范围在－1～1。当 $\tau=1$ 时，表示两个随机变量拥有一致的等级相关性；当 $\tau=-1$ 时，表示两个随机变量拥有彻底相反的等级相关性；当 $\tau=0$ 时，表示两个随机变量是相互独立的。

2. 基于相关性分析法的风险源辨识

为确定风险因素与风险事件之间是否存在相关性，通过计算风险源与风险事件之间的相关系数，判断变量间是否相关及其相关程度，进而得出影响风险事件的显著性因素。基于相关性分析法的风险源辨识流程如图 1-5 所示。

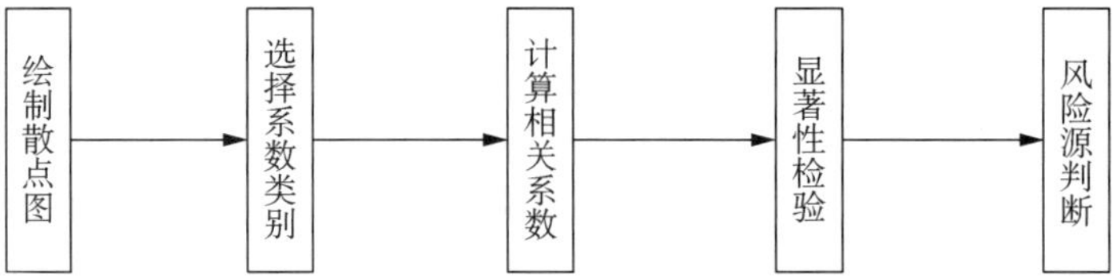

图 1-5　相关性分析法辨识风险源的流程

相关性分析法辨识风险源的具体步骤如下。

步骤 1：数据初筛。

基于原始构建的风险指标体系，采用散点图判断风险源与因变量之间的关系。当散点图有线性趋势时，才可以进行线性相关分析。

步骤 2：计算相关系数。

在进行相关性分析前需对样本进行正态分布检验，当样本符合正态分布时，采用 Pearson 相关系数进行相关性分析；当样本不符合正态分布时，采用 Spearman 相关系数进行相关性分析。

步骤 3：显著性检验。

当显著性水平小于 0.05 时，表示变量间存在显著相关关系。

步骤 4：风险因素识别。

根据显著性水平和相关性系数大小，提取得到影响风险事件的风险因素。

1.3 风险评估与防控

风险防控最初来自金融系统的财务管理，后来逐渐向其他领域渗透。风险理论认为，风险是指与某种不利事件有关的一种未来情景，它是由风险因素、风险事件和风险结果构成风险链的统一体。风险因素也称危险因素，是风险产生的前提，风险事件是风险由可能性转化为现实的媒介。可见，城市道路基础设施风险就是城市道路基础设施系统不同风险因素受系统外部因素和内部因素共同作用的风险事件形成的一系列风险链在一定时期、地域呈现的一种统一体。风险是客观存在的，根据风险机理，可以通过识别和评估风险因素、控制风险事件、切断风险链来阻止风险发生。

1.3.1 风险评估

1.3.1.1 风险评估指标体系

风险意味着损失，而损失的出现与否是一种随机现象，无法判断其是否一定出现，只能用概率表示出现的可能性大小，其一般的数学表达式为

$$R = P \times C \tag{1-13}$$

式中，R 为风险的数值度量；P 为风险事件发生的概率；C 为风险事件发生造成的损失（负面影响）。

风险等级主要由事件发生的可能性（P）和后果严重程度（C）决定。

1. 可能性指标分级标准

可能性分为高、较高、低三个级别，其判断标准见表 1-2。

表 1-2　可能性判断标准

序号	可能性级别	定性判断标准	定量判断标准
1	高	极易	综合得分 85 分及以上
2	较高	可能	综合得分 60～84 分
3	低	不太可能	综合得分 59 分及以下

2. 后果严重程度分级标准

可能的后果严重程度分为严重、较严重、不严重三个级别，其判断标准见表 1-3。

表 1-3　　后果严重程度分级标准

后果严重程度	后果严重程度总体判断标准
严重	(1) 人员伤亡：可能发生人员伤亡数量达到国务院《生产安全事故报告和调查处理条例》中重大及以上事故伤亡标准。 (2) 经济损失：可能发生经济损失达到国务院《生产安全事故报告和调查处理条例》中重大及以上事故经济损失标准。 (3) 环境污染：可能造成重大生态环境灾害或公共卫生危害。 (4) 社会影响：可能对国家或区域的社会、经济、外交、军事、政治等产生重大影响
较严重	(1) 人员伤亡：可能发生人员伤亡数量达到国务院《生产安全事故报告和调查处理条例》中较大事故伤亡标准。 (2) 经济损失：可能发生经济损失达到国务院《生产安全事故报告和调查处理条例》中较大事故经济损失标准。 (3) 环境污染：可能造成较大生态环境灾害或公共卫生危害。 (4) 社会影响：可能对国家或区域的社会、经济、外交、军事、政治等产生较大影响
不严重	(1) 人员伤亡：可能发生人员伤亡数量达到国务院《生产安全事故报告和调查处理条例》中一般事故伤亡标准。 (2) 经济损失：可能发生经济损失达到国务院《生产安全事故报告和调查处理条例》中一般事故经济损失标准。 (3) 环境污染：可能造成一般生态环境灾害或公共卫生危害。 (4) 社会影响：可能对国家或区域的社会、经济、外交、军事、政治等产生一定影响

3. 可能性指标确定方法

根据《风险管理　风险评估技术》(GB/T 27921—2011)中的风险评估方法，综合考虑不同风险评估方法的优点、缺点、影响因素、评估结果类型，以及对评估对象的适用情况，选择相应的风险评估方法，或从以下三种方法中选择单独或组合使用，以确定风险事件发生的可能性。

(1) 利用相关历史数据识别过去发生的事件或情况，借此推断它们在未来发生的可能性。所使用的数据应当与正在分析的系统、设备、组织或活动的类型有关。

(2) 利用故障树分析等方法预测风险发生的可能性。历史数据无法获取或不够充分时，有必要通过分析系统、活动、设备或组织及其相关的实效或运行状况来推断风险发生的可能性。

(3) 利用专家法对特定风险评估单元进行人、设施设备、管理、环境等致险因素分析，为各因素引发风险事件的可能性赋予一定区间权重，并给出相应的评价说明，作为可行性指标判断评估依据。实操阶段根据权重取值区间，结合实际风险评估单元进行评分。

4. 后果严重程度指标确定方法

针对不同风险管理单元，深入分析其风险事件发生后可能导致的最大损失，综合参考历史上类似事件后果损失，通过对标方式予以确认。

1.3.1.2 风险等级评估标准

城市道路基础设施运行风险由高到低依次划分为重大、较大、一般、较小四级。风险等级根据事件发生的可能性、后果严重程度两个指标对照表 1-4 所示评估标准确定。

表 1-4　　风险等级评估表

可能性	后果严重程度		
	严重	较严重	不严重
高	重大	较大	一般
较高	较大	一般	较小
低	一般	较小	较小

1.3.2 风险监测与防控

城市道路基础设施从建设、投入使用到退役，随着其空间位置、运行时间的不同而变化，表现出对精准时空信息的迫切需求。结构变形是设施本体发生灾变的前兆信息，是进行设施破损、塌陷等灾害预警预报的主要依据。因此，结合高时空分辨率的变形信息，准确为灾变隐患部位提供全面的监测信息，分析其演变规律，更有利于对结构变形灾害进行建模、参数反演及防治。除了变形信息以外，设施外部环境变化也是设施状态监测与预警的重要依据。控制城市道路基础设施风险的重点之一就是研究设施本体的时空演变规律，预测外部环境、人类活动对设施的影响，并在此基础上通过智能决策实现城市道路基础设施的智慧管控。

1.3.2.1 变形监测

城市道路基础设施的空间位置、属性会随时间而改变，表现出强烈的时空效应。在外部环境与内部性能演变的双重作用下，设施本体结构变形最能直观表现设施运行状态，其时空演变规律是设施结构分析、预警指标拟定和服役性能评价的基础。

与常规测量相比，变形监测的一个显著特点就是测量精度要求较高，一般的要达到毫米级，重要的、对变形比较敏感的则要达到 0.1 mm 甚至 0.01 mm。因此，变形监测多属于精密测量。变形监测的意义重大、内容繁多、精度要求较高，与地形测量、施工测量等有诸多不同之处，而且具有相对独立的技术体系，已发展成为测量学中一门专业性很强的分支学科。

全球导航卫星系统(Global Navigation Satellite System，GNSS)可快速获得监测点的三维位置信息，能够较好地应用于高精度、长期性的工程监测项目，如对桥梁、高层建筑、路桥表面等的变形监测。Zhang 结合 GNSS 和测速仪得到高精度的桥梁三维实时动态位移，分析了桥梁结构动态行为和时间演变规律。Bao 利用独立 GPS 单元进行毫米级结构变形监测，用于高层建筑结构健康监测，在北京市区可以实现 2～3 mm 的水平精度和 5～7 mm 的垂直精度的监测。

结合北斗卫星导航系统(BeiDou Navigation Satellite System，BDS)与其他卫星导航系统构建多系统组合模型可充分利用观测信息，实现各系统功能互补，提高导航定位精度，为变形监测提供精准时空信息。采用GPS与BDS双频载波数据处理相结合的综合策略对桥梁进行动态监测，与仅使用GPS的结果相比，组合系统的精度提高了20%～30%。

1.3.2.2 火灾监测

在已发生的各种隧道事故中，隧道火灾是最严重的一种，造成的人员伤亡和物资损失也是最大的。由于交通隧道环境的封闭性，当火灾发生时，排烟和散热条件差、温度高，隧道内会很快产生高浓度的有毒烟雾。隧道火灾会导致整条交通线路瘫痪，特别是对于各类长距离隧道，一旦发生交通火灾事故，其后果较其他事故更严重。因此，对交通隧道进行火灾在线监测显得尤为重要。

线型感温探测器是《公路隧道火灾报警系统技术条件》(JT/T 610—2004)、《公路隧道交通工程设计规范》(JTG/TD 71—2004)、《火灾自动报警系统设计规范》(GB 50116—2018)等规范标准推荐采用的隧道火灾探测器。线型感温探测器包括感温电缆、分布式光纤火灾探测器和光纤光栅线型感温火灾探测器，通过探测火灾位置周围温度场的异常来判断火灾情况。

分布式光纤线型感温火灾探测器和光纤光栅线型感温火灾探测器，应用现代传感器技术、网络通信技术、数据处理技术，进行隧道环境温度监测、数据处理、信息分析，对隧道及环境中多项关键因素进行实时监测。

传感光缆将采集的交通隧道环境温度实时信号传输到附近的工作站，工作站的信号处理单元对信号进行解调和处理。监测系统可以与交通隧道中央监控室的计算机相连，在中央监控室可以进行在线监测，以达到远程实时采集监测数据的目的。通过数据分析可以了解交通隧道环境温度，及时预警或报警，为隧道运营、管理与维护提供有效依据，从而最大限度确保交通隧道安全。

1.3.2.3 路面损坏状态巡检与监测

城市道路在长期行车重复重荷载作用及雨水等环境侵蚀下，路面会出现裂缝、坑槽、沉陷等病害症状。传统养护公司通过大量人工巡检查找病害，评估后实施大、中、小修及养护措施。随着信息技术的发展，应用智能算法、数据流程等技术，将道路病害的发现、派单、接单、验收的全过程在系统平台上实现全程可追溯，提升道路养护的效率。

童峥研发了各类自动路面病害检测方法，主要从光纤检测技术、超声、探地雷达等设备角度出发，利用设备的反馈信号，分析判别路面病害；Wevers等提出基于光纤维信号的路面

CFRP 复合材料密度和杨氏模量检测，这种检测方法可用于评价路面的刚度缺陷，但该技术要求在道路结构内部预埋光纤维，检测结果代表性不佳，且价格昂贵、检测病害类型有限，在养护行业推广效果不佳；Krohn 等依据路面声波的非线性实现了路面缺陷的识别；Hoegh 使用二维声波检测图像实现了路面病害的识别，但对病害类型的判断在一定程度上依靠经验，检测结果易受主观因素影响，同时其工作环境要求地面耦合，不利于路面连续检测，甚至会影响道路的通行能力；Xu 等采用 300 MHz 屏蔽型天线的探地雷达检测了路堤的隐含裂缝，通过雷达剖面图像准确定位砂石路基中存在的裂缝位置并测量了裂缝长度。

近年来，图像识别技术逐渐融入工程领域，用于病害检测。Zhang 等提出了基于深度卷积神经网络的道路裂缝检测系统，使用了整流线性单元(ReLU)作为激活函数，提高模型在训练时收敛的速度；Jiang 等采用无人机实时获取裂缝图像并进行识别，同时获取裂缝的宽度值。目前基于图像识别技术研发的病害识别系统已能够识别沥青路面和水泥混凝土路面的绝大部分病害类型，其准确率可达 95%，取得了较好的识别效果。

1.3.2.4 风险防控

城市道路设施风险管理要遵循预防为主的原则，建立城市道路设施风险防控机制，全天候、全时段、全过程地监测城市道路基础设施的风险，并及时有效地处置，使城市始终处于正常、稳定、可持续的良好运行态势。

1. 科学掌握风险评估的方法

综合城市道路设施的危险因素、脆弱性、控制与承受能力三个要素，全面、准确地评估城市道路设施风险，这就是所谓的 HVC(Hazards, Vulnerability, Capacity)评估法。其具体方法是：首先进行城市道路设施危险因素评估和脆弱性评估，并根据风险矩阵，得出城市道路设施风险总体水平。其次进行城市道路设施承受能力评估，将城市道路设施风险与城市道路设施能力进行比较，并将风险划分为三个等级，即：可接受风险，基本不会对城市道路设施造成安全威胁，需要持续监测；可容忍风险，城市道路设施受到一定程度的扰动，但并未脱离正常运转的轨道，可以依靠自身的能力加以修补和矫正；不可容忍风险，城市道路设施受到严重影响，甚至存在运行中断的危险，需要采取特别手段进行应急处置。

2. 确立全面的风险管理流程

按照理想模式，城市道路设施风险管理的流程主要包括以下五个步骤。

1) 风险监测

借助城市运行中心的信息平台，对城市道路设施系统的各个组成部分，特别是重要关节点实施 24 h 不间断监控，及时收集、汇总相关数据。

2）风险识别

在对城市道路设施相关数据进行初步分析的基础上，对可能造成城市道路设施安全威胁的风险进行描述、研判和筛选，确定风险评估的重点对象。

3）风险评估

对城市道路设施重点风险影响的幅度、频度及城市道路设施系统的控制与承受能力进行 HVC 评估，将风险分别归入可接受风险、可容忍风险和不可容忍风险三类，并按类进行风险排序。

4）风险决策

借助风险评估的类别和排序结果，根据可掌控资源的情况，列出处置风险的备选方案，并从中选出最优方案。

5）风险处置

根据最优方案，对不同的风险实施不同的处置手段：可接受风险继续监测；可容忍风险可采取日常手段以降低风险；不可容忍风险则需要城市管理部门采取特殊手段加以应对。

1.3.3 保险

城市道路设施主管部门应树立“保险的营运价值不仅是承保理赔，而是风险防控”的理念，指导保险公司从风险管理的角度配合政府部门参与行业风险防控工作。将社会资源引入城市道路设施行业风险控制中，运用保险机制，形成第三方风险管理机制，解放政府资源，使政府真正实现职能转变，以“政府淡出、保险介入、第三方监管”为牵引，实现政府从“权重威严”的刚性管理到“有效服务”的柔性管理转变，依靠第三方监管分担政府安全生产管理职能。发挥技术市场的生产力，努力实现城市道路设施风险管理技术化、市场化、信息化的全面发展。

对保险公司而言，其既有积极参与城市道路设施风险管理的内在动力，又有特有的专业风险管理手段和资金优势。通过参与行业风险防控运作提供安全监管服务，同时将发现的风险暴露点传递给行业管理部门与投保企业，不断消除隐患，从而降低事故概率，减少企业和社会风险，实现互利共赢。

引入保险机制，同时引入风险管理和保险相关的主体参与管理，包括以下四方面主体。

1. 保险公司

随着经济社会的发展，保险的功能也发生了转变和升级，从开始的经济补偿和资金运作，发展到现在的参与社会管理和社会治理。在处理各类社会矛盾的过程中，保险将复杂的利益纠葛转变为清晰规范的经济契约关系，提高了解决问题的效率。保险公司拥有法律、工程技术和管理等各专业人才，这为城市道路设施行业合理利用现有险种、探索开发新险种、发挥保险的经济补偿和社会管理作用、逐步将风险管理资源交由市场配置提供了条件。

事故发生后进行经济补偿是保险公司的基本功能。当前保险公司参与经济活动过程中的风险管理，以实现降低风险概率、减少保险赔付为目标。因此，保险业也应结合自身行业的发展，充分发挥服务社会经济和参与社会安全治理功能。在参与经济活动和风险管控的过程中，应该聘请专业的组织和人员，以多种形式和方法满足风险管理工作要求。

2. 风险管理专业机构

风险管理专业机构受保险公司委托，在保险方案框架内，结合国家规定和行业规范进行风险辨识与评估，并制订风险管理工作大纲和操作细则，在实施过程中进行风险管控并完成工程风险管控报告。

3. 保险行业其他机构

保险行业的保险经纪、保险公估等公司，均可纳入城市道路设施行业实行的风险管理体系。这些机构提供包括保险咨询在内的各类服务，参与风险管理，以减少和降低风险。

4. 城市道路设施专业咨询机构

行业中与道路运输、交通工程建设、城市给排水、城市燃气、城市供电、通信、路政设施管理与养护相关的咨询机构，包括学会或协会等，也可纳入交通行业实行的全面系统的风险管控体系，参与风险管理。

2 城市道路设施运行风险与风险源

2.1 道路运行风险与风险源

2.1.1 路基失稳风险

相比我国东部及平原地区，西部、山区地形、地质条件更为复杂，施工影响因素多，路基病害也更突出。路基病害主要表现为路基变形，变形又分为可恢复变形和不可恢复变形，路基的不可恢复变形将引起路基标高和边坡坡度、形状的改变，严重时将造成土体位移，危及路基的整体性和稳定性，造成路基的破坏。路基失稳是指路基在自身重力和外力作用力下失去原有平衡，出现滑坡、坍塌等病害现象，影响道路的正常使用。表 2-1 梳理了 2017—2019 年，中国发生过的、公开报道披露事故原因的城市道路塌陷事件。可见道路塌陷具有突发性、隐蔽性、群发性、复发性、严重性等特点，是一个值得高度重视的问题。

表 2-1　　路面结构破坏引起事故实例

时间	事故发生地点	事故情况	事故主要原因
2017/2/8	湖南省衡阳市人行道	—	地下管道坍塌
2017/2/15	山西省太原市居民区	1 辆汽车陷入	地下管道破裂
2017/2/23	湖北省武汉市行车道	—	地下管道渗漏
2017/3/17	湖北省宜昌市行车道	1 人受伤	泥土松动
2017/3/24	广西壮族自治区南宁市行车道	1 辆公交车受损	靠近溪水加上多年水土流失
2017/4/20	江苏省南京市居民区	—	地下管道渗漏
2017/5/23	湖北省武汉市行车道	—	岩溶塌陷地质灾害
2017/10/10	四川省阆中市行车道	1 辆卡车陷入	地质沉降
2017/11/21	广东省广州市地铁施工区	—	地铁电力隧道施工不当
2018/2/7	广东省佛山市地铁施工区	11 人死亡，1 人失联，直接经济损失 5 323.8 万元	地铁施工区发生透水
2018/4/26	广东省广州市行车道	—	地下管道破裂

（续表）

时间	事故发生地点	事故情况	事故主要原因
2018/6/28	贵州省贵阳市红绿灯基座	1 辆公交车受损	地下管道渗漏
2018/7/24	湖北省荆门市超市旁路面	—	开挖地下室
2018/7/24	安徽省霍邱县行车道	涉及住户 36 户 104 人，房屋 265 间，输电及通信线路 250 余米，稻田 60 多亩，无人员伤亡	煤矿开采
2018/7/24	广东省深圳市公交站	—	地下管道老化
2018/7/28	广东省佛山市地铁施工区	—	地铁施工区发生渗漏
2018/7/31	江西省南昌市行车道	1 辆货车陷入坑中	隧道施工扰动局部地层
2018/7/31	甘肃省兰州市停车场	1 辆轿车陷入	连续降雨
2018/8/20	辽宁省大连市停车场	1 辆轿车坠坑	降雨导致地面渗水
2018/8/29	广东省东莞市公交站	1 辆公交车陷入	地下管道破裂
2018/11/23	浙江省杭州市隧道施工区	1 辆罐槽车侧翻	隧道施工导致地下水渗漏
2018/11/27	广东省广州市行车道	—	地下管道坍塌
2018/11/30	广东省清远市行车道	直接经济损失约 3 万元	抽采地下水
2019/4/11	广西壮族自治区贵港市居民区	—	喀斯特地貌引起的自然塌陷
2019/5/21	广东省中山市行车道	1 辆货车陷入	地下管道渗漏
2019/8/28	浙江省杭州市地铁施工区	树园小区 31 号楼发生倾斜、沉降、墙体受损，共 700 多户需搬迁	地铁施工区发生渗漏水
2019/9/17	广东省广州市地下综合管廊施工区	1 辆载重车和 1 辆货车侧翻	地下管道渗漏

2.1.1.1 路基失稳的原因

路基失稳对行车安全和保证道路的正常使用影响巨大，是路基病害中最严重的一种类型。因此，对路基失稳的原因进行分析研究，并提出应对方案，降低其发生的概率，就显得尤为重要。总体来看，路基失稳的原因主要有以下三大方面。

1. 设计缺陷

由于公路工程是一种带状的工程结构物，沿线地形地质情况复杂多变，前期地质勘察并不能够完全准确反映实际情况，再加上设计者的技术水平和设计经验良莠不齐，因此很多设计图纸是有缺陷的，主要表现在：路线平、纵设计时，盲目追求线形的顺适和高指标，没有到现场进行反复比选和定线，导致出现大量高填深挖路段，造成工程量增加。设计横断面时，没有针对具体地形进行横断面设计，而是机械地套用标准图，没有结合当地的地形地质、水文条件进行支挡结构和路基边坡防护设计。

2. 环境影响

影响路基稳定的环境因素主要有地理条件、地质条件、气候条件、水文条件等。在这些影响因素中，又以温度和湿度的影响为主。研究表明，沿路基深度出现较大温度梯度时，水分在温差的影响下以液态或气态由热处向冷处移动，并积聚在该处，出现湿度积聚现象，这种现象在季节性冰冻地区尤为严重。积聚的水冻结后体积增大，使路基隆起而造成面层开裂，即冻胀现象。春暖化冻时，积聚在路基上层的冻层先融解，水分难以迅速排除，使得路基上层湿度增加，承载力大大降低，在车辆荷载的反复作用下，路基土以泥浆的形式从胀裂的路面缝隙中冒出，形成翻浆。另外，降雨或地下水渗入路基内部，使得路基土的黏聚力和摩擦强度显著降低，同时也显著降低了边坡的抗剪强度和抗剪能力，使安全系数大大降低，导致边坡失稳。

3. 排水设施不完善

路基的稳定性与水的关系非常密切，水是导致边坡失稳的主要因素之一。现在往往只重视道路路基、路面、桥涵等主体结构的设计和施工，而忽视了排水系统的重要性，常常只简单设计边沟用于排水，并没有形成综合性的排水系统，排水效果也大受影响。为了使路基能经常处于干燥、坚固和稳定状态，必须对影响路基稳定的地面水进行拦截，并排除到路基范围之外，防止漫流、积聚和下渗。同时，对于影响路基稳定的地下水，应截断、疏干、降低地下水位，并引导到路基范围以外，使全线的沟渠、管道、桥涵构成完整的排水体系。

2.1.1.2 特殊条件下路基失稳风险

1. 沿河道路路基失稳

沿河路基的失稳是路基岩土体与河水、地下水、地表水等多种因素长期相互作用的结果，是一个动态过程。由于经济条件、工程技术水平、地形地貌及对沿河路基失稳破坏认知水平的制约，沿河路基一旦失稳，不仅维修困难，而且会造成交通中断，将给附近地区带来经济损失或人员伤亡。

沿河路基所处的环境具有如下三个鲜明的特点：①路基受到水流冲刷与浸蚀作用；②江河水位变化使路基浸蚀部位变化，坡体内孔隙水压力、渗透压力也发生变化；③在水-岩耦合作用下，路基岩土材料的流变作用会加剧透水层孔隙水压力变化，甚至产生超孔隙水压，使不透水层产生上浮力，导致路基失稳并形成灾害。

2. 路基沉陷

路基沉陷的主要特征是：路基局部标高降低，路面出现大量裂缝，严重时伴有边坡滑塌或路肩墙等结构物的破坏。特别是受山区复杂多变的水文、地质、降雨等环境的影响，路基沉陷灾害时有发生。

调查显示，路基沉陷地质灾害主要发生在半填半挖的路基结构形式中。其原因主要是半填半挖的路基结构形式在填挖交界面和填方与支挡构造物之间，填筑土体、施工质量等问题容易形成薄弱结构面，以致成为灾害发生的重要诱发因素。研究认为，路基沉陷地质灾害链式反应中起主导作用的因素为薄弱结构面、路基填土和外界诱发等。

在灾害早期阶段，路基填土处于自身重力的沉降以及车辆荷载作用下的压密阶段，该阶段路基基本无沉陷迹象，整体处于稳定状态；在灾害中期阶段，路基填土自身重力沉降部分完成，在连续的车辆荷载尤其是重车荷载作用下，软弱结构面承载力下降，开始变形，表现为路面的裂缝、竖向沉降、路基与支挡构造物之间的裂缝以及支挡构造物的滑移变形等；在灾害晚期阶段，由于车辆荷载以及沿软弱结构面周围的裂缝渗入的雨水影响，路基填土承载力急剧下降，最终导致路基竖向沉降量快速增大，甚至导致半幅、全幅路基坍塌等严重后果。

3. 软土路基失稳

按照软土的构成基质，软土可以分为淤泥类土与泥炭类土两种。淤泥类土的含水量非常大，土壤的天然压缩性非常高，土壤的天然孔隙比在很多情况下远远大于1，但其抗剪强度比较大，可以承受较大的变形，尤其是承受侧向变形压力的能力比较强。不同于淤泥类土，泥炭类土除了与淤泥类土一样，含水量较大、压缩性较高、天然孔隙比较大外，它的抗剪能力也比较弱，在很多情况下，其本身并不适用于软土路基，所以通常所说的软土路基是指淤泥类土。

软土路基裸露于自然界中，经常受到自重、车辆荷载以及各种自然环境因素的作用。在各种因素的共同作用下，软土路基将产生变形，其中有些变形是可以恢复的弹性变形，而有些变形是不可恢复的塑性变形，那些不可恢复的变形会引起软土路基高程、边坡坡度以及路基形状的改变，甚至造成路基土体的位移及横断面形状的变化，影响路基及其组成部分的完整性和稳定性，由此产生路基病害。总的来说，软土路基工程常见的问题有以下几个方面。

1）基床翻浆冒泥

路基基床翻浆冒泥是指含有粉粒的路基基床表层土在水和车辆循环往复的动荷载作用下，出现软化或触变、液化的现象，从而形成泥浆。基床的翻浆冒泥极易造成道路脏污、板结，使基床失去弹性。基床翻浆冒泥按基床的土质不同通常分为土质基面、风化石质基面、裂隙泉眼三类。典型的翻浆冒泥常常出现在路基基床表层下30～50 cm，基床翻浆冒泥应尽早治理，否则随着时间的累积，病害将向路基深处发展，从而进一步转化为基床下沉或挤出等极其严重的路基变形。

2）软土路基下沉

软土路基下沉通常是指由于路基土体的压实度不满足要求或土体松软，在水、路基自重以及车辆往复的动荷载作用下发生局部或大范围的竖向下沉变形。一般在道路通行一定时间以后，路基下沉会越来越缓慢，但当路基荷载增加或水的作用加剧时，沉降速率也会进一步加快，甚至形成因局部沉陷导致的陷槽，致使道路线路不平顺，严重影响行车安全。路基下沉按下沉部位及诱因的不同可分为基床下沉、地基下沉、路基边坡外膨引起的路基下沉以及支挡结构变形引起的路基下沉四类。

3）基床外挤

基床外挤主要是指基床的软弱层浸水至饱和时，在车辆循环往复的动荷载作用下，路基软弱层沿其下的硬层发生剪切滑移或塑性流动，向路肩一侧或两侧挤出的现象。基床外挤可分为路肩隆起和路肩外挤两类。路肩隆起是指基床土处于软状态，基床出现剪切破坏，在路肩一侧或两侧发生向上隆起的现象。路肩外挤是指基床内的土体常常处于软塑状态，而基床下部一定深度位置存在硬层或土质相对密实，阻碍了道路陷槽往下发展的趋势，在侧向阻力较小的条件下，在两种土体的交界面发生剪切破坏，从而引发路肩向外挤出的现象。

4）基床冻害

当气温较低时，软土路基在土质、水和温度等不利因素的共同作用下，基床土体产生冻结，在短距离地段出现沿线路方向的不均匀冻胀，从而引起软土路基线路的不平顺现象，称为基床冻害。按冻害深度的不同，基床冻害分为基床表层冻害和基床深层冻害。表层冻害常发生在基床土体临界冻结深度以上部分或冻结深度较小的地区，基床表层冻害易造成道路线路的不均匀冻胀，影响线路的平顺。基床深层冻害发生的部位较深，通常是由于地下水位较高，同时在冻结过程中不断出现冰层而引起。

5）边坡溜塌

软土路基边坡溜塌是指路基边坡表层受水流的冲蚀软化，或车辆动荷载使路基边坡失稳而形成的边坡表层溜塌。

6）风化剥落

风化剥落是指已经风化的石质路堑边坡，在降水、强风、车辆动荷载等不利因素的综合影响下，成片或成块地剥落，进而造成线路破坏，影响行车安全。风化剥落通常指地形、地质等原因造成的块小量多的风化岩石剥落。

7）边坡滑动

边坡滑动是指边坡路基部分土体在自重影响下沿着边坡某滑面滑动。该现象通常是由路基土体本身的不稳定引起的。按路基形式的不同可分为路堤和路堑边坡滑动。路堤边坡滑动的主因是边坡以及坡脚被水流冲刷而挖空。路堑边坡滑动的主因是边坡高度、边坡坡度、天然岩土层次的性质三者不相适应，尤其是当存在倾向路堑方向的软弱面时，极易造成路堑边坡滑动。

8）环境影响造成的软土路基破坏

道路通过不良地质地段（如软土、溶洞、滑坡、泥石流等），或遭遇大暴雨等，均可能因为环境变化而造成软土路基的毁坏。

4. 路基空洞

1）自然因素引起的空洞

（1）岩溶、旧沟等地下洞穴。

受天然地质影响，城市道路下面可能存在天然溶洞，即通常所说的喀斯特地貌，是硫酸盐岩、碳酸盐岩等可溶性岩石在水的腐蚀和崩塌作用下，产生的各种地质形态、作用和现象的统称。我国可溶性岩石（碳酸盐岩）分布很广，遍及 26 个省（自治区、直辖市），尤其在西南、中南地区分布更广，云、贵、桂连成一片，其中贵州仅碳酸盐岩的出露面积就占全省面积的 51%，广西壮族自治区、湖南、云南、湖北、山西、四川等省（自治区），其碳酸岩盐的出露面积也均在 20%以上，其分布面积占全省（自治区）面积的比例均在 50%以上。

在这样的地区进行工程建设，建筑物的基础很容易遇到土洞、溶洞等不良地质问题。这些天然的土洞和溶洞都是由能够溶于水的石灰岩组成的，由于石灰岩长期受到水的冲刷和溶蚀，石灰岩的结构将出现变化，日积月累就会形成土洞和溶洞。这些天然的土洞和溶洞不管是大小还是分布都会在设计和施工方面对工程建筑产生重大影响。

影响岩溶路基稳定性的自身因素有：溶洞顶板的厚度和跨度，洞体完整程度和充填情况，岩体强度和产状，岩溶裂隙发育情况。外部因素有：荷载大小和作用时间长短等。溶洞稳定性问题是从工程的角度提出的。含有溶洞的岩溶塌陷，其实是溶洞顶板的塌陷，即溶洞顶板失稳问题。溶洞顶板失稳和岩溶塌陷的含义并不相同，首先是问题的研究角度不同，溶洞顶板失稳是从工程的角度提出的，而岩溶塌陷则是从地质角度出发来研究问题。评价岩溶路基稳定性的方法主要有三种：定性稳定性分析方法、半定量稳定性分析方法和定量稳定性分析方法。

有的城市历史悠久，可能保留有古代城市留下的旧沟，还可能有部分废弃的防空洞等洞穴。这些地段常年无人管理，出现破损及塌方的洞穴在水的作用下，大量泥土流入洞中，形成大面积空洞。

（2）地质、地下水作用引起的空洞。

有一些路基空洞是在自然条件下，受地质、地下水等综合作用引起的，例如地层下第四系土层（包括黏土、砂土等）厚度较厚，由于长期地质运动形成裂隙，经地下水的冲刷，裂隙越来越大，形成空洞或大面积的松散土层，最终导致路面塌陷事故。另外，长时间的干旱或过度使用地下水也会导致地下水位大幅度下降，使得地表承载力不足，也有可能导致塌陷。还有在黏性土（或回填土）与粗颗粒土接触面处，由于地下水的波动造成黏性土流失，逐步形成路基空洞，当上部土层支撑力不足时，就会出现地面塌陷。一些特殊地质条件，如湿陷性粉土区也比较容易产生路基空洞。

2）地下管线渗漏引起的空洞

城市道路路面结构下布设了多种地下管线，包括给排水、污水、热力、燃气、通信、照明等管线。地下管线长期处在复杂的地下环境中，经长期腐蚀容易形成穿孔、断裂等渗漏现象，特别是污水管线长期受到有毒有害气体和污水的腐蚀，容易渗漏，给水管线也由于水压力等因素容易形成泄漏。地下管道的渗水、泄漏容易造成对土基的冲刷，带走周边泥沙，加上地下施工扰动、路面车辆震动等因素很容易发生流沙或淘蚀现象，形成路基空洞和路面塌陷。

5. 边坡失稳

公路路基边坡是一个开放的、动态的复杂系统，造成其失稳的原因也是错综复杂的。一般而言，边坡失稳的影响因素大体上可划分为地质因素和非地质因素。

1）地质因素

（1）边坡岩土体类型及性质。

砂性土边坡的组成成分中砂或砂性土的透水性较大，因此其在振动力作用下易发生液化破坏，从而导致边坡失稳；黏性土边坡一般都具有干燥时坚硬开裂、遇水后膨胀分解的特点，因此也易造成边坡失稳；对于软土边坡而言，由于软土的抗剪强度低、流变性能显著，其对边坡稳定极为不利。

（2）边坡形态。

一般来说，坡度越陡，边坡越容易失稳；坡度越缓，边坡越稳定；坡高越大，边坡越容易失稳；平面上呈凹形的边坡较呈凸形的边坡稳定；同是凹形边坡，边坡等高线曲率半径越小，边坡稳定性越好。

（3）地质条件。

一般情况下，同向倾斜边坡稳定性不及反向倾斜边坡；同向倾斜边坡中，稳定性随结构面倾角的增大而降低；当倾向不利的结构面走向与坡面平行时，边坡稳定性最差，反之，结构面走向与坡面走向夹角越大，边坡稳定性越好。

（4）水文条件。

边坡水文条件的改变必然导致地下水富集程度的改变，而土体、软质岩、泥化夹层、岩体结构面等的力学性质受水的影响较大，因此，边坡所处位置的地下水及地表水富集程度对边坡稳定性也有影响。

2）非地质因素

（1）气候条件。

气候条件中以降雨的作用最为突出。强降雨可使边坡组成材料的含水量过高，造成边坡组成材料软化，并使某些岩土体产生膨胀及物理力学性质发生变化，从而导致边坡失稳。

（2）风化作用。

风化作用一般可使岩土体的裂隙增多和扩大，导致岩土体的透水性增强，抗剪强度下降，影响边坡的形状和坡度；同时，风化裂隙等次生结构面及次生黏土矿物的产生会使地表水易于入渗，从而导致地下水的动态发生变化。

（3）震动作用。

在地震的作用下，边坡岩土体的结构会发生变化甚至破坏，使原有结构面张裂及松弛，导致边坡岩土体强度遭到破坏，从而引起边坡失稳。爆破施工震动对边坡稳定性的影响主要表现为爆破震动产生的惯性力使边坡岩土体的下滑力增加，从而导致边坡失稳。

（4）开挖削坡及坡顶加载。

实际施工过程中不合理的边坡开挖（如从坡脚开挖）会造成边坡临空面过大，坡脚压重不够，使得边坡滑动面的抗滑力减小，造成边坡失稳。而不当的削坡往往使坡脚结构面或软弱夹层变薄，引起坡体滑动面的抗滑力减小，而边坡的下滑力却没有相应地减小，从而导致边坡的稳定性降低。

对于坡顶加载而言，一方面增加了坡体的下滑力，另一方面提高了坡顶张应力和坡脚剪应力的集中程度，从而引起边坡岩土体破坏，最终导致边坡失稳。

2.1.2 路面功能损坏风险与风险源

沥青路面的常规损坏主要分为裂缝、变形、表面损坏和其他四类，每一类损坏又有很多不同的表现形式。表 2-2 梳理了近年来部分由路面结构破坏引起的事故实例，可见路面结构破坏会对交通事故的发生产生影响，关注路面结构破坏风险具有积极的现实意义。

表 2-2　　路面结构破坏引起事故实例

时间	事故发生地点	事故情况	事故主要原因
2011/6/30	湖北省荆门市钟祥市洋梓镇	1 摩托车摔倒，致 1 死 1 伤	路面遇热隆起
2012/4/24	湖南省湘潭市湘潭县	1 大客车严重颠簸，致 5 人受伤，经济损失 136 062.5 元	路面坑槽
2016/8/3	辽宁省沈阳市	1 摩托车侧翻，致 1 人死亡	路面存在沉降坑

（续表）

时间	事故发生地点	事故情况	事故主要原因
2017/1/1	河南省许昌市	1电动车摔倒,致1人死亡	道路边缘不平整
2018/12/9	江苏省淮安市金湖县	1电动车摔倒,致1人死亡	路面水泥伸缩缝破损严重
2020/6/27	四川省巴中市通江县	1摩托车翻车,致2人受伤	路面开裂
2020/6/30	四川省南充市南部县	1小车与1小货车相撞,致1人受伤	路面坑槽
2020/12/6	安徽省淮南市寿县三觉镇	1电动三轮车侧翻,致1人受伤	路面破损
2021/9/28	陕西省西安市	1电动车摔倒,致1人死亡	路面坑槽

1. 裂缝

裂缝是沥青路面损坏的一种常见病害。按照裂缝的方向和成因,可分为纵向裂缝、横向裂缝、反射裂缝、龟裂和块状裂缝。

纵向裂缝基本上平行于道路中心线,一般发生在距路面边缘3～5 m的车道内。裂缝形状有两种:一种是直线形,另一种是纵向弧形且两端向路堤边缘延伸。通常认为,地基的不均匀沉降、不良的施工搭接和过大的荷载是纵向裂缝产生的主要原因。

横向裂缝是沥青路面常见的裂缝之一,通常被看作一种早期损坏现象。横向裂缝的方向垂直于道路中心线,裂缝间隔不等且数量逐年增加。横向裂缝的主要成因是温度变化、反射裂缝和施工接缝。半刚性基层沥青路面的横向裂缝绝大部分是反射裂缝。

反射裂缝一般都是横向裂缝。不过最近的调查发现,当路面宽度很大时,反射裂缝也会表现为纵向裂缝。因为当路面很宽时,横向的收缩也足以造成基层的开裂并反射到路表面。

龟裂是指在路面局部区域内出现的龟纹状交错裂缝。龟裂常伴有沉陷和唧浆现象。一般认为,龟裂是路面结构在重复荷载作用下的疲劳损坏,是结构强度不足的体现。其初期阶段表现为相互交错的裂缝,继而发展为锐角多边形裂块。

块状裂缝是一种将路面分割成近似矩形裂块的交错裂缝,接缝间的交角近似呈直角或钝角,是纵向、横向裂缝密度较大时的结果。块状裂缝主要由温度变化、反射裂缝或沥青老化等引起。

2. 变形

沥青路面变形也是一种主要的损坏现象。沉陷、车辙和推挤所导致的路面变形降低了路面平整度和道路服务水平,严重的病害甚至还会影响行车安全。

沉陷是指路面的局部凹陷,由基层或路基的局部压实不足所致。路基未充分固结或压实不足造成的路基继续沉降往往会引起路面的大面积沉降,这种沉降有时伴有贯穿整个路面的结构性破坏,这种现象通常不作为路面沉陷考虑。

车辙是指轮迹带上出现的狭长形凹槽。随着渠化交通程度的提高和车辆荷载作用次数的增加,行车道轮迹处由于沥青层的再压密或剪切变形而逐渐形成不同程度的车辙变形。车辙变形的外因是渠化交通和荷载的重复作用,内因是沥青混凝土的高温稳定性差和抗塑性变形能力差,在车辆轮载的碾压下产生横向剪切变形流动。因此,辙槽的两侧由于这种剪切流动而常常局部隆起。

在交叉路口、匝道进出口等处,因车速变化频繁,经常刹车与起动致使路面承受很大的水平力。当沥青混合料高温稳定性较差时,就会在高温和水平力的作用下产生搓板状的推挤变形。

3. 表面损坏

沥青路面磨光、麻面和坑槽是路表损坏的常见现象。

磨光是指路表外露的集料颗粒在行车轮胎的摩擦作用下逐渐被摩擦光滑的现象。研究表明,车辆低速行驶时的摩阻力主要由路表构造纹理提供,而高速行车的摩阻力则主要来自集料表面的细纹理。一旦路表集料颗粒被磨光,细纹理和构造纹理都将大大减少,路面的抗滑性也将随之下降,成为交通安全的一大隐患。磨光的主要成因是集料的硬度较小、耐磨性较差,选用材质较好的集料可有效地防治磨光。

麻面是指沥青混合料的细集料或部分粗集料散失造成的路面病害。造成麻面的主要原因是酸性集料、集料中的含尘量过大等造成沥青-集料黏附性不足。

坑槽是指路面材料散失后形成的各类凹坑。造成路面坑槽的主要原因有龟裂碎块松动脱出、沉陷后损坏并脱出以及层间黏结不足、表层脱落等。

4. 路面泛油

路面损坏还包括路面泛油。泛油是指沥青面层中的自由沥青受热膨胀,直至沥青混凝土空隙无法容纳、溢到路表的现象。泛油可造成路表构造深度逐渐减小,抗滑性降低,从而影响行车安全。沥青混合料中沥青用量过多、稠度太小和设计空隙率过小都会使沥青混合料的饱和度过高,也就是混凝土内没有足够的空间容纳自由沥青升温时的体积变化,引起泛油。而混合料拌和、摊铺过程中,沥青用量控制不准导致过量,离析促使细料过于集中也是导致泛油的重要原因。可以说,传统泛油病害的内因是设计或施工不当,而诱发的直接外因是高温。泛油通常在整条路段出现,路表如镜面光滑,雨天车辆易打滑,带来行车安全风险。

2.1.3 道路附属设施运行风险与风险源

城市道路附属设施包括用于提供出行引导和路权标识的标志标线、用于分隔或防撞的护栏及分隔栏、埋置在地下的管线设施等。表 2-3 列出了典型城市道路附属设施运行风险及其致因。

表 2-3　　典型城市道路附属设施运行风险及其致因

附属设施类别	主要运行风险	风险致因
标线	不清晰,难以辨识	被车辆磨损、标线耐磨性差、养护不及时
	湿滑	降雨或路面潮湿、标线未设置排水开口、潮湿状态下标线摩擦系数不足
	夜间不清晰	标线不含玻璃微珠或含量不足、表层磨耗严重
标志牌	夜间视认性差	反光膜不合格、发光膜老化
	板面变形、板面破坏	高车或大件运输车辆与标志牌发生擦碰
	标志牌倒伏	车辆与标志牌发生碰撞、杆件发生锈蚀腐化、被台风吹倒
防撞护栏	断裂	车辆撞击、路基变形
	大变形	车辆撞击、路面塌陷
	夜间视认性差	无诱导标志或老化
隔离栏	变形、移位	与机动车或非机动车碰撞或刮擦
	行人或非机动车穿越	隔离栏有开口、行人或非机动车绕行太长、隔离栏高度不够
	褪色	紫外线长期作用、养护不及时
	锈蚀、断裂	雨水、氧化
窨井盖	缺失	偷盗、养护事故
	移位	井盖松动,车辆碾压引起弹跳
	破损	强度不足,老化
给水管	破裂	强度不足,大荷载作用
	渗水	老化导致接口密封性不好、水压太大
排水管	渗水	车辆碾压导致水管破裂、低温导致冻裂
	路面雨水口无法进水	排水管堵塞、排水坡度不足
燃气管	爆炸	施工开挖破坏、老化导致煤气泄漏
电力	漏电	电力管线渗水、道路施工误挖

2.2　桥梁运行风险与风险源

城市桥梁运营阶段的主要风险源包括自然灾害、意外事故、结构退化、人为破坏等。很多在规划、设计、施工阶段埋下的风险隐患将最终在运营阶段呈现,进而造成损失(表 2-4)。

表 2-4 城市桥梁运行事故实例

日期	事故名称	人员伤亡	事故类型
2001/11/7	四川省宜宾市小南门大桥桥面板坠江事故	多人死伤	养护不力,构件疲劳失效
2004/3/1	北京市五环路桥梁纵移	无	管理不力,重车连续刹车
2007/6/15	广东省九江大桥落梁事故	8 人死亡	船舶撞击
2007/8/1	美国明尼苏达州某高速公路桥梁垮塌	9 人死亡,数十人受伤	结构老化,评估错误
2008/1/1	江苏省海门市某大桥船撞事故	不详	船舶撞击
2008/2/11	重庆市车辆撞击事故	5 人受伤	车辆撞击
2008/5/12	四川省汶川县桥梁损毁与倒塌	不详	自然灾害(地震)
2008/7/12	湖北省宜昌市黄柏河大桥车辆撞击事故	9 人死亡	车辆撞击
2009/12/26	江苏省无锡市北塘复新桥坍塌事故	无	车辆超载
2011/2/21	浙江省绍兴市上虞区立交桥坍塌事故	3 人轻伤	车辆超载
2011/3/11	日本近海城市桥梁被毁	不详	自然灾害(地震、海啸)
2011/3/22	中国澳门特别行政区嘉乐庇大桥船撞事故	无	船舶撞击
2012/5/13	湖南省平江大桥垮塌事故	6 人失踪	自然灾害(山洪),漂浮物撞击
2018/8/14	意大利热那亚 A10 高速公路桥倒塌事故	35 人死亡	自然灾害(暴风雨)
2019/10/1	中国台湾宜兰县南方澳跨海大桥坍塌事故	6 人重伤	吊杆腐蚀疲劳
2019/10/10	江苏省无锡市高架桥坍塌事故	3 人死亡	车辆超载
2020/7/7	安徽省黄山市屯溪镇海桥	不详	自然灾害(特大洪涝),材料老化

下面将对城市桥梁在运营阶段较为常遇的风险进行归纳介绍。

2.2.1 自然灾害

城市桥梁在运营期间会遇到各种自然灾害,如雷暴、大雾、雨雪等,这些自然灾害会给桥梁运营带来很大风险,影响车辆行车安全和行车舒适性,甚至引发交通事故,给桥梁结构带来损伤。

我国是世界上多地震国家之一，大约平均每三年发生两次 7.0 级以上地震，而每两次 7.0 级以上地震就有一次酿成重灾。地震灾害不仅会导致大量地面构筑物及各种设施的破坏和倒塌，而且次生灾害中因交通及其他设施的毁坏造成的间接经济损失也巨大。就某一确定的桥梁工程而言，与其他风险源相比，虽然地震风险发生的概率水平可能会低一些，但往往会对桥梁结构安全产生重大影响，造成严重后果，如图 2-1 所示。

图 2-1　桥梁震害

国内外均有地震对桥梁结构造成严重影响的记载。1995 年 1 月 17 日，日本阪神地区发生强烈地震，几万栋房屋成为废墟，城市道路路面开裂，地基变形，断裂的城市高架桥从几十米高处塌落。地震造成 5 000 余人死亡，几十万人无家可归，被毁房屋超过 10 万栋，生命线工程和大量公共设施遭到严重破坏。

2008 年 5 月 12 日，我国四川汶川发生 8.0 级地震，灾害共造成 8 万余人遇难，1 万多人失踪，灾区的道路、桥梁、隧道等基础设施损毁严重，直接经济损失超过 8 451 亿元。据《汶川地震灾区市政公用基础设施重建规划》测算，恢复重建市政道桥设施需投资 223.67 亿元(不含乡镇)，配套供水管道需投资 32.79 亿元。

汶川地震造成的城镇桥梁破坏主要有两种类型：第一种是地震引起桥梁发生瞬时大变形，超出原设计极限，导致桥梁发生破坏，直接垮塌，如小渔洞大桥、百花大桥、南坝大桥等；第二种是桥梁构件、构造的破坏，主要是支座、伸缩缝、防震挡块、桥面系、局部承压构件(牛腿)、拱圈的开裂、位移、混凝土碎裂等，如青城大桥、通济大桥、绵阳机场高架桥、绵竹回澜桥等。

桥梁在风作用下会发生驰振、颤振、涡振、抖振、涡激共振以及斜拉索的风雨振。若设计不当，施工期间及成桥后主梁和桥塔均可能发生上述不利现象。风对桥梁结构在施工和运营阶段的影响可以从结构稳定失效、风振疲劳、风振舒适性和行车安全性风险等方面来理解:结构稳定失效包括风致动力和风致静力稳定问题,如颤振、驰振、横向屈曲、静力扭转等,稳定性问题一旦发生,将对结构造成毁灭性的损失;风振疲劳是风对结构长期往复作用引起的结构破坏现象;风振舒适性是由于风引起结构和临时施工设备的振动,使人感觉不适或不安全,导致设备的损坏和人员伤亡事故;行车安全性风险主要考虑在强风条件下车辆通过桥梁的安全性问题,避免出现翻车、侧移等不安全问题。

我国把南海与西北太平洋的热带气旋按其底层中心附近最大平均风力(风速)大小划分为 6 个等级,其中,中心附近风力达 12 级或以上的统称为台风。与一般大风相比,台风风力更强,而且还会伴随短时强对流天气,造成桥梁在发生风致振动的同时,还会产生与强降雨、冲刷、碰撞等相关的风险事故。

当桥面积雪,积雪深度达 5～10 cm 时,路面湿滑,容易出现交通事故,车辆行驶速度明显降低;积雪深度达 10～20 cm 时,行驶困难;积雪深度达 20 cm 以上时,一般不能行驶。雪被碾压或外界条件使雪融化覆盖在路面上,从外观颜色可分为白色冰路面、灰色冰路面和黑色冰路面。此类路面在零下气温时与车轮间的附着系数在 0.08～0.20,车辆操作性、制动性与驱动性明显降低,其中黑色冰路面为最薄,对桥梁运营的影响也最大。

雾天能见度较低,视野变窄,容易造成追尾事故,由于不同路段大雾的严重程度可能有所不同,驾驶员很难根据各路段不同的能见度及时调整自己的速度和车间距。大雾天路面湿滑,车辆与路面的摩擦系数减小,导致制动距离延长、行驶打滑、制动跑偏等现象发生,若采取措施不当,容易引发交通事故。

2020 年 1 月 13 日上午 7 时 26 分至 8 时 15 分,江苏泰州长江大道新通扬运河特大桥路段突发团雾导致车辆连环相撞。事故发生时段,部分区域能见度不足 2 m,且路面有结冰,49 min 内先后引发 31 起追尾碰擦等交通事故,致两人受伤。相撞车辆除轿车外,还有多辆货车,后方车辆因能见度低,来不及刹车,直接冲进前方事故现场,大部分车辆受损严重。事故发生后,泰州市交管部门封锁向北方向道路,直至上午 10 时 40 分才恢复通行。

随着气候变化的影响程度日益增大,近年来常见城市发生历时短、雨量集中、强度大的极端降雨,形成的洪水对城市桥梁安全构成极大威胁。桥梁面临的洪水风险主要包括两方面:一是洪水直接冲垮桥梁,在多发较大洪水的桥位处,水量巨大的浪流具有强大的冲击力,导致桥梁整体垮塌;二是伴随洪水的滑坡、崩塌、泥石流等地质灾害对桥梁的破坏,严重时桥梁会发生大幅错位开裂或直接被全部掩埋。

2.2.2 意外事故

城市桥梁运营阶段可能发生各种意外事故,其中有相当比例是与车船相关的事故。

1. 交通事故

车辆交通事故是城市桥梁最常见且广泛存在的事故类型，往往会造成巨大的人员伤亡和经济损失。对于城市桥梁，车辆撞击风险主要指车辆撞击护栏、桥塔、拉索或吊杆等构件。一般而言，意外原因造成车辆失控而引起交通事故的概率在全线处处相同，因此，进入考虑范围的桥段长度越短，此段发生交通事故的次数越少。一般桥塔顺桥向尺寸占全桥比例较小，因此在桥塔附近发生意外而导致车辆失控的事故较少，对桥梁结构的影响较小。对于城市缆索承重桥梁，索结构所占全桥比例越大，在缆索区域发生交通事故的次数越多。总体来说，桥面车辆发生普通交通事故一般只会撞击桥梁护栏，造成附属设施的损坏并对桥梁的正常运营造成影响，但对桥梁主体结构不会有太大影响。但是若车辆撞击桥塔、缆索等关键结构，对桥梁结构将产生非常严重的影响，需要对此类风险进行考虑。日常应加强桥梁车辆通行监督和管理，尽量避免车辆“带病”上桥。若桥梁上发生交通事故，待道路畅通后，需迅速检查桥梁受损构件的损伤程度，及时维修。

2016 年 5 月 23 日，上海中环高架桥内圈沪嘉立交桥出口至沪太路匝道发生事故，上海建景物流有限公司所属 7 辆货运车违反禁令标志、严重超载。其中 2 辆在中环线(内圈)真华路至万荣路匝道之间发生侧翻事故，导致高架路段主桥面翘起损坏[图 2-2(a)]，桥面最大高差约 40 cm，高架及地面交通受阻中断。该事故虽未造成人员伤亡，但对上海的交通造成严重影响，造成当日早晚高峰严重拥堵，带来民众恐慌等社会影响。

航道桥自身通航净空有限，加之船舶驾驶员操作失误，或不良气象水文条件，都可能导致船舶撞击桥梁的事故发生。船舶速度和航行方向决定了其撞击力度和位置，桥梁结构可能受到剐蹭，严重时会发生桥墩破坏、落梁等情况，造成人员伤亡、车辆及货物损失，也会导致交通中断或限制通行[图 2-2(b)]。此外，船撞事故发生后，若船内或车辆装载的有害物质发生泄漏和溢出，还会对桥位处生态环境造成破坏。对于可能存在船撞风险的城市桥梁，在设计时应考虑船撞问题，进行相应的防撞设计，通过设置航标、桥涵标以及相关的警示标志等引导船舶沿正确航道行驶，同时桥梁自身也要设置合适的防护结构，做到主动防撞和被动防撞双管齐下，有效控制桥梁船撞风险。

2007 年 6 月 15 日，广东九江大桥发生船撞事故。大桥 23 号墩遭运砂船撞击，导致 3 个桥墩坍塌，约 200 m 的主梁落入江中，4 辆桥上车辆和 2 名施工人员坠入江中，共导致 8 人死亡，造成经济损失约 4 500 万元。在事故中受到撞击的桥墩的设计防撞能力为 40 t，而当时西江水道上许多船只都是千吨级别，同时九江大桥附近河床因采砂活动频繁导致下降，也削弱了桥墩的抗冲击能力。2009 年，九江大桥恢复通车，主体结构由单塔改为双塔，通航孔跨径由 50 m 提高到 100 m，从设计角度降低了大桥被船舶撞击的概率。

(a) 车辆超载导致桥面翘起损坏　　(b) 船撞导致落梁

图 2-2　意外事故

2. 火灾

桥上火灾事故主要由交通事故引起，其中油罐车的交通事故引发的火灾程度一般较为严重，会对桥梁结构造成较大的损伤，甚至可能导致人员伤亡。引起火灾的原因很多，如车辆碰撞、易燃品泄漏、线路短路致车体燃烧等。车辆火灾的严重性主要取决于车辆本身的大小及装载物品的燃烧性能与数量、火灾空间大小、通风条件等。车辆在桥梁上起火燃烧与其他起火燃烧最大的不同之处在于火灾空间与通风条件，而在火源、可燃物特性、火灾荷载密度等方面差别很小。当车辆在桥梁上发生火灾时，一般可认为火灾空间无限大，为燃料控制型火灾。桥梁处于室外环境，个别车辆发生火灾后燃烧产生的热量易散发，其他未着火车辆内的人员受热烟气毒害、窒息而伤亡的可能性很小，因此可认为火灾仅限于最初发生火灾的个别车辆。针对桥梁火灾风险，应当日常加强易燃品、危险品车辆的管理，记录该类车辆的通行情况。当发生桥面火灾时，应立即联系消防、医疗部门迅速对事故现场进行处理；立即疏散周围车辆，开通抢险通道，并对桥面交通进行管制。控制火情后，应组织人员对结构进行安全评估、修缮，并对损坏构件进行更换。

3. 路面坠物

桥梁还可能发生路面坠物，主要分为两种：一种是桥梁结构自身附属构件坠落，另一种是行驶车辆大型货物坠落。一般桥梁自身结构附属构件坠落的可能性较低，路面货物坠落的情况多发。大型货物坠落清理势必会造成较长时间的通行延误，同时大型货物冲击可能造成严重的桥面板损伤，甚至发生脆性冲剪破坏，极大地影响桥梁结构安全。除路面坠物外，还存在桥上物体坠落桥下，造成撞击、人员伤亡等情况。

滴水冰锥是桥梁坠物中比较常见的形式之一。桥梁滴水冰锥的形成一般发生在冬季，多数出现于桥梁泄水管出口、伸缩缝下坡端头、装配式板梁湿接缝深水处以及与其他设施、标牌的固定螺栓处(图 2-3)。滴水冰锥锥尖锋利,一旦坠落极易造成行人受伤、车辆损坏。

图 2-3　城市桥梁冬季形成的滴水冰锥

4. 桥梁侧倾、侧滑、倾覆事故

随着经济的快速发展,货物运输逐渐向大型化、重型化发展,早年建设的部分桥梁已进入超龄超载服役状态。货物运输车辆在数量和重量层面均已超过原先规定的设计容许范围。部分货运车辆超载会对城市桥梁造成更大的运营负荷。早年,城市桥梁对货运车辆的荷载限制相对较为宽松,慢车道的重车排队导致桥梁结构无力支撑较大的偏心荷载,从而出现立交桥侧倾、侧滑、倾覆事故。这类事故一旦发生会造成严重的结构安全事故,导致运维时间与管养费用的显著增加。除了一次性的结构失效事故外,车辆的严重超载增大了桥梁各构件的应力水平和变化幅度,使桥梁产生疲劳损伤,加剧了裂缝扩展,加速了桥梁的性能退化。在超载车辆的长期作用下,桥梁内部的塑性损伤不断累积。后期运营过程中,桥梁的服役性能已显著降低,桥梁结构抗力和安全储备不断下降,桥梁安全风险不断增加。针对车辆超载风险,目前的管理手段主要是布设称重系统,对通过桥梁的车辆进行超载治理。

桥梁的整体侧倾、侧滑、倾覆是城市立交桥的主要风险之一。由于受到地形、地物、占地面积和城市景观等各项因素的约束和影响,城市桥梁中,特宽桥、弯梁桥、斜梁桥、独柱墩梁桥以及多格式箱梁桥等特殊受力结构尤为常见。在城市桥梁运营阶段,由于结构受力特性的影响,内外支座反力存在差异,严重时甚至导致部分支座脱空,从而产生立交桥倾覆的风险。早年,设计认知局限和桥面严重超载造成了诸多桥梁侧倾、侧滑、倾覆事故,因此,这类桥梁在运营阶段需要进行相应的加固和监测。

2.2.3 结构退化

城市桥梁在运营阶段还会面临诸多与自身性能相关的风险。例如，对于软土地基和采煤塌陷等区域，由于地基不均匀沉降和地质的变化，导致附近城市桥梁的基础发生差异化的位移。城市桥梁大多属于超静定结构，基础位移将使上部结构存在附加应力，甚至引发结构损伤，从而导致更大位移。此时，桥梁结构的安全可靠性降低。当基础不均匀沉降导致结构进入承载能力极限状态后，将会导致桥梁结构的整体性破坏，缩短桥梁使用寿命，形成极大的风险。

结构在长期使用过程中，因自然环境的复杂侵蚀作用，还会发生材料老化、结构损伤，这种累积损伤必然造成结构性能的显著退化，结构的抗力也将随服役期的增长而衰减。此外，当结构管养不当时，容易使桥梁构件产生外观损伤(图 2-4)。其中，明显的缆索结构锈蚀、疲劳断裂、混凝土结构锈蚀、保护层脱落及钢结构涂装劣化等会给公众带来心理上的不利影响，若科普不及时，将影响公众对桥梁结构安全性的正确认知，产生不良的社会舆论。

(a) 除冰盐溶液渗流　　(b) 混凝土碳化导致钢筋锈蚀

图 2-4　结构退化

2.2.4 其他风险

城市桥梁在运营过程中还有可能面临蓄意袭击、人员轻生等社会性风险事件。常见的桥梁蓄意袭击主要包括爆炸袭击、纵火袭击、动能袭击、生化袭击等形式，其中生化袭击对工程结构的影响极其有限，且路上行车基本为封闭行驶，路面开阔，通风性能良好，生化袭击的损害作用较小，不是道路与桥梁类工程结构蓄意袭击的首选方式。爆炸袭击由于具有危害大、易发动、难防范的特点，成为当代恐怖袭击最主要的方式。爆炸袭击主要的方式有汽车炸弹、固定箱包炸弹、水路运载炸弹、投射炸弹，其中汽车炸弹袭击具有行动隐蔽、发起突然、破坏性强、影响面广的特点，是具有代表性的袭击方式，它具有造成大规模人员伤亡的可能。日常应严格监控通行车辆和人员的安全状况，随时准备启动应急计划。

城市桥梁两边多设置人行道，可能会发生轻生事件。2010 年 8 月 2 日早上 6 点 35 分，浙江省杭州市钱塘江复兴大桥上发生一女子欲跳桥轻生事件。接到报警后，杭州浦沿消防中队出动 2 辆抢险救援车赶赴现场，并立即在桥面上铺设了气垫，展开救援。在炎炎烈日下，3 名消防队员爬上 20 m 高的桥梁顶端，最终劝说跳桥女子放弃了轻生的念头。整个救援过程耗时超 3 h。此类事件的发生会造成人员伤亡，产生社会影响，可能造成桥上交通堵塞，但桥梁结构不会受到影响。但从总体上看，桥上轻生事件在桥梁运营期内发生的概率较低，所造成的损失主要集中于人员伤亡和交通延误。

2.3 隧道运行风险与风险源

近年来，我国隧道建设发展迅速。隧道工程项目体量大，建设工期长、投资大，具有隐蔽性高和风险不确定的特点，于是隧道安全风险管理成为一个值得关注的问题。隧道运行风险是指在隧道运营期间发生人员伤亡、环境破坏、财产损失、工程经济损失等潜在的不利事件的概率和后果的集合。表 2-5 汇总了国内外一些出版物和新闻报道中的隧道运行事故，可见隧道运行安全风险管理的重要性和复杂性。隧道运行风险最大的特征是不确定性，其是否发生、发生时间及产生的后果都是不确定的，同时，风险又具有一定的规律性，是可预测的。

表 2-5　　隧道运行事故实例

日期	事故名称	人员伤亡	事故类型
1972/11/6	日本北陆隧道	30 死，715 伤	列车火灾
1976/10/18	中国西安宝成线 140# 隧道	75 死，23 伤	铁路事故
1979/1/17	美国旧金山海湾海底隧道火灾	1 死，58 伤	列车火灾
1987/11/18	英国伦敦国王十字地铁站火灾	31 死，受伤人数不详	火灾
1995/3/20	日本东京地铁沙林气体攻击	12 死，五六千人瓦斯中毒	蓄意施毒
1995/10/28	阿塞拜疆巴库地铁	269 死，5 581 伤	列车火灾
1996/11/18	英吉利海峡海底隧道火灾	0 死，大约 30 人受伤	列车火灾
1999/3/24	法国勃朗峰隧道火灾	41 死，受伤人数不详	卡车火灾
2001/10/24	瑞士圣哥达隧道火灾	11 死，受伤人数不详	卡车相撞
2003/2/18	韩国大邱地铁纵火事件	198 死，147 伤，50 人以上失踪	蓄意纵火
2004/2/6	俄罗斯莫斯科地铁自杀爆炸事件	39 死，100 人以上受伤	蓄意爆炸

表 2-5 中主要为人为因素导致隧道出现的风险事故，但大多数的风险来自隧道本身结构广泛分布的损伤病害，表 2-6 汇总了部分因隧道结构病害引发的事故。隧道设计使用周

期长，受社会认知水平制约，隧道在规划、设计中很难将若干年后城市隧道周边环境变化完全考虑进去。在隧道的后期运营中，隧道运营对周边环境会产生一定影响，若周边环境也因故发生了巨大变化，这些环境变化都将极大地改变原隧道结构的受力模型，使隧道结构可能存在比设计时更为不利的荷载工况。这些不利因素作用极易造成隧道的过量变形（沉降、隆起、收敛变形等）以及破坏。由于隧道的运营要求以及工程的隐蔽性特点，这些变化很难被及时发现并修复，从而可能导致一系列的工程风险事故。隧道经常发生因衬砌裂损、剥落、掉块而导致的运行事故，其中最著名的是 1999 年 6 月 27 日日本福冈县境内一座隧道边墙上重达 200 kg 的混凝土块砸在高速行驶的列车上，日本西铁路公司曾为此对山阳新干线和铁路隧道进行了大量的病害检查和加固工作。上海打浦路隧道由于周边大量工程施工，隧道结构产生明显变形，甚至局部结构产生裂缝和渗漏。可见，由于结构病害引起的隧道风险同样需要重点研究关注。

表 2-6　　隧道结构病害引起事故汇总

时间	国家	地点	隧道名称	隧道类别	病害情况	事故情况
1999/6/1	日本	福冈县	福冈隧道	铁路	拱肩混凝土剥落	机车损坏
1999/10/1	日本	福冈县	北九州隧道	铁路	边墙上端混凝土剥落	—
1999/11/1	日本	—	礼文宾隧道	铁路	拱顶混凝土掉落	列车脱轨
2000/9/1	中国	呼伦贝尔	兴安岭隧道	铁路	衬砌混凝土掉块	—
2001/10/1	中国	达成线	万山寺隧道	铁路	衬砌混凝土掉块	—
2001/12/1	中国	西安	清凉山隧道	铁路	衬砌混凝土掉块	—
2003/5/1	中国	长沙	蕉溪岭 1 号隧道	公路	衬砌混凝土掉落	—
2006/7/1	美国	波士顿	顿特德·威廉斯隧道	公路	顶部混凝土板塌落	1 死 1 伤
2010/6/1	中国	武汉	长江隧道	公路	拱部注浆材料掉落	砸伤车辆
2010/8/1	中国	重庆	南城隧道	公路	顶部混凝土脱落	车辆受损
2011/1/1	中国	西双版纳	藤蔑山隧道	公路	顶部混凝土脱落	中断交通
2012/12/1	日本	山梨县	笹子隧道	公路	混凝土掉落	9 死 2 伤，3 车损毁
2014/8/1	中国	北京	北京地铁机场线隧道	轨道交通	道床剥离及渗漏水	列车限速运营
2017/3/1	中国	珲春	小盘岭隧道	公路	路面结冰	安全隐患
春融期	中国	内蒙古大青山	亮马台隧道	公路	路面结冰	安全隐患

从用户、运营管理、隧道基础设施、车辆等几方面综合考虑，目前隧道运营中常见的风险类型主要有隧道水害、衬砌裂损、衬砌腐蚀、冻害、震害、空气污染、火灾和交通事故等（图 2-5）。

1. 水害

水害的成因是修建隧道损坏了岩体原始的水系统平衡，隧道成为穿过岩体邻近地下水集聚的通道。当隧道围岩和含水地层连通，而衬砌的防水及排水方法不完善时，就必然会发生隧道水害。

2. 衬砌裂损

衬砌裂损变形的危害有：衬砌结构对围岩的承载能力下降；地道净空变小，侵入修建限界，影响车辆安全通过；拱部衬砌掉块，影响行车和人身安全；裂缝漏水，构成洞内设备锈蚀，道床翻浆，酷寒和冰冷区域会发生冻害；铺底和仰拱破损，基床翻浆，线路变形，危及行车安全，降低车辆运行速度，增加维护修理工程量；在运营条件下对裂损衬砌进行大修整治，施工与运营互相干扰，费用增多。

3. 衬砌腐蚀

隧道所经过的地质条件千差万别，其间有些区域富含腐蚀性介质。衬砌背面的腐蚀性环境水，容易沿衬砌的毛细孔、作业缝、变形缝及其他孔洞渗流到衬砌内侧，成为隧道渗漏水，对衬砌混凝土和砌石、灰缝产生物理性或化学性的腐蚀效果，构成衬砌腐蚀。

4. 冻害

冻害是指冰冷区域和酷寒区域的隧道内水流和围岩积水被冻住，从而引起隧道拱部挂冰、边墙结冰、洞内网线设备挂冰、围岩冻胀、衬砌胀裂、隧底冰锥、水沟冰塞、线路冻起等现象，是影响隧道安全运营和正常使用的一种病害。

5. 震害

地震中遭受损坏的隧道有很多，因震害停运及由此造成的经济损失超过隧道本身的维护费用。由于隧道的震害远不如地面建筑的严重，因而人们对隧道抗震问题的重视程度也低于地面建筑物。事实上在一些大地震中隧道遭受严重破坏的例子很多，至于洞口被滑坡埋没、洞门裂缝变形、衬砌裂损和剥落的情况则更多，而强地震往往会造成隧道和围岩以及有特殊缺陷地段的严重破坏，并且一旦被震坏，修复相当困难。

6. 空气污染

隧道在运营过程中，车辆、电气设备、废弃物等释放出多种有害气体，而隧道空间相对封闭，一般只有进出口与外界空气相通，有害气体不能很快消散，当有害气体浓度超标时，可能会引起重大安全事故。国内外研究表明，运营隧道空气中的有害物质包括 NO_x、CO、SO_2、烃类和粉尘等。

7. 火灾

隧道一旦发生火灾，不仅会造成人员伤亡，还会烧毁物资，损坏隧道的设备和结构，需要较长时间地封闭隧道、中止运营，经济损失巨大，还会构成恶劣的社会影响，给国民经济的发展带来很大的影响。因此，隧道的消防安全至关重要，其中火灾风险分析及消防安全的科学决策成为急需解决的技术问题。

8. 交通事故

由于违章超速、路面结冰、前方车辆停靠、隧道内车辆故障、隧道病害、路面散落物等原因，隧道内会发生不同程度的交通事故。隧道本身的结构特点导致隧道救援困难，一旦发生交通事故，极易构成严重的堵塞，短时间内难以处置，严重影响隧道的正常运营。

隧道与地面或桥梁线路相比，其最突出的问题之一就是隧道的运行安全风险管理问题。隧道结构设施复杂，运行风险类型众多，而且灾害或事故的破坏迅速、影响范围大，因此，一旦发生灾害或事故，短时间内往往会造成惨重的人员伤亡和重大的经济损失。国内外频发的隧道运行风险事故给隧道建设与运行管理提出了严峻的挑战，隧道运行安全风险识别与防控研究已成为国内外政府管理部门以及科研人员关注的重点。

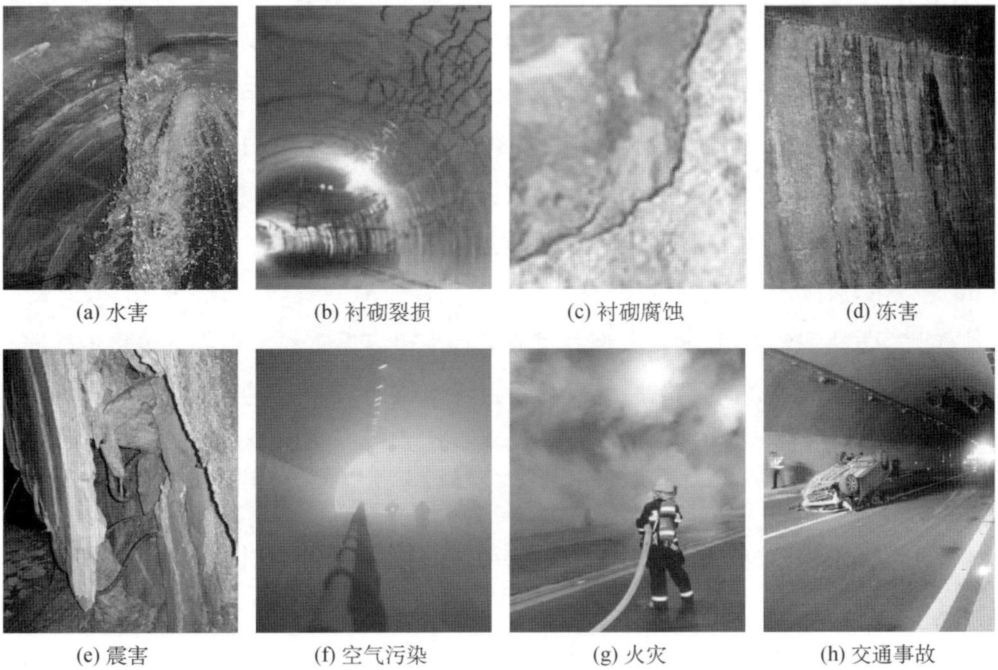

(a) 水害　(b) 衬砌裂损　(c) 衬砌腐蚀　(d) 冻害

(e) 震害　(f) 空气污染　(g) 火灾　(h) 交通事故

图 2-5　隧道运行风险类型

3 城市道路运行风险防控

3.1 路基失稳风险监测与性能评估

路基失稳的形式一般有路基边坡侧滑失稳、路基沉降失稳和路基空洞失稳。

3.1.1 路基边坡失稳风险监测

边坡失稳风险监测主要是采集边坡的变形和位移信息，通过采集得到边坡岩土体变形速度、位移大小及位移方向等直观资料，深入认识边坡变形机制、变形破坏特征，寻找防治措施。

1. 地震勘探

地震勘探是基于弹性波传播理论的物探方法，包括野外数据采集和室内数据处理两方面工作。常用方法有地震反射、地震折射、地震波测井和井间地震波层析等。常用震源有锤击、落重、爆破、电火花、压电和宽频带震源以及专门用于产生P波、S波(含SV波及SH波)的震源等。拾震器即地震波检波器，有不同的接收频率，工程上常用的频段为28～100 Hz，可以拾取1个、2个或3个方向的地震波(P波、SH波、SV波)。监测时，每一测点既可只用一个检波器，也可用一组检波器来提高接收质量。接收仪器一般为12～96道，国内目前主要是48道以下，以12～24道的比较常见。

地震勘探方法需要震源，这在大型井道或矿场中很容易实现。邓荣贵曾将地震波测井技术应用于上海至成都高速公路路堑高边坡的变形稳定性评价、支护方案和设计参数确定，也取得了很好的效果。

2. 探地雷达

探地雷达是采用无线电波检测地下介质分布和对不可见目标体或地下界面进行扫描，以确定其内部结构形态或位置的电磁技术。探地雷达可对路基下的空洞进行准确定位。其工作原理如下：高频电磁波以宽频带脉冲形式通过发射天线发射，经目标体反射或透射，被接收天线所接收。高频电磁波在介质中传播时，其路径、电磁场强度和波形将随所通过介质的电性质及集合形态而变化，由此通过对时域波形的采集、处理和分析，确定地下界面或目标体的空间位置或结构状态，如图 3-1 所示。

图 3-1 车载三维探地雷达工作原理图

实测时将雷达的发射和接收天线沿道路表面施测，电磁波通过天线进入被测物体中，遇到检测物体中的不连续面、检测物体与空气的分界面、检测物体各层分界面、基础中的裂面时将产生反射，接收天线接收反射波，测出反射波的入射、发射双向走时，即可计算出反射波走过的路程长度，从而求出天线距反射面的距离。雷达天线可沿测线连续滑动，每个测点的时间曲线可以汇总成时间剖面图像，多个测点资料汇总成时间剖面，将各测点接收到的同一反射波绘成一定图像，就可直观地反映出各种不同的反射面。

3. *声发射技术*

声可以在岩土体中传播，声波脉冲因频率的高低、传播距离的远近等而衰减速率不同，因此，通过发射和接收声脉冲可用于探测岩土体特性及其稳定情况。而 Kaiser 效应的存在，使得岩质边坡稳定性通过接收“地音”来预测变成现实。

1) 地音监测技术

地音监测是 20 世纪 70 年代末至 80 年代初迅速发展起来的一种实时、连续的岩(煤)体声发射监测技术，最初主要用于地震监测，后来用于矿山和边坡稳定性监测。我国于 20 世纪 80 年代初开始引进波兰 SAK 地音监测系统，之后自行成功研制了一系列地音监测系统和 YSD 单片机岩体声发射仪，在冲击地压、矿山稳定、顶板动态监测等方面取得了显著成果。

地音监测技术的理论基础是岩体声发射特性与受力过程密切相关，并且前者能够反映岩体微小的逐次破坏过程。从试验结果来看，在应力达到极限荷载的 80%以后，声发射特征表现得十分明显。表征地音的参量一般有分级事件数、总事件数、能率、地音信号频率、事件延时与事件到时差等，分别反映了地音信号或地音事件的不同特征。

2）声波扫描成像技术

该技术依靠换能器发射和收集声波而获得被测物的相关信息。利用该技术对钻孔孔壁进行螺旋式扫描探测，记录由于孔壁岩性和岩石物理特征（如层理、裂隙、洞穴、沟槽等）以及孔壁几何形状变化（扩径、弯曲、错位、套管破损、孔壁坍塌等）而引起的声波回波幅度和传播时间两个参数的变化，从而确定边坡稳定性。但该技术需要监测地有电源，目前主要用于非连续监测。

4. 全球定位系统

全球定位系统（Global Position System，GPS）由空间部分（GPS 卫星星座）、地面控制部分（地面监控系统）、用户设备部分（GPS 信号接收机）三部分组成，可以进行全方位三维实时导航与定位，具有全天候、高精度、自动化、高效率等显著特点，已成功地应用于多种学科。

在解出整周模糊度后，GPS 相位观测精度可达到毫米级。但整周模糊度只有在相对定位并有一段连续观测值时才能在数据处理中作为参数解算。由于存在卫星和接收机钟差、大气传播延迟和多路径效应等误差，在定位计算时还受到卫星广播星历误差影响，因此应采用双频接收机以提高定位精度。

GPS 在土木工程中主要用来监测地表变形，国内外也采用 GPS 监测水库、大坝、边坡的变形，以预测灾害的发生。

5. 时域反射系统

时域反射系统（Time Domain Reflectometry，TDR）主要由电脉冲信号发生器、传输线（同轴电缆）和信号接收器三部分组成。TDR 技术实质上是电磁波理论的运用，其工作原理是同轴电缆受到剪切或拉伸作用时，受力区域几何特性的改变引起该区域同轴电缆特性阻抗的变化，电磁波在其中的传播将发生反射与透射。

自从发现 TDR 技术可用于测定土壤含水量和岩体变形后，该技术在农业和岩土工程领域中的应用更加广泛。在监测边坡稳定性方面，TDR 技术的应用始于 20 世纪 90 年代，并以方便、安全、经济、数字化及远程控制等优点而受到广泛关注。目前，TDR 技术在国内边坡监测领域的应用刚起步，要将其应用于实际工程还需要基本的理论分析和大量的室内试验。

TDR 系统的优点是价格低廉（同轴电缆 2～10 元/m）、检测时间短、提供数据较快捷（一般 3～5 min 可以测读一个数据），能实现遥测，安全性高。但 TDR 系统对无剪切作用不敏感，使得其在倾斜、滑坡移动量和移动方向的监测方面存在不足，需同时配合其他监测方法加以弥补。

6. 钻孔测斜仪

钻孔测斜仪是一种测定钻孔水平位移的原位监测仪器，由测斜管、传感器和数字式测读仪三部分组成，其工作原理是通过摆锤受重力作用来测量传感器与铅垂线之间的倾角，获得钻孔在整个深度范围内水平方向的位移，从而可以较准确地确定其变形的大小、方向和深度。近年我国研发出了 QXY-Ⅱ型钻孔倾斜仪和 DNQ-Ⅱ型钻孔测斜仪。

钻孔测斜仪用于边坡、地基、路基等岩土工程的变形监测效果良好，曾在新滩滑坡、二滩库首金龙山谷坡、三峡高边坡以及青藏高原等工程的变形监测应用中取得了很好的效果。

3.1.2　路基边坡失稳评价

1. 评价方法

风险评价最简单的方法是在所有项目风险中找出最严重者，将其与评价标准相比较：若高于评价标准则拒绝该风险，即放弃该项目或项目的方案；若低于评价标准，则接受该风险，即实施该项目或项目的方案。这种方法虽是最简单的，但也是最保守的，其假定在项目的实施过程中始终存在最严重的风险，忽视了时间的因素和事物发展变化的规律，在一定程度上也否定了风险管理的必要性。

改进上述方法的思路是：充分利用在工程项目管理中收集到的各种信息，以及管理人员以往的经验积累。首先，对单个风险按单项指标进行评价，并根据风险的大小将其排序；其次，对项目整体风险进行评价；最后，制定风险管理应对措施。对风险进行评价的基本方法有定性评价法、定量评价法和定性定量相结合评价法等，这些评价方法又可以细分为层次分析法、模糊分析法和风险图法等。

对于城市道路工程边坡失稳而言，由于风险分析处于刚刚起步阶段，很多数据资料都很缺乏，所以有些风险分析方法是不适用的。同时，有的分析方法针对单项工艺或单个领域是适用的，但不能应用于城市道路边坡工程，或只能应用于城市道路边坡工程的某一项工艺，不能适用于整体工程。

在具体的风险分析中采用什么方法，主要由研究者的最终目的和现有的资料情况以及研究对象的性质决定，比如：研究者只想知道一个项目的风险的大概情况，就可以采用定性分析方法；或者是现有资料相当缺乏，只能利用专家调查法来获得所需要的数据。具体方法的选择原则如下：

(1) 如果要对一个系统整体进行分析，如对工期进行分析，可以选择的方法有层次分析法、模糊综合评判法和蒙特卡罗数值模拟法等，到底选用哪种方法，需要由研究者的最终目的和现有资料情况来决定。如果研究者只想得到各风险因素对工期影响的重要程度，并且数据资料很缺乏，就可以采用层次分析法；如果研究者想知道工程的工期风险具体有多大，并且数据资料比较充足，可以选用蒙特卡罗数值模拟法；若处于二者之间，可选用事故树法和模糊综合评判法。

（2）如果研究者只想得到各风险因素对风险事故的重要度排序，以便在具体施工过程中有目的地进行控制，可以采用层次分析法、事故树法和主成分分析法等。如果想得到一个具体风险值，可以采用事故树法、模糊综合评判法和蒙特卡罗数值模拟法等。

（3）如果想在几个方案中选择一个最适合的方案，可以采用蒙特卡罗数值模拟法、层次分析法等。对于复杂系统而言，由于计算复杂，如果有较多的数据积累，可以采用蒙特卡罗数值模拟法；若数据很少，就只能借助专家调查法或模糊数学方法与其他方法相结合来进行研究。

2. 评价指标

城市道路失稳的形成条件相当复杂，因此在分析其潜在危险性时，所涉及的内容非常广泛。在这种情况下，如果将所有反映其形成条件的要素都纳入潜在危险性分析之中，不但不可能，而且也没有必要。为了使分析指标适用于潜在危险性分析需要，应按照分主次原则、分层次原则以及共性与个性兼顾原则确定分析指标。对城市道路边坡失稳评价指标的选取主要从岩组类型即岩质城市道路边坡和土质城市道路边坡来考虑。当然，从定性与定量评价的角度来讲，评价指标又可分为定性评价指标与定量评价指标。因此，此处主要针对定性评价建立评价指标体系，并通过一定手段和方法达到半定量化或近定量化的评价结果。

经过对影响城市道路边坡稳定性因素的筛选，最后确定地层岩性、城市道路边坡结构类型、坡高、坡度、地质构造作用、岩体风化程度、降雨和人类工程活动 8 个评价指标。

3. 评价标准

由前述分析可见，城市道路边坡稳定性是由诸多影响因素决定的，不同影响因素在城市道路边坡稳定性评价指标体系中的影响程度都有很大差别，即使是同种因素，在不同其他因素影响下，其发挥的影响作用程度也会有很大不同，据此可对影响因素进行等级划分。不同影响因素在不同条件下发挥影响作用程度不同，从而影响城市道路边坡的稳定性。为此，根据定性分析并结合定量评价结果，在对各影响因素综合分析评价的基础上，将城市道路边坡稳定性程度划分为四个等级，即稳定（Ⅰ）、基本稳定（Ⅱ）、稳定性较差（Ⅲ）、稳定性差（Ⅳ）。大体上遵循以下原则：对城市道路边坡稳定性越有利，则量化值越大。

1）稳定（Ⅰ）

在诸多影响因素中，大多数是有利于城市道路边坡稳定的，边坡稳定性良好，已有的变形破坏现象很少，而且规模极小，变形破坏程度轻微，没有近期发生的变形破坏迹象。在现状和运营期间也不会产生明显有危害的城市道路边坡破坏事件。此类城市道路边坡稳定性系数在基本工况下应大于1.2，在特殊工况下应大于1.1。

2）基本稳定（Ⅱ）

在诸多影响因素中，多数是有利于城市道路边坡稳定的，已有的变形破坏程度中等。这类城市道路边坡总体是稳定的，运营期间只有局部地段发生小规模的破坏，但不会发生较大危害的城市道路边坡变形破坏事件。此类城市道路边坡稳定性系数在基本工况下为1.1～1.2，在特殊工况下应大于1.05～1.1。

3）稳定性较差（Ⅲ）

在诸多影响因素中，有半数以上不利于城市道路边坡稳定，已有的变形破坏密度达到或略微超过整个边坡的平均值。运营期间，岩质城市道路边坡可能产生局部塌滑，土质城市道路边坡有可能产生中等规模的滑坡。经稳定性评价，在各种不利因素叠加的情况下，城市道路边坡有可能发生具有较大危害的变形破坏事件。此类城市道路边坡稳定性系数在基本工况下为1.05～1.1，在特殊工况下应为1.0～1.05。

4）稳定性差（Ⅳ）

在诸多影响因素中，多数是不利于城市道路边坡稳定的，已有的变形破坏严重，变形破坏密度远远超过整个边坡的平均值，有属于潜在不稳定类型的滑坡体存在，或在其中已出现边坡变形破坏迹象。在现状及运营期间都可能发生较严重滑动，或产生新的滑坡。总体上，在各种不利因素叠加的条件下，城市道路边坡有可能发生大规模失稳而造成严重的危害。此类城市道路边坡稳定性系数在基本工况下为1.0～1.05，在特殊工况下小于1.0。

3.1.3 路基空洞评价

1. 评价方法

采用定性和定量结合的模糊层次综合评价方法，在现有风险源调查基础上进行风险源定性识别，根据选定因素计算道路空洞风险可能性指数，预测道路空洞风险发生的可能性，进一步考虑风险后果后，评价道路的风险等级，为相应的工程及管理对策提供依据。

2. 评价指标

根据城市道路空洞事件的特点和规律，对专家的风险因素分级调查结果进行汇总，建立道路空洞风险可能性评价指标体系和赋值标准，如图 3-2 所示。

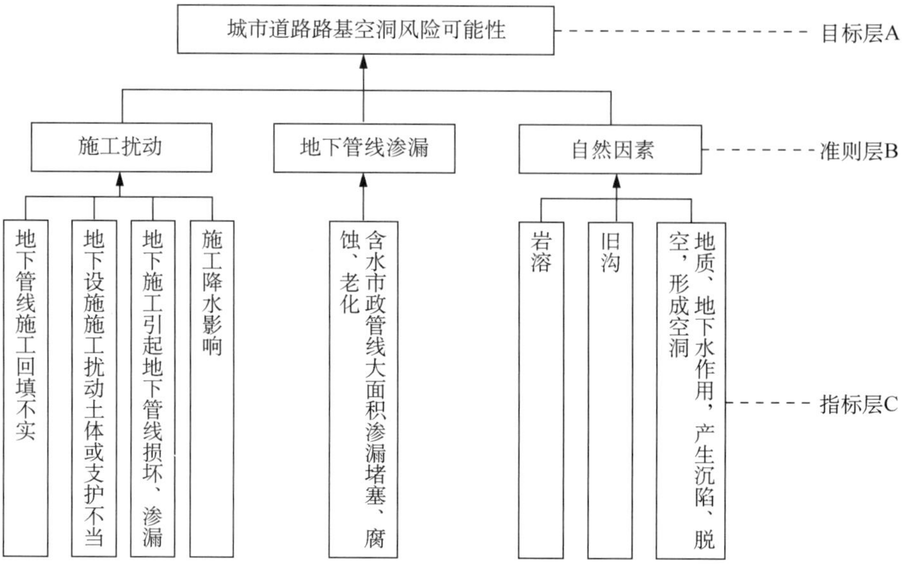

图 3-2　城市道路空洞风险可能性评价指标体系

3. 指标阈值

以 F_c 作为城市道路空洞风险源的风险可能性指数，空洞风险可能性等级划分见表 3-1。

表 3-1　城市道路空洞风险可能性等级划分标准

事件	指数	风险可能性等级				
		基本不可能发生(A)	较不可能发生(B)	可能发生(C)	很可能发生(D)	肯定发生(E)
城市道路空洞	F_c	<0.5	0.5～2	2～3.5	3.5～5	>5

4. 评价流程与实施办法

风险评估过程分为 6 个步骤：确定评估对象、风险识别、风险可能性分析、风险后果分析、划分风险等级、提出风险防范的措施与建议，如图 3-3 所示。

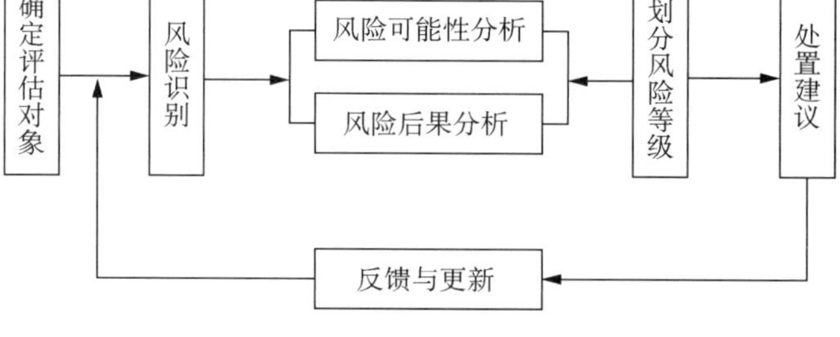

图 3-3　风险评估流程示意图

1）确定评估对象

城市重要的政治、经济、商贸中心街区的道路，定期或出现下列情况之一时，作为道路空洞风险评估对象：①道路进行大修、改扩建时；②道路发生不明原因的沉陷、开裂、冒水时；③在道路下进行管涵顶进、降水作业、隧道开挖等工程施工期间。

2）风险识别

按图 3-2 所示从施工扰动、地下管线渗漏、自然因素三个方面进行风险识别。

3）风险可能性分析

道路空洞风险可能性是指道路空洞事件在未来一段时间内发生的概率，道路空洞事件发生的概率越高，则风险可能性越大。根据道路空洞风险的特点，将道路空洞风险可能性分为表 3-1 所示的五个等级。

4）风险因素层次分析及权重确定

城市道路空洞风险因素权重是一个多目标决策问题，适宜应用德尔菲法与层次分析法相结合对各个风险因素权重进行定量化确定。德尔菲法（Delphi Method）又称专家调查法，是一种非见面形式的专家意见收集方法，通过群体交流和沟通来解决复杂问题。模糊层次分析法（Fuzzy Analytical Hierarchy Process）则是从系统的观点出发考虑决策的问题，是一种简便、灵活而又实用的多准则决策方法，适用于对多个难以量化因素进行重要性、影响力、优先程度的量化分析。

首先，以城市道路空洞风险可能性评估为目标，对风险因素进行逐步细化，形成多层次的风险层次结构模型，即风险可能性评价目标树。其次，向所有专家提供各个风险因素指标，并提供相关的背景资料及专家需要的其他材料，由专家对每一层次的风险因素针对上一层次某因素进行两两比较判断，并作书面回答，得到其相对重要程度的比较标准。在对专家第一次判断意见汇总后，形成图表进行对比，并再次发给各位专家，让专家比较自己同他人的不同意见，修改自己的意见和判断，这一过程重复进行，直到各个专家不再改变自己的意见为止，确定该层次全部要素的重要性权重，最终确定组合权重。

5）风险后果评估

道路空洞风险后果评估按照其严重程度、可控性、影响范围以及主观影响因素，一般可分为五级：特别重大级、重大级、较大级、一般级和影响很小级。采用德尔菲法，向专家提供道路位置、道路类型、周边建筑、市政设施等资料，由专家书面给出其预计的风险后果，经过对专家意见的统计汇总后，最终确定道路空洞风险后果评估等级。

6）风险分级

道路空洞风险分级是针对不同程度的道路空洞事件可能对人类的生命财产构成威胁及可能造成的社会影响的定性和定量的分析和评估，是以风险可能性分析和风险后果分析为依据进行的综合评估。道路空洞风险评估的目的在于明确哪些风险需要控制、哪些风险可以接受，同时确定风险管理的优先级，为政府相关部门应对可能发生的道路空洞风险提供决策依据。

3.1.4 路基承载能力监测与评估

在道路工程中，路基的强度对路面结构有着重大影响，如果路基的压实度不够，承载能力达不到要求，路基在水的作用下会变形失稳，以致道路发生早期破坏，所以路基的强度是否达标对将来道路自身的安全有着极为重要的意义。

对于特定的路基，影响路基强度的主要因素为压实度。目前，检验路基压实度的主要方法为传统的灌砂法，此方法过程繁琐并且影响结果的因素颇多。动态圆锥贯入仪(Dynamic Cone Penetrometer, DCP)具有操作方便、易于携带、适合施工现场测试或老路路基承载能力评价等优点，且试验证明 DCP 测试结果与灌砂法的测试结果有较好的相关性，故 DCP 方法可以用作检验路基压实度的辅助方法。DCP 在国外使用过程中已经积累了贯入值与相应土性能指标的关系。每锤击一次(blow)的贯入值为 DN(mm/blow)，DN 与土的弹性模量(E)、加州承载比(CBR)、无限抗压强度(UCS)存在一定关系。国外经验公式较多，具有代表性的如式(3-1)—式(3-3)所示。

$$\lg(CBR) = 2.628 - 1.273\lg(DN) \tag{3-1}$$

$$E = 338(DN)^{-0.30} \tag{3-2}$$

$$UCS = B(DN)^{-D} \tag{3-3}$$

式中，B，D 为回归系数。

路面弯沉的大小和弯沉盆的形状可以直接由位移传感器通过落锤式弯沉仪(Falling Weight Deflectometer, FWD)测定，通过改变锤重和下落高度来模拟作用于路面的不同脉冲荷载，所测试的弯沉数据可以用于现场评价路基路面层的刚度，同时弯沉量也是控制路面承载能力的重要指标。通过拟合 FWD 实测弯沉值与理论弯沉值，可以反算出路基路面各结构层的模量，直接作为评价路基路面强度的重要指标。

地质雷达具有连续无损检测、效率高、精度高和操作简便等优点，逐渐成为地下隐蔽工程检测的一种有力工具，其不仅能较准确测出路基路面厚度，同时还能定性确定路基是否存在空洞，为后续路基病害整治提供依据。

地质雷达通过发射天线、接收天线以及仪器和计算机共同工作。由发射天线向路基上某一测点发射宽频带短脉冲的高频电磁波，电磁脉冲波在各种介质(道砟、基床)的传播过程中，遇到不同介质的分界面时会发生波的反射和透射，反射波由接收天线接收，通过计算机和仪器记录。经电缆传输的反射波信号，在计算机中存储每一个测点上波形序列的振幅及波的旅行时间 Δt，然后根据电磁波在介质中的传播速度 V、波的旅行时间 Δt，利用公式 $D=V\times\Delta t/2$ 求出反射面的深度，即可确定测点处道砟的厚度 D 和目标体的空间位置。沿测线匀速移动天线，可获得测线上所有测点相应的波形序列，形成一整条测线的雷达剖面记录，利用电磁波反射信号的波形特征（包括相位、振幅、周期等）和波的同相性等运动学和动力学特点对地质雷达剖面记录进行对比分析处理，从而可以推断出路基路面厚度及基床含水、空洞情况。

3.2 路基失稳风险防控

3.2.1 路基沉降防控措施

1. 加强路基沉降预测

控制好路基的沉降问题是在软土地基修建道路最关键的问题，因此把各因素充分考虑在内，充分分析之后再进行施工尤为重要。前期的分析工作比较繁琐，需要把各种不确定的因素排除，尤其是地基条件的分析。通过加大勘测的力度和范围，全面了解地基条件，掌握各项指标及其潜在的变化情况后才能施工。这些预测工作能够有效地保证工程的进行，节省人力和财力。

2. 做好路基施工准备工作

在正式开展路基工程施工之前，一定要做好准备工作。例如，将路基底层的垃圾和杂物清理干净，确保路基表面干净整洁，然后安排施工机械设备、施工材料入场；重视机械设备调试工作，确保设备综合性能良好；注重施工材料试验检测，提高施工材料综合性能；加强施工人员管理培训，严格按要求施工，并把握质量控制要点，促进路基工程建设效果提升。

3. 优化路基施工方案

设计人员要深入施工现场，详细掌握路基工程建设基本情况，然后制订科学合理的施工方案。要注重提高施工方案的科学性与合理性，对施工材料、机械设备和人员进行恰当安排。对比不同方案的技术性与经济性，选择最优施工方案，从而更好地指导路基工程施工，确保工程质量，让整个道路工程建设取得更好的效果。

4. 把握路基施工技术要点

路基施工过程中，应该把握技术要点。例如，注重原材料质量检测与验收，保证原材料质量合格；加强填料含水量控制，做好试验研究工作，确保在最佳含水量状态下开展碾压施工；采用分层填筑和碾压方式，每层厚度以 20～30 cm 为宜，一层碾压完成且质量合格后，才能进入下一层碾压施工；注重碾压质量控制，选用大吨位压路机开展碾压施工，有利于确保路基压实度和施工效果。

5. 加强施工现场管理

重视路基施工现场管理，合理安排施工人员开展各项活动；注重路基施工现场巡视和检查，详细掌握路基工程建设基本情况，确保路基压实度和施工效果；要保证施工现场秩序良好，填料质量合格，在最佳含水量状态下开展碾压施工，最终实现有效提升路基工程质量的目的。

6. 重视工程质量监测

在整个路基工程施工过程中，应加强质量监测与控制，详细掌握路基工程建设基本情况；要布置严密的质量监测网络，加强路基施工过程监测，做好数据收集和记录工作，全面掌握路基沉降和工程质量状况；对可能发生的沉降，施工单位应及时采取预防和控制措施，有效保证施工效果，提高路基稳定性与可靠性。

3.2.2 路基边坡失稳防治措施

1. 坡面防护

1）砌石护坡

干砌石护坡主要用于坡度缓于 1：1.25 的土质路堤或路堑边坡，该防护形式能够将雨水或地面水流的冲刷破坏降至最低，同时投资成本低，且能适应边坡的较大变形。其缺点是当防护边坡受到水流冲击过程时，流水冲刷会带走边坡表面的细小颗粒，易导致边坡出现较大的沉陷。相应的浆砌石护坡弥补了该不足之处，它可有效封闭各种软质岩层和散碎挖方，防止地面雨水对坡面的冲刷，因此广泛用于路基边坡防护。

2）植物护坡

草皮、植被对路基边坡有一定的保护作用，在坡面种植树草是路基边坡防护中极为常见而又有效的一种措施。植被的根系在地下反复交错、紧密连接，在强降雨天气或边坡受地表径流冲刷时，能稳固边坡土壤，起到保护边坡的作用，同时具备审美功能，能够在一定程度上美化沿路风景。

3）喷射混凝土护坡

喷射混凝土护坡多用于坡面为碎裂结构的硬质岩石或层状结构不连续地层的石质边坡，并且坡边岩石又容易破碎坠落的路段。素喷混凝土对边坡进行防护的方式封闭性较好、避水、抗风化，对于易风化的岩质边坡及卵石地层边坡防护效果极佳；而对于整体性较差的岩质边坡，一般采用锚杆、锚筋束或锚索防护。

4）主动、被动防护网防护

主动防护网通过钢丝格栅均匀传递来充分发挥整个系统的防护能力，从而使系统能承受较大的荷载并降低单根锚杆的锚固力要求，因此能较好地保护坡面植被，适用于本身渗水较严重、对泄水要求较高的岩质边坡。

被动防护网的钢柱和钢丝绳网连接组合构成一个整体，对所防护的区域形成面防护，从而阻止崩塌岩石土体下坠，起到边坡防护作用。与刚性拦截和砌浆挡墙相比，被动防护网不仅缩短了工期，还节约了投资成本。

2. 坡体稳定

1）支挡工程

支挡结构包括挡土墙、抗滑桩、预应力锚索等支撑和锚固结构，是用来支撑、加固填土或山坡体，防止其坍滑并保持其稳定的一种建筑物结构，它可在一定程度上防止雨水的冲刷，也可拦挡落石和整治滑坡等，其广泛应用于隧道洞口、桥梁两端路基边坡的稳定。

2）排水工程

边坡排水主要包括坡表排水和坡内排水，其目的是将边坡表面水流截流排泄，并把滑坡体内的地下水引出坡体，有效减少滑坡体内因长期水力作用而失稳的现象。排水一般分为地面排水和地下排水。地面排水是拦截和引导地面水，以防止地面水冲刷或渗透边坡岩体。地面排水方式包括排水沟、截水沟、急流槽等；地下排水方式主要包括盲沟、渗沟、渗井、仰斜式排水孔等。

3.2.3 路基空洞防控策略与措施

1. 路基空洞防控策略

1）提高路基施工质量

严格按照我国路基施工规范规定，选择符合要求的路基填筑料，对每层填土密实度进行抽检，合格后才能允许施工单位进行下一层填土。处理湿软地基时，应该首先探明地基承载力，然后采取合理的软基处理方案和施工工艺。路基应尽可能预留足够的沉降期，使路基土体达到自然稳定，避免或减小因不均匀沉降造成的道路病害的发生。在填挖交界处施工，应压实均匀、紧密，填挖交界处 2 m 范围内的挖方地基表面上的土应挖成台阶，翻松，并检查其含水量是否与填土含水量相近，同时采用适宜的压实机具，将其压实到规定的压实度。

2）对市区道路溶洞、旧沟进行调查

采用探地雷达检测等手段对全市范围的溶洞、使用超过 10 年的旧沟进行系统调查和安全评估，并建立相应的信息系统。对评估有安全隐患的溶洞和旧沟进行灌浆或开挖填充处理。

3）强化地下管线施工质量

加强地下管线工程施工质量的管理工作，回填压实度等指标应严格按照相关标准和规范执行，减少地下管线施工回填不实引起的路面塌陷事故。

4）开展地下穿越工程安全影响评价及监测

在有地铁或隧道横穿、侧穿、邻近城市道路施工时，必须开展地下穿越工程安全影响评价及监测。从工程设计方案、实施方案等多角度论证其对穿越道路的扰动影响，并从相关设计和施工指标上进行严格控制，保证对道路的扰动在安全范围内。在施工阶段，应按相关规定进行监测，预防和减少施工扰动导致的路基空洞与路面塌陷事故。

2. 路基空洞的处理方法

1）道路塌陷常采用泡沫混凝土灌浆法

在空洞体范围内，人工成孔或机械成孔露出地下空洞，自孔中向空洞体内灌填具有适当坍落度的泡沫混凝土或轻质材料，一方面通过其重量压实底部松散的坍落土，另一方面充填满地下空洞。

采空区应根据采空区的形成时间、埋深、采空厚度、采矿方法、顶板岩性及其力学性质、水文地质、工程地质条件等选择治理方案。治理方案主要有开挖回填、充填、注浆、板跨、减轻堆载等措施。

泡沫混凝土用于处理溶洞、采空区前，要评估岩溶地貌或采空区的发育特征，分析泡沫混凝土回填的可行性，并对泡沫混凝土回填的地基进行承载力测试，以确保设计路堤的稳定性与使用安全。

对于路基范围之内的溶洞，还需进一步判明溶洞的发育阶段。当有已停止发育的溶洞、采空区位于路基两侧时，应通过判定岩溶、采空区对路基的影响，评价其影响范围，溶洞、空洞坍塌扩散的影响范围之内的路堤填筑宜采用泡沫混凝土。

2）岩溶路段路基空洞处理方法

应结合工程条件分析判别岩溶对路基工程的危害程度，选择合适的处理方法。岩溶区域地表水宜采用渗沟、排水沟将水截留至路基外。对于路堤下方发育干溶洞，当体积不大、埋深较浅时，宜采用泡沫混凝土充填密实；当洞体庞大或深度较深时，宜在稳定性评价基础上，采用钢筋混凝土板块跨越，同时上部宜采用泡沫混凝土填筑。对于有顶板但顶板强度不足的干溶洞，可适当加固顶板，提高强度后，上部采用轻质泡沫混凝土路堤。当岩溶区域地基的强度和稳定性不能满足工程要求时，常根据岩溶具体情况、工程要求、施工条件，按照安全性与经济性原则选择适当的地基处理方法。总体来说，岩溶病害的处理方法主要有挖填、夯实、灌浆、控制抽排水强度、填石加混凝土等。

(1) 填垫法

填垫法可分为充填法、换填法、挖填法、垫褥法几类。

① 充填法:适用于裸露岩溶土洞,且其上部附加荷载不大的情况。最底部须用块石、片石作填料,中部用碎石,上层用土或混凝土填塞,以保持地下水的原始流通状况,使其形成自然的反滤层。

② 换填法:对于已被充填的岩溶土洞,如充填物物理力学性质不佳,可采用换填法。须清除洞中充填物,再全部用块石、片石、砂、混凝土等材料进行换填。

③ 挖填法:对浅埋的岩溶土洞,将其挖开或爆破揭顶,如洞内有塌陷松软土体,应将其挖除,再以块石、片石、砂等填入,然后覆盖黏性土并夯实。此法适用于轻型建筑物,并且要估计到地下水活动再度掏空的可能性。为提高土体强度和整体性,在填入块石、片石填料时,注入水泥浆液。对于重要工程基础下或较近的溶洞、土洞,除去洞中软土后,将钢筋或废钢打入洞体裂隙后再用混凝土填洞,对四周的岩石裂隙注入水泥浆液,以黏结成整体,并阻断地下水。

④ 垫褥法:岩溶洞、隙、沟、槽、石芽等岩溶突出物可能引起地基沉降不均匀,将突出物凿去后做 30~50 cm 砂土垫褥处理。

(2) 加固法

加固法通常包括灌浆法、顶柱法、强夯法、挤密法等。

① 灌浆法:对埋深较大的岩溶土洞,宜采用密钻灌浆法加固。应视岩溶洞隙含水程度和处理目的来选择材料。用于填塞时,可用黏土、砂石、混凝土、水泥砂浆等;用于防渗时,可用水泥浆和沥青作帷幕,灌浆顺序可先外围后中间,先地下水上游后下游;用于充填加固时,用快干材料或砂石等将洞隙先行填塞,开始时压力不宜过高,以免浆料大量流出加固范围。

② 顶柱法:当洞顶板较薄、裂隙较多、洞跨较大,顶板强度不足以承担上部荷载时,为保持地下水通畅,条件允许时采用附加支撑减少洞跨。一般在洞内做浆砌块石填补加固洞顶并砌筑支墩作附加支柱。

③ 强夯法:在覆盖型岩溶区,处理大面积土洞和塌陷时,强夯法是一种省工省料、快速经济且能根治整个场地岩溶地基稳定性的有效方法。一般夯击 1~8 遍,夯点相距 3 m。如无地下水影响,两遍夯击间歇时间可不受限制,在夯击过程中,如果夯锤突然下陷,说明下部有隐伏土洞,此时可随夯随填土(或砂砾土)。

④ 挤密法:适用于岩溶土洞中软土较深地段。将砂柱、石灰柱、松土桩、混凝土桩或钢管等打入洞内,形成复合地基,提高地基稳定性和强度。

(3) 跨越法

跨越法包括板跨法、梁跨法、拱跨法、桩基法等。

① 板跨法:对于深度较大、洞径较小、不便入内施工或洞径虽大但有水的溶洞,可根据

建筑物性质和基底受力情况，用混凝土板或钢筋混凝土板封顶。

② 梁跨法：对于埋藏较深但仍位于地基持力层内的规模较小的塌陷或土洞，可用弹性地基梁或钢筋混凝土梁跨越土洞或塌陷体。

③ 拱跨法：在地下建筑工程的边墙、堑式挡墙、堤式坡脚挡墙及桥墩、桥台等地基下常见洞身较宽、深度又大、洞形复杂或有水流的岩溶地基，宜采用拱跨形式。拱一般分为浆砌片石拱、混凝土拱和钢筋混凝土拱。

④ 桩基法：溶洞、塌陷漏斗较深较大或溶洞多层发育，可采用桩基础。在基岩起伏处，其上覆土层性质较软弱、厚度又大、不易清除时，宜采用钻孔或冲孔灌注桩、爆扩桩，视工程需要作支承桩或摩擦桩，桩头锚入基岩内。采用打入桩时，桩尖应锚入基岩，采用人工挖孔桩时，多数情况下开挖宜设护壁。

3.2.4 地下工程施工作业引起的路基失稳防控

1. 施工阶段预防措施建议

(1) 在湿陷性黄土区域建设市政道路，应对土路基础进行换填处理，增加路基厚度，减少水对土基的影响。

(2) 提高各类管线检查井的防水处理。检查井是地下管线不可或缺的组成部分，一般来说，市政雨污水重力流管道及自来水、热力等带压输水管道的检查井防水设计标准高，而煤气、通信、电力、路灯等不带水管线的检查井防水设计标准低，应提高其防水设计标准。

(3) 通信、电力等不带水管线单独敷设时，应避免采用直埋方式，宜采取加套管、在检查井内设沉淀池等防水措施。

(4) 推广应用综合管廊。加强各类地下管线在规划设计阶段的管理，尽量建设综合管廊，将没有安全隐患可以共同埋设的管线设计在综合管廊内。比如，强电(高压电、长途光缆及各种动力电缆)、弱电(各种通信、网线、有线电视)、压力管线(自来水、热力)、重力管线(雨污水管线)等管线设施集中于综合管廊内，进行统一管理，既能避免管理无序、重复开挖、互相破坏，又可集中管理，避免因防水等级设计的差距引起的水泄漏。

(5) 绿化带外侧的侧平石设计标准要提高，加厚水泥混凝土基础和背灰，以阻止水侵入地基，减少道路塌陷。

2. 建立健全地下管线检测、隐患排查治理制度

(1) 对雨污水管道运行状况进行评估，一路一档，将发现的设施隐患问题整理存档，提出改造计划建议，暂时不能改造的，列入重点监控路段，为下一步设施维护提供基础性资料。

(2) 供热、供水等输水管线产权单位也应组建管道检测机构，使用地下管道防腐层探测

检漏仪、电子听漏仪器、漏水相关仪等仪器对所辖管道设施进行全面检测、排查，及时发现渗水等隐患，并及时处理。

(3) 电力、通信等非输水管道产权单位应定期检查检查井内积水情况，发现积水，及时抽除。

(4) 加强地面空洞的探测。对城市地下空洞开展检测工作的同时，使用地质雷达(又名探地雷达)对路面疑似空洞进行探测，对探地雷达系统检测出的异常点进行钻探或开挖论证，对空洞进行加密注实处理。

3. 应急处置措施

(1) 强化市政设施巡视管理，建立以数字化城乡管理指挥中心为平台，市政公共设施管理处设施巡视员与数字化城乡管理指挥中心信息采集员共同巡视的办法，通过培训，掌握辨别道路空洞隐患的专业知识，把及时发现、报告道路塌陷隐患作为日常的一项重要工作，建立道路塌陷排查治理常态化工作机制。

(2) 强化应急抢险保障管理，建立健全应急保障队伍，完善应急预案。以数字化城乡管理指挥中心为信息平台，建立市政、自来水、天然气、热力等各类地下管线产权单位联动机制，保证有险情出现时，第一时间启动应急预案，及时处置。

3.3 路面损坏检测与性能评估

3.3.1 路面表观状况检测

1. 路面损坏检测技术

沥青路面损坏检测与评价的主要内容包括：裂缝类、变形类、松散类以及其他类(如泛油、修补等)。水泥混凝土路面损坏检测与评价的主要内容包括：裂缝类、纵向位移类、接缝类以及表层类。

路面损坏检测技术总体上可以分为两大类：一类是以检测路表面裂缝为目的的数字图像检测技术，即对路表面拍摄高清晰照片，通过图像处理获取路面裂缝、泛油与修补等信息；另一类是以检测路面变形为目的的激光位移检测技术，即检测路表面的相对变形，通过数据处理获得路面沉陷、坑槽与拥包等信息。

道路表面裂缝是道路路面结构退化的早期迹象之一，任由裂缝持续发展将加速路面破坏。因此，检测判断裂缝的发展程度，是道路路面养护的重要依据。最早采用的裂缝检测方法是人工检查，需要绘制裂缝位置图，并记录路面裂缝长度、走向与严重程度等具体情况。由于手工方法取决于检测人员的知识和经验，检测结果易受人为因素影响。近年来，基于图像自动识别的路面裂缝检测技术成为主流路面损坏检测方法。

在实际工作中，快速、准确检测与识别裂缝，是一个难度较大、不易解决的问题：裂缝与路面的对比度低，成像后裂缝不明显；成像后裂缝的断续程度不同，不易准确计算裂缝长度；与裂缝相似的非裂缝阴影干扰；成像后的裂缝亮度受太阳光干扰严重。为解决这些问题，国内外学者提出了有针对性的解决方法，取得了比较好的效果。

一部分学者主要研究路面裂缝的图像处理技术，通过采用不同算法，实现路面裂缝的检测和识别；另一部分学者主要研究如何提高路面裂缝图像的拍摄质量以及检测、识别精度。目前，国内外通过研究不同算法来实现路面裂缝识别的研究较多，并取得了较好成果，在如何提高图像拍摄质量与降低算法难度方面的研究较少。在实际工程应用中，后者的研究更有效，适应性更强。

2. 路面平整度检测技术

1）平整度定义

美国实验与材料协会将路面平整度定义为路表面相对于理想平面的竖向偏差，这种偏差会影响车辆动力特性、行驶质量、路面所受动荷载及排水。路面平整度不仅是一个衡量路面质量的指标，而且是影响运输经济的一个重要因素。平整度指标放宽会导致车速降低，直接影响车辆运营费用及时间。世界银行在肯尼亚、巴西、加勒比海和印度进行了油耗、轮耗与平整度的关系试验，可以估算出路面平整度由好变差时车辆运营费用将增加 15%，在印度，这个差距可达到 10%～33%。为此，世界各国的道路工作者建立了相应的规范标准，研制了各种仪器设备，以对新建道路进行质量控制，对已运行道路进行检测评定。

2）路面平整度评价指标

不同国家对平整度概念的理解不同，采用的评价指标多达几十种。目前，国内外评价平整度的指标主要分为反映路面状况的 PCI（Pavement Condition Index）类和反映行驶质量的 PQI（Pavement Quality Index）类，3 m 直尺量测的最大间隙 h、平整度标准差 σ、功率谱密度（PSD）等属于 PCI 类；纵断面指数 PI、平均评分等级（MPR）、行驶质量数（RN）和竖向加速度均方根（RMSVA）、颠簸累积值（VBI）等属于 PQI 类。这些指标都可以通过标定试验与国际平整度指数（International Roughness Index，IRI）进行转换，IRI 是世界银行于 1982 年提出的建议，并向世界各国推荐，它与其他平整度指标有着良好的相互关系，同时也是统一各种不平整度指标的唯一标准。目前，IRI 已发展成为各国平整度的通用指标，包括现在最先进的采用激光技术的平整度检测设备均可直接输出 IRI 数值。

3）平整度检测设备及方法

目前，国内外路面平整度检测的方法可以分为三类：断面类（如 3 m 直尺、连续式平整度仪以及由这两种方法组合形成的其他一些方法)、响应类(如颠簸累积仪)以及主观评价类。主观评价类由于过分依赖评定者的主观判断,误差相当大,现已很少采用。

(1) 3 m 直尺。

这是用来测定路面平整度最简单的仪器。方法就是把直尺平放在需要测量的路面上,用楔块塞入直尺的尺底间隙,读取楔块上的测量值用以计算合格率及最大间隙平均值。此检测方法简单易行,但缺点是只能间接测到凹凸部位,对整体测量缺乏统一的基准,不能记录断面图;工作过程中测量人员的主观随意性大,并不一定能找准最大坑洼深度;工作效率低下,工作人员工作强度很大,只适合在建道路施工过程中对基层及非沥青类面层的质量控制。

(2) 连续式平整度仪。

连续式平整度仪是以 3 m 长桁架铰接对分小梁为基准,前后各有 4 个行车轮,轴间距为 3 m。在机架中间有一个能起落的测定轮,其上装有位移传感器和距离传感器,沿路面纵向位置以一定间隔采集测试轮的单向垂直位移数据,再用数理统计方法计算 100 m 中所有数据的方差。本方法不适用于已有较多坑槽、破损严重的路面,受中间测定轮要时刻与路表面接触的限制,牵引车的速度不能很快,一般为 5～10 km/h,并且测定车只有一个轮子,轮子行驶过的轨迹不等同于路面车辙。

(3) 颠簸累积仪。

颠簸累积仪属响应式检测类,测试车以一定速度在路面上行驶,路面上的凹凸不平状况会引起测试车的激振,通过机械传感器可测量后轴同车厢之间的单向位移累积值 VBI(以 cm/km 计)。VBI 越大,说明路面的平整度越差。测试速度比连续式平整度仪的要高,一般以 32 km/h 为宜。其检测结果与测试车机械系统的振动特性和车辆行驶速度有关,因此必须通过对机械系统的良好保养和检测时严格控制车速来保持测定结果的稳定性。

上面三种传统检测设备都存在很多缺陷,如检测车车速不能太快,轮子在遇到凹凸不平的地段时会跳离地面,测出的数据误差相当大,不能给出路表面的真实断面,因而无法利用测定结果考察和分析影响路况的路表特性等。因此,自 20 世纪 90 年代以来,激光路面平整度检测仪开始应用于道路检测当中。

激光路面平整度检测仪种类虽然很多,但它们的检测原理基本是一致的:通过对应于轮迹位置的激光传感器测得距离路面的高度,随着车辆的行驶可以得到路面纵向断面,即可计算纵向平整度,其中车辆振动带来的影响通过加速度传感器(对应左右轮迹各一个)记录数据的两次积分来扣除;惯性运动传感器可以反映水平纵向、水平横向和竖向的角度。扫描得到的数据经专业软件分析后可以输出各种评价指标。

随着技术的发展,3 m 直尺、连续式平整度仪、颠簸累积仪以及激光平整度检测仪这些功能单一的检测仪器显然已不能满足工程的需求。平整度检测仪器正在向着多功能方向发展。在检测车上安装相应的路面病害检测装置，经过系统优化组合后，这类仪器可以同时检测出平整度、车辙、坑洞、裂纹、错台、局部裂缝数据。比如JG-1型激光三维路面状况智能检测车就是国内新一代集智能化、多功能、全内置、全车道的激光三维路面状况检测设备，在多项关键技术性能方面有重大技术创新，它能按照国际公路检测标准，实时快速检测（检测时速可以达到80 km/h）路面11类21种破损状况并给出数值报表和图表，虽然检测项目增多了，但检测精度并没受多大影响，可以达到：平整度高程测量0.1 mm；车辙深度测量：1 mm；坑槽尺度检测：5 mm；裂纹检测：2 mm；路面错台检测：5 mm。

3. 路面车辙检测技术

1）车辙检测要求

沥青路面车辙检测的目的是尽可能真实、全面地反映路面病害情况，为道路管理部门提供重要信息。因此，车辙检测有一定的要求：

（1）检测宽度不小于一个行车道。

（2）感知车辙横断面形状。

（3）计算左右车辙最大值，并确定最大值的位置。

（4）给出车辙的纵向分布，甚至给出车辙的纵向长度。

（5）车辙检测信息与道路里程一一对应。

（6）车辙检测时要尽量降低对交通的影响。

车辙检测的方法和手段不同，对其检测的要求也有所区别，车辙检测时需要根据实际情况确定。

2）车辙检测方法

衡量车辙的指标是车辙深度。对于车辙深度的检测，早期的人工车辙检测是采用刚性梁横跨在车辙上部，用直尺量出车辙底部与横梁的间距；后期发展到半自动检测，在人工辅助下利用横断面仪进行测量；近年来发展到全自动车载快速检测，采用横向布置的激光、超声与红外等非接触位移传感器检测路面横断面，通过数据处理得出车辙的各项指标。下面介绍一些当前主要采用的先进车辙检测技术。

（1）超声波检测技术。

超声波车辙检测技术属于非接触式检测技术，是一种自动检测方法。超声波测量车辙深度的原理是：超声波传感器发出超声波投射到路面上，再由路面返回到超声波传感器，通过计算超声波发出和接收的时间差来计算车辙深度。

由于超声波传感器发出的超声波方向性好，并且价格便宜，在车辙检测领域得到了很好的应用,但也存在明显缺点:①外界的噪声会干扰超声波传感器,从而降低传感器的检测精度。②在检测车前端横梁上安装的超声波传感器对安装位置精度要求比较高,如果安装不合适会导致接收不到超声波信号。③超声波传感器由于电压不稳,会产生噪声,影响工作人员的工作环境。④由于超声波传感器对安装精度要求比较高,要使检测宽度达到3 750 mm,就需要安装多个传感器,从而使整个检测车超宽,这是行车的安全隐患。

(2) 激光检测技术。

激光检测技术是利用沿横断面方向按一定间距安装的激光传感器完成车辙的检测。根据检测车发出的激光束类型,可以分为点激光检测技术和线激光检测技术。

利用多点准直激光进行路面车辙检测就是直接将多个激光位移传感器安装在同一个横梁上,每个激光位移传感器测量传感器到地面之间的距离,通过各传感器测得的距离计算车辙。为了得到可靠的横断面形状曲线就要安装更多的激光位移传感器。在《公路路基路面现场测试规程》(JTG 3450—2019)中规定至少采用 13 个激光位移传感器来测量路面车辙。根据长安大学的研究成果,对于一般的检测精度要求,采用 21 个激光头,就可以达到精度在5%之内;对于检测精度要求较高时,选用 33 个激光头,就可以保证车辙的检测精度在 2%以内。

多点激光检测技术最大的缺点在于,车辙最大点和最小点可能没有在检测点上,这样就会出现检测误差。通过线激光车辙检测系统计算路面车辙深度不仅准确,而且其成本相对点激光车辙检测系统要低。线激光车辙检测系统的线激光器可以拓宽到一个车道3 750 mm 的宽度,照相机可以拍摄整个路面的车辙信息,进而得到道路上每个点的距离信息,将每个点的距离信息连接,就是路面的横断面曲线。

(3) 数字成像检测技术。

随着技术的发展,一些学者开始研究数字成像检测车辙深度的技术,这种技术结构简单,数据存储量大,受车辆振动的影响小。数字成像检测技术的原理是采用线结构光进行路面车辙检测,将直线型结构光光束投射至路面,由于路面的变形,在被测量的路面上形成三维光栅条纹,在另一位置的摄像头对此三维条纹进行拍摄形成二维光栅条纹图像;光学投射器与摄像机存在一定的位置关系,在计算机上进行图像处理,提取条纹中心线,能够得到路面车辙的深度曲线。

4. 路面抗滑性检测技术

新建沥青路面抗滑性必须同时满足路面构造深度(Mean Texture Depth, MTD)和横向力系数(Sideway Force Coefficient, SFC)的技术要求。MTD 与路表排水性能相关,合理的MTD 可以及时排去路表积水,防止滑水现象的出现。获取沥青路面上的 MTD,首先能够衡量路面抗滑性，为路面设计与表面性能检测提供指导，提高行车安全性；其次为探索路表抗滑性、透水率与构造深度之间的定量关系奠定基础。

国内外常用的路面构造深度检测方法主要有体积法(铺砂法)、排水测定法、数字图像法和激光断面检测法。①铺砂法包括手工铺砂法和电动铺砂法。铺砂法的检测原理就是用定量体积的砂，平整地摊铺在路面上得到摊铺面积，用砂的体积与摊铺面积比值给出测点的构造深度平均值。电动铺砂法与人工铺砂法的原理一样，通过机器找平砂顶面，减小了人工法在摊铺时的误差。②排水测定法是通过监测固定体积的水通过路面排除的时间来间接地反映路面的宏观构造。③数字图像法是通过对拍摄的路面纹理图像进行数字分析，按照图像的灰度等信息计算路面的构造深度。④激光断面检测法是通过安装在检测车(搭载平台)上的激光位移传感器高速测量路面的构造深度，这种方法具有操作简单、数据结果可靠等优点。

3.3.2 路面损伤评价

国内外常用的车辆对路面损伤的评价指标有动荷载系数、道路应力因子以及 95 百分位四次幂和力三种。

动荷载系数 D 作为路面损伤的评价指标，用于说明动态轮胎力对路面的损伤程度，如式(3-4)所示：

$$D=\frac{F_{\mathrm{j}}+\sigma_{\mathrm{Fd}}}{F_{\mathrm{j}}} \tag{3-4}$$

式中，F_{j} 为轮胎静荷载；σ_{Fd} 为轮胎动荷载均方根值。

该指标没有考虑轮胎动荷载的空间分布可重复性，认为路面损伤大小与荷载之间呈线性关系，仅用于对路面损伤的初步评价。

道路应力因子 θ 由 Eisenmann 提出，假设路面损伤大小与瞬时轮胎荷载的四次方成正比，用来表示某个轮胎对路面的破坏，如式(3-5)所示：

$$\theta=(1+6D^{2}+3D^{4})F_{\mathrm{j}}^{4} \tag{3-5}$$

式中，D 为动荷载系数；F_{j} 为轮胎静荷载。

道路应力因子虽然对动荷载系数评价方法进行了很大的改进，但是它仍然没有考虑动荷载的空间重复性。Cole 和 Cebon 在四次幂定律的基础上，基于轮胎动荷载的空间重复性，提出了 95 百分位四次幂和力的评价方法，用四次幂和力的峰值表示路面损伤大小，提高了车辆对路面损伤的评价准确度。该方法把车辆各个轮胎动荷载的四次幂叠加，可以用来评价整车对路面的损伤程度。根据这种评价方法定义的理论路面损伤系数 J 如式(3-6)所示：

$$J \approx 1 + \frac{1.65\sigma_{A^4}}{m_{A^4}} \tag{3-6}$$

式中，A^4 为车辆对路面的四次幂和力；σ_{A^4} 和 m_{A^4} 分别为 A^4 的标准差和均值。

由于理论路面损伤系数不能对比车辆满载和超载对路面损伤程度的大小，因此在此定义相对路面损伤系数 J' 为评价指标：

$$J' = J_{\mathrm{m}} \frac{F_{\mathrm{zc}}}{F_{\mathrm{zm}}} \tag{3-7}$$

式中，J_{m} 为车辆满载时的理论路面损伤系数；F_{zm} 为车辆满载时各个轮胎的法向作用力之和；F_{zc} 为超载时车辆各个轮胎的法向作用力之和。

轮胎法向作用力为

$$F_{\mathrm{z}} = DF_{\mathrm{j}} \tag{3-8}$$

式中，D 为动荷载系数；F_{j} 为轮胎静荷载。

采用相对路面损伤系数 J' 评价整车及不同车型对路面的损伤程度。

3.3.3 路面结构承载能力评估

1. 路面结构承载能力测试方法

路面结构承载能力是路面结构抵抗外部荷载及环境因素作用，保持自身状况完好的能力，通常可描述为路面在达到预定的损坏状况之前，还能承受行车荷载作用的次数或使用年限。

路面结构承载能力评价的最常见方法是现场测定路面的弯沉。路面结构破坏的可能原因有两类：一是由于过量的变形造成路面结构破坏，测试时可采用最大弯沉值来表征；二是由于某一结构层的断裂破坏造成路面破坏，测试时可采用在荷载作用下的路面弯沉盆曲率半径来表征。因此，理想的弯沉测定应包含最大弯沉值和弯沉盆两方面。路面弯沉测试技术的发展经历了三个阶段：①静力弯沉测试，20 世纪 50 年代中期应用的 Benkelman 梁式弯沉仪是目前最常见的静力弯沉测试设备。②稳态动力弯沉测试，如英国 WDM 公司开发生产的自动式弯沉仪。③脉冲动力弯沉测试，20 世纪 70 年代末瑞士开发的无损路面检测设备——落锤式弯沉仪是脉冲式动力弯沉测试设备的代表。由于落锤式弯沉仪较好地模拟了行车荷载的作用，能够快速、安全、准确地采集大量的路面弯沉信息，目前已成为路面弯沉测试的理想工具。

鉴于我国以往对路面承载能力建立的评价标准是采用 Benkelman 梁测定的静态弯沉指

标，为了使新的测试方法与各类标准衔接，需要建立 FWD 和 Benkelman 梁测定的弯沉指标之间的关系。通过分析大量的实测数据，发现 FWD 和 Benkelman 梁测定的弯沉值之间存在明显的线性关系，如式(3-9)所示：

$$D_{BB}=aD_{FWD}+b \tag{3-9}$$

式中，D_{BB} 为 Benkelman 梁测定的弯沉值(1/100 mm)；D_{FWD} 为 FWD 测定的弯沉值(1/100 mm)；a，b 为待定常数，可由试验数据回归分析得到。

动态弯沉测定可以得到最大弯沉值 s(mm)和弯沉盆，由此可以用两种方法评定路面结构承载能力：①通过对路面各层结构模量的反算，应用理论解分析评定路面的结构承载能力。②利用路基模量反算值，直接评定路面结构承载能力。

第一种方法可用于评定沥青路面和水泥混凝土路面，第二种方法仅可用于评定沥青路面。

2. 路面结构承载能力评价指标

参照《公路沥青路面养护技术规范》(JTG 5142—2019)和《公路工程质量检验评定标准》(JTG F80/1—2017)，从设计所依据的弯沉标准出发，对沥青路面承载能力的评价可采用路面结构强度指数(Struture Strength Index, SSI)作为指标，路面结构强度指数(SSI)定义如式(3-10)所示：

$$SSI=\frac{l_r}{l_x} \tag{3-10}$$

式中，l_r 为路面设计容许弯沉值；l_x 为路面实测代表弯沉值。

图 3-4 显示了我国现阶段高等级沥青路面结构强度变化规律，从图中可以看出路面弯沉随时间变化的三个阶段。

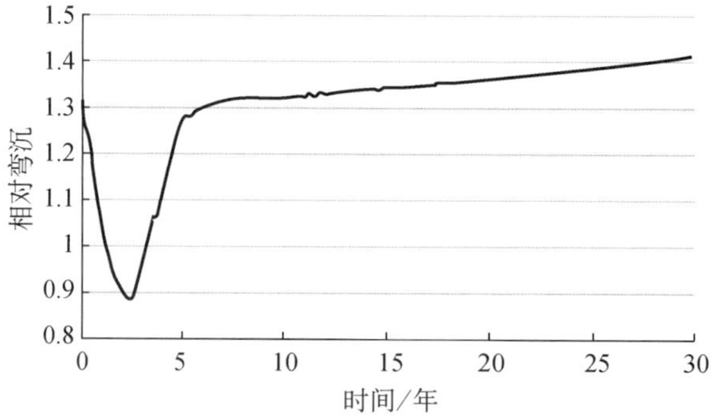

图 3-4　相对弯沉随时间的变化

递减期：竣工后的 1～2 年，由于半刚性基层材料的强度增长和交通荷载的压密作用，路面弯沉在这一阶段逐渐减小，大约在竣工后第二年达到最小值。

速增期：竣工后的 2～4 年，路面在荷载及环境因素的综合作用下，结构内部的微观缺陷发生扩展，小范围内出现局部破损现象，路面整体强度出现下降，路面弯沉迅速增长。

缓增期：竣工 4～7 年后直至达到极限破坏状况，该阶段即疲劳破坏的稳定发展期，路面结构内部缺陷进一步扩展，结构吸收的能量扩散，路面损伤发展的速度受到抑制，整体刚度在较低水平下达到相对稳定，弯沉增长较为缓慢，并一直延续到路面结构疲劳破坏。

现行沥青路面设计规范中路面设计容许弯沉值 l_r 如式(3-11)所示：

$$l_r = 600A_cA_sA_bN_e^{-0.2} \tag{3-11}$$

式中，l_r 为路面设计容许弯沉值(0.01 mm)；N_e 为设计年限内设计车道的累计标准荷载作用次数；A_c 为道路等级系数；A_s 为面层类型系数；A_b 为路面结构类型系数。

进行 SSI 评价计算时，为了克服原有评价指标的计算仅考虑使用期末路面设计容许弯沉值 l_r 的局限，提出新的计算方法：根据路面原始设计资料，用式(3-11)计算路面设计容许弯沉值 l_r；计算沥青路面当年最不利季节容许弯沉值 l_t，其中 A_t 值可查表 3-2。

表 3-2　　高等级沥青路面相对弯沉 A_t 逐年变化值

年序	0	1	2	3	4	5	6	7
A_t	1.338 08	0.999 967	0.876 911	0.981 36	1.179 59	1.273 94	1.291 25	1.296 79
年序	8	9	10	11	12	13	14	15
A_t	1.301 73	1.306 69	1.311 67	1.316 65	1.321 64	1.326 63	1.331 63	1.336 62
年序	16	17	18	19	20	21	22	23
A_t	1.341 62	1.346 61	1.351 61	1.356 61	1.361 61	1.366 61	1.371 61	1.376 61
年序	24	25	26	27	28	29	30	31
A_t	1.381 60	1.386 60	1.391 60	1.396 60	1.401 60	1.406 60	1.411 60	1.416 60

重新定义路面实际结构强度指数(RSSI)如式(3-12)所示：

$$RSSI = \frac{l_t}{l_s} \tag{3-12}$$

式中，l_t 为沥青路面当年最不利季节容许弯沉值；l_s 为路面实测代表弯沉值。

结合现行的《公路沥青路面养护技术规范》(JTG 5142—2019)，并经过数据对比分析和经验总结，按 SSI 和 RSSI 指标建立高等级公路沥青路面结构强度指标的分级标准，见表 3-3。

表 3-3　　高等级公路沥青路面结构强度指标的分级标准

评价指标	优	良	中	次	差
SSI	≥1.0	≥0.83	≥0.66	≥0.5	<0.5
RSSI	≥1.35	≥1.10	≥0.90	≥0.70	<0.70

3.3.4 路面行驶质量评估

1. 基于乘客主观感受的专家打分法(PSI 法)

该方法最早应用于美国 AASHO 的 PSI(Present Serviceability Index)模型。它是由不同行业的人士组成调查组进行乘车体验,根据个人感受对路面的服务性能以 5 分制进行评价,从而得到路面服务指数 PSI。在进行乘车试验的同时,道路检测人员测定路面的破损率、车辙、平整度等路面性能参数,最后用数学方法建立主观感受(PSI)与路面性能参数之间的关系式:

$$PSI = 5.03 - 1.911g(1 + SV) - 0.01\sqrt{C + P} - 0.21RD^2 \tag{3-13}$$

式中,SV 为轮迹处纵向平整度离散度;C 为路面裂缝度;P 为修补度;RD 为车辙平均深度。

该模型中平整度 SV 对 PSI 的影响最显著。而且,AASHTO 道路试验研究也表明,大约 95%的路面服务性能取决于道路表面的平整度。该模型是从道路使用者角度建立的,反映了道路使用者对路面平整度的要求,是公路管理行业第一次引用专家评分技术建立主客观联系的成功典范。

继美国之后,加拿大、日本、中国等许多国家研究建立了不同概念和含义的路面使用性能评价模型。这些模型的共同点是都依靠专家评分技术。

中国路面管理系统中路面行驶质量的评分方法就是依据 PSI 法建立的,即路面行驶舒适性指数(Riding Quality Index, RQI),见式(3-14):

$$RQI = 11.5 - 0.75IRI \tag{3-14}$$

式中,IRI 为国际平整度指数;RQI 为行驶舒适性指数。

2. 乘客不舒适感主观量化指数法

高增礼等根据国际标准化组织推荐的人体振动舒适性标准 ISO2631 中的量化指数,提出乘客不舒适感主观量化指数,并对一组乘客进行乘车试验,得出主观感觉量化加权平均值 B_s 与路面平整度标准差 σ 具有很好的线性相关性,相关系数 $R=0.94$,见式(3-15):

$$B_s = \alpha + \beta\sigma \tag{3-15}$$

式中,$\alpha = 0.881\,3$;$\beta = 0.513\,3$。

根据式(3-15)绘出如图 3-5 所示的 B_s-σ 关系曲线,从图中可以看出,在同样的测试系统和行驶速度下,乘客由于行车振动而引起的不舒适程度随路面不平整度的增加而增加。

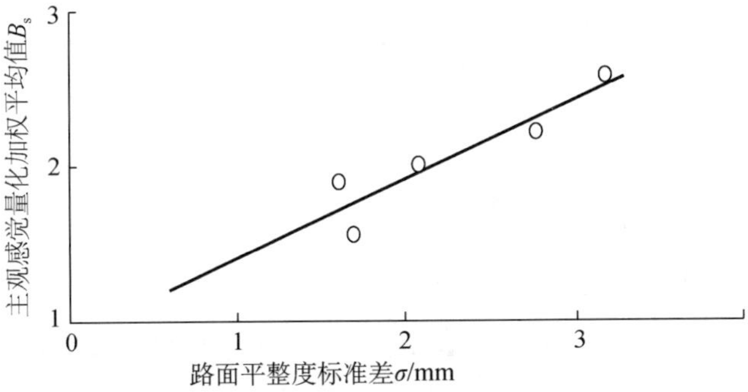

图 3-5 B_s-σ 关系曲线

3. 基于竖向加速度均方根值的平整度评价方法

杨万桥在基于人-车-路相互作用的沥青路面平整度评价方法的研究中，采用了与车辆振动有关的加权加速度均方根值作为人体振动舒适性的评价指标。他首先利用计算机程序模拟不同等级的路面(A，B，C，D)，并采用三自由度和五自由度车辆模型计算出不同等级路面上各测点的加权加速度均方根值，然后根据国际标准 ISO2631 规定的加权加速度均方根值与行车舒适性的关系对人的舒适性作出评价，得出表 3-4 的结果。

表 3-4 路面等级与加权加速度均方根值及舒适性的关系

路面等级	加权加速度均方根值/($m \cdot s^{-2}$)	人的主观感受
A	0.316 5	稍不舒适
B	0.638 0	有些不舒适
C	1.263 1	不舒适
D	2.543 0	特别不舒适

3.4 路面功能失效风险防控

3.4.1 预防性养护理念及意义

大规模的道路建设在我国持续了 20 余年，随着已建道路运营多年，一些早期修筑的道路相继进入养护维修阶段。面对日益严峻的道路养护形势，传统的矫正型养护很难满足当下的养护需求，寻找新的途径以保持路网完好、改善路面状况、降低养护成本并延长道路寿命，已经成为道路养护研究工作者面临的重要课题，预防性养护的理念正是在此前提下产生的。

预防性养护是一种新型养护理念，相对于传统的修补性养护而言，预防性养护是在市政道路工程出现病害之前对其进行主动养护的一种措施，即城市道路养护部门在道路建成并投入使用之后，采取有效的防范措施，有计划地对道路进行养护，从而维持道路工程的承载能力，避免路面在长期使用过程中出现各种病害，保证路面行车的安全性与舒适度，确保市政道路工程的质量。

预防性养护能否达到预期效果关键要解决三个方面的问题，其一是判断目标路段是否适宜采取预防性养护，其二是对可进行预防性养护的路段作养护时机判断，其三是对该路段实施何种预防性养护策略作出抉择。要解决这三个问题，首先需要掌握道路状况，这就涉及路面性能指标选取及指标预测的问题。在解决预防性养护的时机及策略选取问题时采用全生命周期分析法，综合考虑道路全生命过程中的全部费用。在确定了各方案的全生命周期费用后，通过计算不同预防性养护时机及方案组合下的费用差别，最终确定合理的预防性养护时机及策略。

预防性养护在城市道路管理中的意义如下：

1）有利于降低市政道路工程的养护成本

在市政道路管理工作中，全生命成本主要由建设时的费用以及对道路维修时投入的费用两个部分构成。若养护部门在实际工作中采取的是预防性养护，那么养护部门可在投入最低养护成本的基础上确保道路工程的质量，使其在使用过程中处于良好的运行状态。预防性养护工作，有利于市政道路工程的正常运行，避免其出现各种病害，影响道路工程的质量。相对于传统的修补性养护工作而言，预防性养护成本要明显低很多。

2）有利于促进交通事业的健康发展

随着城市经济的快速发展，人们的生活质量逐渐提高，对出行环境的要求也越来越高，传统的道路养护观念已经不能满足城市交通运输的需要。当道路受到严重损坏时，再采取措施进行修补的养护方式已经不能适应目前城市道路交通的需求。城市道路交通具有车流量大、人均道路面积小的特点，如果在路面破坏以后才进行维修，此时道路结构已经被损坏，需要花费高额成本对基层进行处理，维修的时间也会比较长，会对城市交通产生不利的影响。相关部门在对道路进行维修的过程中，由于路况较差，车辆行驶的速度本身就很慢，再加上维修占用部分道路，堵车现象更加严重，这在一定程度上增加了城市交通压力，导致城市越来越拥挤。然而，预防性养护的施工比较方便快捷，对道路交通影响不大，它在道路通行质量明显下降之前就采取有效的措施进行养护，有利于短期内恢复道路的通行能力，为车辆通行提供更加安全、舒适、耐用的环境。因此，相关部门必须转变养护理念，在道路良好或者损坏初期就采取预防性养护措施进行修复，保证道路的安全使用。

3）有利于改善目前市政道路养护工作管养分开的局面

当前市政道路养护单位转变为企业，利润最大化是企业进行生产经营活动的最终目标，企业更加注重经济效益。养护企业为了追求更大的利润，往往忽视刚被损坏的道路，为了降低养护费用支出，只去修复那些损害程度大、不得不修的道路，导致政府投入道路养护的费用没有得到充分利用。因此，采取预防性养护，可在一定程度上改善这种局面，在道路损坏的初期对道路进行必要养护，不仅能保证道路的安全使用，而且能够延长道路的使用寿命，相对地降低道路养护成本，实现社会效益和经济效益双赢的局面。

3.4.2　沥青混凝土路面养护技术

1. 裂缝修补类技术

道路在使用过程中，路面会因行车荷载及环境因素的作用而逐渐损坏，造成道路服务水平的逐步下降。裂缝是路面损坏最初和最为常见的一种破损形式。裂缝处置就是对路面最初的损坏进行修复，是预防性养护中最普遍的施工工艺。

灌缝材料应具有良好的黏结力，以便于和裂缝内部两边的沥青材料相融合；要在低温状态下具有优良的延伸性和弹性，不致发生断裂；应具备持久的抗老化、抗疲劳能力，有良好的高低温稳定性，以适应复杂的自然环境和大交通量的需求。灌缝材料的种类主要有乳化沥青、SBR 改性乳化沥青、密封胶、SBS 改性热沥青和热沥青。

开槽灌缝必需的施工步骤：①开槽；②裂缝清理和干燥；③灌缝前预热；④材料准备和浇灌；⑤加遮盖材料。

裂缝处置方案的选择：

(1) 对于裂缝宽度在 8 mm 以上的选用密封胶开槽灌缝；缝宽在 5～8 mm 范围的无分支单条纵、横裂缝，采用改性热沥青开槽灌缝；缝宽小于 5 mm 的单条纵、横裂缝或有少量分支的裂缝采用改性乳化沥青灌缝。

(2) 在高温季节，全部或大部分可愈合的轻微裂缝可不加处理。在高温季节，不能愈合的轻微裂缝可采用下列方法处置：①将有裂缝的路段清扫干净并均匀喷洒少量沥青(在低温潮湿季节宜喷洒乳化沥青)，再匀撒一层 2～5 mm 厚的干燥洁净的石屑或粗砂，最后用轻型压路机将矿料碾压。②沿裂缝涂刷少量稠度较低的沥青。

影响沥青材料灌缝质量的因素主要是开槽宽度、开槽深度、槽壁清洁度、槽壁干燥度、施工气温、灌缝材料等。此外，密封胶灌缝应高于路表面 2～3 mm；封层边缘整齐，灌缝充分饱满；密封胶经行车碾压后不得发生脱落变形，保持足够的弹性；密封胶禁止在路面潮湿或温度低于 4℃的环境下施工，否则会降低密封胶的黏合力，易造成脱落，影响施工质量；灌缝应充分饱满，表面平整，无颗粒状胶粒；灌缝胶经碾压后不得发生脱落变形，保持足够的弹性。

2. 同步碎石封层技术

同步碎石封层加强了沥青与集料之间的黏附性，缩短了黏结剂与集料撒布之间的间隔，增加了集料颗粒与黏结剂的裹覆面积，提高了机械作业效率，降低了施工成本，延长了路面使用寿命，增加了路面防滑性能，恢复了路面平整度。同步碎石封层技术工序简单、施工速度快，可即时限速开放交通，性价比明显优于其他表处方法，从而大大降低了道路的维修养护成本。

1）改性沥青黏结料选用原则

（1）根据不同的气候条件选择。

气候条件不同的地区选用改性剂有很大的不同，不同的改性剂在改性效果上也有很大的差别。我国南方夏季炎热地区，对高温稳定性要求较高，SBS，PE，EVA 等的改性效果较好；低温寒冷地区，对抗裂性能的要求较高，SBS，SBR 的改性效果较好；内陆地区，夏季炎热、冬季寒冷，对高低温要求都很高，SBS 是首选对象。

（2）根据不同的荷载条件选择。

不同的道路所承受的车辆荷载不同，旅游道路等主要供轻型车行驶的道路，产生车辙的可能性较小，主要考虑行车舒适度和气候因素，对抗裂性能的要求是重点，可选择 SBS，SBR 等；而以载重车辆为主的高速公路、一级公路，尤其是重车比例大、超载车多的干线道路，主要是考虑抵抗车辙、拥包等永久性变形，可考虑采用 SBS，PE，EVA 等改性剂。

（3）用油量的确定。

同步碎石封层的最佳用油量应根据实际情况及试验确定，一般同步单层油石比（单位面积上沥青与石料的比例）为 8.5%～13%，用油量为 8～1.1 L/m^2，具体用油量要根据实际情况调整。为保证沥青用量合理，施工时还应考虑以下因素：①交通量；②旧路面状况；③不同地区、不同施工季节、不同天气情况等；④石料的粒度、扁平程度及级配等；⑤沥青最佳洒布温度。

2）石料选用原则

（1）岩性（酸碱度）：应优先选用中性偏碱的石料，如玄武岩；亦可使用中性石料；对强碱性石料应慎重选用；一般不考虑使用酸性石料。

（2）石料的物理性能：要求是经过反击破碎所得到的碎石，必须经水洗风干或拌合楼烘干；针片状碎石严格限制在 15%以下，压碎值以不大于 14%为宜。

3）同步碎石封层施工

（1）施工准备工作：路面病害处理；清扫原路面，保证原路面无杂物，并用风机或空气压缩机进行除尘，保证原路面干净、干燥。

（2）沥青洒布车洒铺：沥青洒布车进入施工现场后使用大循环加热 20 min，当改性沥青温度达到 180～190℃、导热油升温到 220℃时开沥青阀，利用沥青的温度充分加热喷头，10 min 后当泵口温度停止上升后便可开始喷洒。为了保证喷洒的效果，可在喷洒前进行试喷，观察其效果，当扇面形成时便可洒布。为了减少加热时间可放掉少许喷头内的凉沥青。喷洒前 5 min 应充分循环沥青，使喷头与罐内沥青温度一致，以保证喷洒质量。在施工停顿时，应根据沥青温度进行小循环，保证改性沥青达到 180～190℃。当沥青喷洒完毕后，应关闭沥青出油阀，将管道内的沥青用压缩空气吹回沥青罐内，管道吹扫后关闭回油阀，对喷头进行吹扫，以保证不残留沥青，避免下次施工长时间加热喷头延误时间。

(3) 沥青洒铺量的要求：①沥青洒铺量应根据撒铺石料粒径大小和原路面情况以及交通荷载状况具体分析，一般沥青洒铺量以 0.8～1.5 kg/m^2 为宜。②若原路面有大面积泛油现象，油量以减少 0.1～0.2 kg/m^2 为宜；若原路面严重贫油或龟裂老化严重，油量以增加 0.1～0.2 kg/m^2 为宜。③交通荷载量偏大路段以减少 0.1～0.15 kg/m^2 为宜；交通荷载量偏小路段以增加 0.1～0.15 kg/m^2 为宜。④施工温度偏低时以增加 0.1 kg/m^2 为宜。

(4) 石料撒布车撒布：石料撒布量一般为 8～16 m/km，并根据石料粒径、沥青洒布量、温度、交通量及荷载情况进行调整；石料必须均匀撒布，以在沥青薄膜上单摆一层为宜。

(5) 碾压：①初压，8～10 t 钢轮压路机快速碾压一遍，以便保证石料与沥青的第一次碾压黏附不超过石料撒布后 30 s；②中压，用 16～20 t 胶轮揉压两遍；③终压，用 20～26 t 胶轮揉压两遍。

3. 稀浆封层技术

乳化沥青稀浆封层是由集料、矿粉、乳化沥青、水和添加剂等材料集中存放在稀浆封层机各贮存罐中，经稀浆封层机搅拌和摊铺，并经养护破乳、成型即可开放交通的一种经济、快速、高效的路面表处方法。

1) 稀浆封层的材料要求

(1) 集料。集料的选择范围比较广泛，可以是酸性的，也可以是碱性的，一般可就地取材，多数用于热沥青面层的集料均可使用。应选择质地坚硬、带有棱角、硬度大、耐磨的集料；使用天然砂时，应选择坚硬、干燥、无杂质、无风化、清洁的天然砂，且砂当量不低于 45%；含水量不宜过大，否则会影响输送及拌和。

(2) 乳化沥青。乳化沥青分阴离子型和阳离子型两种。阴离子型乳化沥青带有负电荷，而集料和填料多为碱性材料，二者不易结合，水分完全靠自然蒸发，破乳的时间较长；阳离子型乳化沥青带有正电荷，与集料拌和发生化学变化，水分被挤出，强度形成较快。因此，大多稀浆封层都使用阳离子型乳化沥青。严格控制乳化沥青的油水比，沥青的百分含量应在 55%～60%，如果沥青含量过低，拌成的混合料含水量不好控制，不能达到要求的油石比。

(3) 填料。最常用的填料为普通水泥，也可用石灰粉，使用石灰粉要做筛分试验，小于 0.07 mm 的颗粒不少于 80%。填料的用量不大于 3%(占干集料的百分比)。填料的作用主要是改善级配、调节破乳速度、提高稀浆封层的稳定性和早期强度。

(4) 水。稀浆混合料使用的水为洁净水，不得使用含有杂质或受化学污染的脏水。混合料中的水包括集料中的水、乳液中的水和外加水，外加水的用量为干集料的 6%～11%，而混合料总的含水量为干集料的 12%～20%。混合料稀浆的含水量应由坍落度试验确定，一般为 2～3 mm。

2) 稀浆封层的机械设备和施工步骤

机械设备：稀浆封层摊铺机、装载机、乳化沥青罐车、水槽车、运料车以及拌盘、铁铲、刮耙、计量秤、盛料容器等。在机器第一次使用前以及原材料或配合比发生较大变化时应按照使用说明书对稀浆封层摊铺机进行计量标定。

施工步骤：修补、清洁原路面→放样画线→湿润原路面或浇洒乳化沥青→上料→拌和、摊铺稀浆混合料→初期养护→开放交通。

3) 稀浆封层施工

(1) 清洁：将施工路段封闭交通后，仔细清扫路面上的泥土和杂物，对于黏结在路面上的杂物应用高压水枪冲洗干净。

(2) 放样：施工前，沿原路线画出引导稀浆封层机定向控制前进的基准线，要求顺直、准确。

(3) 上料：将符合要求的集料、乳化沥青、水、水泥，按要求装入各自的贮存罐中。

(4) 摊铺：将稀浆封层机驶至摊铺起点处，使机前导向键对准走向控制线，调整摊铺槽的宽度和摊铺厚度，开动机器，使各种材料同时按比例进入拌合筒，并使混合料流入摊铺槽内，达到摊铺槽容量的 2/3 时，开动稀浆封层机以 10～30 m/min 的速度前进，均匀摊铺的同时使机器底部的喷水罐喷水，使封层前的路面保持湿润。

(5) 初期养护：稀浆封层铺筑后，在固化成型前，禁止一切车辆行驶；稀浆封层摊铺后，对于漏铺和稀浆水不足之处，要及时用稀浆混合料进行修补；对于纵向和横向搭接处，要人工进行找补，保证搭接平整；对闯入的车辆行驶形成的车辙，要及时进行人工找补、耙平，修补量大时应重新铺筑；摊铺槽内的混合料在摊铺时发生外漏时，需更换橡胶板；当一种材料用完未能及时关闭，导致混合料配合比不准确时，应将混合料全部清除，待下一车重新重叠铺筑。

4. 微表处技术

微表处技术是一种以高分子聚合物改性乳化沥青为黏结料的冷拌混凝土薄层施工技术，填补了普通稀浆封层和热拌沥青混凝土摊铺各自存在的缺陷，不仅可以提高路面的抗滑性，改善路面平整度和行车舒适度，而且对降低路面的透水性，治理和改善路面网裂、松散等功能性破坏也有良好的效果。此外，微表处对降低路面的噪声污染也有显著的效果。

1）微表处的材料要求

（1）集料。集料必须坚硬、耐磨，不含泥土杂质，其砂当量大于 65%，并且级配组成必须符合一定的级配标准。

（2）改性乳化沥青。改性乳化沥青是微表处的黏结材料，其质量的好坏对封层质量的影响最直接、最明显。改性乳化沥青的特性主要与乳化剂和改性剂的选择有关。为了达到尽快开放交通的要求，乳化剂必须是慢裂快凝的阳离子型乳化剂，且所用乳化剂不能对沥青性能造成影响；对各种沥青的适应性要好，与改性剂要有良好的配伍性。改性剂的选择应根据不同地区的气候、交通特点进行试验后确定。

（3）填料、水和添加剂。微表处混合料中的填料、水和添加剂的作用、规格与普通稀浆封层混合料所要求的一致。

2）微表处的施工步骤

修补、清扫原路面→放样画线→交通管制→摊铺→初期养护。

3）微表处施工

（1）将装好料的摊铺车开至摊铺路段的起点，调整好摊铺槽的宽度、摊铺厚度和拱度。开动发动机，使拌合器与摊铺槽的螺旋分料器正常转动。

（2）打开组成材料的控制开关，使各组成材料几乎同时进入拌合器中。由于开始的材料配比不准确，应有一名施工人员用铁锹将最初排出的材料接走，倒入废料车中。

（3）调节螺旋分料器的转动和稀浆混合料出料口的方向，使稀浆混合料均匀地分布到摊铺槽中，当稀浆混合料充满摊铺槽的 1/2 左右深度时，操作人员示意驾驶员开动摊铺车，以 1.5～3.0 km/h 的速度匀速前进。摊铺的速度应保证摊铺槽内混合料体积占摊铺槽体积的 1/2 左右，若是摊铺槽内混合料有减少的趋势，应减慢车速；若是摊铺槽内混合料有增多的趋势，就提高车速，以保证分料器能很好地搅拌混合料。

（4）对于摊铺后路面的局部缺陷，应及时进行人工找平。例如，若存在因超大颗粒而形成的凸起或划痕，应由施工人员将超大颗粒挑出，然后填补抹平，并尽量和机械摊铺的表面一致。此时的工具可使用橡胶拖把或铁锹等，但不得使用扫帚。

（5）操作人员时刻注意各组成材料的使用情况，当任何一种材料接近用完时，立即关闭各材料的输出，待摊铺槽中的混合料全部摊铺到路面上后，摊铺车停止前进。

（6）施工人员立即将施工末端 1～2 m 范围内的材料清除，倒入废料车中。下一摊铺车的起始摊铺位置为当前摊铺车摊铺结束时表观开始变化处，离摊铺末端 4～5 m 处。

（7）摊铺完成后，将摊铺箱提起，开至路外，清洁搅拌缸和摊铺箱。

5. 雾封层

此类封层是将雾状的乳化沥青或专门的再生剂喷洒在老化的沥青路面上(专用的再生剂要求渗入路面 6 cm 左右)。其目的是更新和还原表面已氧化的沥青膏体。雾封层和还原剂封层具有一些共同的特点:施工后需要较长时间才能开放交通;必须严格掌握单位面积的喷洒量,过多的喷洒量会在路表面形成一层薄膜而使路面丧失摩擦阻力。

6. OGFC 开级配磨耗层

OGFC 开级配磨耗层是一种孔隙率高达 15%～25%的非常大的“开式”结构。由较为均一的集料粒径骨架构成,细粒料极少,并添加改性黏结剂或纤维,以保证黏结料不会从集料上脱落,层厚在 16～30 mm,要求下覆层具有防水作用。其典型特征是:减少车辆行驶中的水雾,并能迅速排干,这样可以排除路面积水,降低湿路滑胎危险,还可以防止车辙出现。多孔隙路面(Porous Asphalt)类似于 OGFC,在欧洲应用比较普遍,主要区别就是更粗糙、间断级配、孔隙率更大。

7. 开普封层

该方法最早在南非开普敦应用。实际上是在新近铺设的石屑封层上再铺一层稀浆或微表处,防止石屑脱落,提供永久的磨耗层,并消散反射裂缝。预防性养护正进一步向冷态施工方向发展,为了解决黏结剂与集料更好裹覆的问题,提出了将细砂在乳化沥青喷洒前先行混合的概念。目前,该工艺已经在裂缝压力喷补中得到了很好的应用。为了解决石屑封层存在的缺陷,有的国家采用覆盖封层或三明治封层技术。

8. 改性沥青薄层罩面

薄层罩面是在原有路面上加铺一层厚度不超过 5 cm 的热沥青混合料。薄层罩面可以有效防止品质正在下降的路面继续恶化,改善其平整度,恢复其抗滑阻力,矫正路面轮廓,对路面也有一定的补强作用,但在多数情况下费用-效益较其他预防性养护方法差。薄层罩面在施工中最大的困难是由于层面较薄、容易冷却又不宜使用振动压路机,不易达到较高的密实度。

9. 表面涂刷沥再生

沥再生是一种用于沥青路面的三合一维护剂,其主要成分为 35%～50%的煤焦油、32%～42%的石油蒸馏液和 15%～40%的三合一煤焦油再生剂(人造树脂石油乳剂,经提炼的煤焦油,主要由煤焦、煤焦油、石油溶剂合成的渗透剂)。沥再生是一种极其高效且具有渗透性的沥青再生密封剂。其特点主要有:能抵抗汽油、防水、防化学品侵蚀和抵抗其他损害性杂质影响;不改变沥青表面结构就能起到密封和再生作用;能渗透到沥青表层,变成沥青层整体的一部分，与之共同收缩和膨胀，因而具有较强的温度适应性，耐久好。

10. 就地热再生技术

就地热再生技术是使用热再生技术加热旧路面、回收旧料，加入再生剂进行搅拌，随即使用新热拌沥青的摊铺方法就地摊铺、碾压，进而完成新的面层，恢复路面使用性能的工艺。就地热再生工艺具有旧料利用率高、节约、环保、开放交通迅速、一次性完成罩面的优点，当道路密集度高、流量大时，具有特别重要的意义。

就地热再生技术施工工序如下：调试拌合机→依照生产配合比生产出混合料→喷洒再生剂后进行原路面翻松→摊铺、碾压。从技术层面看，沥青路面现场热再生优点在于易于施工、连续施工、旧料利用率高、可一次性完成重新罩面。从经济层面看，如果对等面积的旧沥青混凝土层分别进行现场热再生、铣刨与摊铺，其费用与对等面积的新料使用传统工艺相比具有一定的优势。

11. 坑槽修补技术

坑槽修补技术按照具体的施工方式可以分为以下三种。

1）挖补式坑槽修补技术

基本流程：①将不规则的沥青混凝土路面切割成矩形状；②将坑槽底面病害彻底处理并下挖到完好部分；③在坑槽底面以及四壁洒布黏层油（如热的沥青胶、乳化沥青或泡沫沥青）；④回填并碾压新料，修复好坑槽，从而大大延长维修寿命；⑤用沥青类黏结剂（如沥青再生剂、快凝乳化沥青等）均匀涂抹在修补面四周新旧沥青混凝土接缝上作封层。

2）热烘式坑槽修补技术

热烘式坑槽修补技术是利用沥青混凝土路面热养护修补车自带的加热设备——红外线加热板，对出现坑槽的沥青混凝土面层进行加热，视情况添加再生剂及新料，最后碾压成型。其工作流程与沥青混凝土路面热再生技术相似，可以看作小范围的沥青热再生。

3）喷射式坑槽修补技术

基本流程：①坑槽修复车喷射出高强度的气流对坑槽内部进行杂物的清除与干燥；②修复车通过喷管喷射的填补料直接对坑槽进行修复。该技术最大的优点在于机械化施工，节省了人力和资金。

3.4.3 水泥混凝土路面养护技术

路面养护在道路服务寿命中扮演着重要的角色。精心、细致、恰当的路面养护工作，不仅能减缓路面使用性能下降的速度，延长使用寿命，更能减少大中修的费用，降低道路全生命成本。路面养护方法分为三类，即预养护、日常养护和纠正型或反应型养护。预养护是在路面出现明显损坏之前，通过对路面进行及时的保养与处理，以制止损坏进一步发展，保持现有路面的使用性能。因此，预养护对于水泥混凝土路面具有特别重要的意义。

1. 接缝维修技术

接缝是水泥混凝土板块的薄弱部位，填缝料老化要立即更换，否则路表水沿缝渗入，侵蚀基层。填缝料应具有与水泥混凝土板缝壁黏结力良好、拉伸率较高、耐热及耐嵌入性好等特点。此外，填缝料还需要在夏季高温时不发生流淌，砂石杂物不易嵌入，从而保证混凝土板伸胀不受阻；在冬季低温时，需要具有较好的低温塑性，不发生脆裂，仍具有一定的延伸性；在野外恶劣的气候条件下，需要耐久性良好，能在较长时间保持良好的使用性能，不过早发生老化。

接缝板主要有软木板、聚氨酯硬泡沫板和松木板。软木板具有耐磨、耐腐蚀、透水性小、透气性低、富有弹性、质地轻柔等特点；聚氨酯硬泡沫板具有吸水性小、耐磨、耐油、耐腐蚀、耐热等特点；松木板是公路部门多年采用的传统接缝材料，由于木板复原率低、树节较多、易吸湿、腐蚀，所以效果较差。

常用的接缝修补材料是加热施工式填缝料：聚氯乙烯胶泥填缝料、橡胶沥青等。接缝修补时，首先需清除旧填缝料和杂物，并将缝内灰尘吹净；再用建筑热沥青涂刷缝壁，将接缝板压入缝内；将填缝料加热至灌入温度，滤去杂物，倒入灌缝机内，即可填灌。

2. 裂缝处置技术

灌缝材料有环氧树脂类、聚氨酯与改性聚氨酯类、烯类和沥青橡胶类。环氧树脂类灌缝材料具有耐热、活性高、内聚力高、黏附力强、收缩率较低等优点，但它本身延伸率低、脆性大；聚氨酯类灌缝材料耐振动性、耐低温性和抗疲劳性好，对水泥混凝土具有极高的黏附性；烯类灌缝材料虽然耐热、耐水、耐介质、耐大气老化性能优良，但制备较复杂。

水泥混凝土路面裂缝处置的方法包括扩缝灌浆法、直接灌浆法、条带罩面补缝和全深度补块法等。扩缝灌浆法适用于宽度小于 3 mm 的表面裂缝；对宽度大于 3 mm 且没有碎裂的裂缝，可采用直接灌浆法；对贯穿全厚的大于 3 mm、小于 15 mm 的中等裂缝，宜采用条带罩面进行补缝；对宽度大于 15 mm 的严重裂缝，宜采用全深度补块法，包括集料嵌锁法、刨挖法、设置传力杆法等。

3. 错台修补技术

混凝土路面错台的修补应根据错台的程度采取不同的修补方案。

当错台轻微即高度较小（$5\ \mathrm{mm} < h < 10\ \mathrm{mm}$）时，可采用切削修补法，使用带扁头的风镐，均匀地将高起处凿下去并与邻板齐平。当错台严重即错台高度较大时（$h > 10\ \mathrm{mm}$），应采用凿低补平修补法，将低下去的一侧水泥板凿除 1～2 cm，使用快凝修补料填平。

错台另一种简易的修补方法是直接在低侧局部铺筑沥青混凝土，其优点是简单并且可以很快开放交通，不失为一种救急方法，在城市道路混凝土路面修补中应用较多，其缺点是影响美观。

4. 拱起维修技术

水泥混凝土路面拱起主要是因为胀缝失效，混凝土板块热胀而突然使横缝两侧的板体明显抬高，其处理措施应根据具体情况采取不同的方法。

1）轻微拱起处理

（1）用切缝机或其他机具将拱起板间横缝中的硬物切碎。

（2）用压缩空气将缝中石屑等杂物和灰尘吹净，使板块恢复原位，并灌入填缝料。

2）严重拱起处理

（1）板端拱起但路面完好时，应根据拱起高低程度计算多余板的长度，将拱起板块两侧附近 1～2 条横缝切宽，待应力充分释放后切除拱起端，逐渐使板块恢复原位。

（2）将横缝和其他接缝的杂物、灰尘用空气压缩机清除干净，并灌入填缝料。

5. 坑洞修补技术

水泥混凝土路面产生坑洞主要是粗集料脱落或局部振捣不密实等原因所致。对路面个别坑洞的修补，用手工或机械将其凿成直壁槽，清理坑洞，用高标号水泥砂浆等材料填补；对较多坑洞且连成一片（面积在 20 m^2 以内）的情况，采用罩面方法修补，画出修补区域后，填入拌和混凝土并进行养生；对面积大于 20 m^2、深度在 4 cm 左右的成片坑洞，可用浅层结合式表面修复或沥青混凝土罩面进行修补。

6. 破碎板块维修技术

采取换板方式处理水泥混凝土路面严重破碎板，即挖除整块破碎板，然后浇筑水泥混凝土，厚度与原面板厚度一致，但一般不宜小于 24 cm，否则可采用钢筋混凝土进行修复。板角断裂等破损采用局部修补方式，即将板角断裂的部分凿除成正方形或矩形，在原板壁上加装传力杆后，在凿除位置浇筑混凝土。其具体施工要点如下：

（1）板块破碎、凿除。先用凿子在破碎板块的边角位置破出临空面（缺口），用风钻或钻子成孔，再打入钢楔子，将板块破开，需利用的板块应基本破为方形，尺寸不大于 40 cm×40 cm。

（2）基底清理。破碎板块清运后，原路面基层是素土层、软弱层时，应将其彻底挖除，小范围的用混凝土修补，大范围的用水泥稳定碎石等水稳定性较好的材料修补。修补后的基层顶面标高按保证新浇筑的面板厚度控制，表面应平整并满足路拱要求，其相邻的完好板块的基层存在问题时，应将其掏挖 5～10 cm 宽，并用混凝土进行修补。

(3) 拉杆、传力杆补设。破碎板块清除后，其相邻板上的拉杆、传力杆缺损的应按原构造要求补设，板角断裂等局部破碎板块清除后，应在其与原板的接合位置增设拉杆，即用冲击钻在原板壁或相邻板壁上打孔至要求的埋置长度，然后用风枪清孔，用配制好的环氧砂浆填充钻孔后，再将拉杆打入(设置传力杆时不用环氧砂浆填充钻孔)。

(4) 混凝土拌和及运输。

(5) 钢筋网制作。采用钢筋混凝土进行修复时，一般设单层钢筋网，路基软弱处设上、下两层钢筋网，并用架立钢筋绑扎成钢筋笼。其上、下设保护层厚度均不小于 6 cm，钢筋网采用光面Ⅱ级钢筋，钢筋间距、直径应根据计算确定。

(6) 混凝土浇筑。浇筑前应在原板块保留部分的壁面上均匀涂刷界面剂，以增强新旧板块的结合，其邻板板壁上应涂刷沥青或其他隔离剂。整块板的单层网混凝土应分两层摊铺，先摊铺 15 cm，振捣整平后，铺钢筋网，再摊铺顶面混凝土并振捣密实。需设双层钢筋网时，应用垫块固定钢筋笼，然后浇筑混凝土。混凝土从拌和到浇筑成型、抹面完成时间应不超过 1 h。

(7) 接缝设置。横向缩缝采用假缝，每 5 m 设置一道缩缝，一般应与原路面横缝对齐，新浇筑的混凝土与旧面板在纵向的接合处应设置成工作缝，并加设传力杆。所有新设缩缝应在开放交通前用聚氯乙烯胶泥或 TS 胶泥灌缝。横向两块板同时浇筑时应设纵向缩缝并加拉杆，其直径、间距由计算确定。桥涵两端及原胀缝位置均应设置胀缝。

(8) 养生。混凝土抹面完成后不迟于 1 h 必须养生，采用“JK”系列早强剂的早强混凝土，养生应用塑料薄膜覆盖，将四周封严，保水养生(不得洒水养生)；采用“快通”系列早强剂的早强混凝土可洒水养生也可保水养生，养生时间应以新浇筑的混凝土板达到设计强度的 80%为准，具体时间可参照早强剂型号说明并依试件试验情况而定。一般温度、湿度均较适宜的情况下，1～2 d 可开放交通。

7. 沉陷处理技术

沉陷是水泥混凝土路面严重病害之一，它可以导致面板的错台、严重破碎以致影响到行车安全。因此，必须设置排水设施，对严重沉陷应及时处置。其方法有板块灌砂顶升法、千斤顶顶升法、浅层结合式修补法和整块板翻修法等。其中，灌砂顶升法的操作如下：

(1) 在顶升水泥混凝土路面板前，应用水准仪测量下沉板的下沉量，测站与下沉处距离应大于 50 cm，并绘出纵断面，求出升起值。

(2) 在每块混凝土板上，钻出两行垂直的、直径为 3 cm 的透孔，孔的距离约为 1.0 m，每孔所占面积 3～3.5 m^2。当板需要从一侧升起时，只需升起部分钻孔。

(3) 在路面板升起前，将所有孔用木塞堵好，一孔一孔地灌砂浆。将带螺母的镀锌管短接头插入混凝土板内，将带螺纹的充气管与混凝土板接牢。用空气压缩机向孔中灌砂浆，直至砂浆冒出缝外时为止。

(4) 路面板升起后，接着往另一个孔中灌砂浆，直至下沉板全部顶升就位。

(5) 当压浆材料的抗压强度达到 6 MPa 时，方可开放交通。

当水泥混凝土整板沉陷并产生破碎时，应整板翻修，其操作如下：

(1) 宜用液压镐将旧板凿除，尽可能保留原有拉杆，并清运混凝土碎块。

(2) 将基层损坏部分清除，并整平压实。对基层损坏部分，用 C15 混凝土补强，其补强混凝土顶面标高应与旧路面基层顶面标高相同。在混凝土路面板接缝处的基层上涂刷一道宽 20 cm 的薄层沥青。

(3) 整板翻修的水泥混凝土面板在路面排水不良地带，其板边缘及路肩应设置纵、横向的排水系统。单一水泥混凝土路面板块翻修时，在路面板接缝处设置横向盲沟。路面有纵坡时，宜设纵向盲沟，在纵坡底部设置横向盲沟。

(4) 板块修复、混凝土施工时，宜采用快速修补材料。

① 用混凝土拌合机拌和混凝土材料。

② 将拌和好的混合料，用翻斗车运送到施工现场，进行人工摊铺。

③ 采用插入式振捣器振捣边角混凝土，并用振动梁刮平提浆，人工抹平，与原板面高低一致。

④ 按原路面纹理对混凝土表面进行处理。

⑤ 采用养护剂进行养护。

⑥ 相邻板边的接缝用切缝机切至 1/4 板块深度。

⑦ 清除缝内杂物，灌入接缝材料。

⑧ 待混凝土达到通车强度后，开放交通。

3.5 道路附属设施运行状态检测与性能评估

3.5.1 防护设施

1. 质量检测

防护设施质量检测项目主要分为四个部分：坚固度、表面质量、外形尺寸及防腐层质量。

1) 坚固度检测

坚固度的检测通常用手感、机械撞击来判断。用手摇一摇，感觉到纹丝不动，或用小型装载机慢慢匀速推动护栏，观察护栏、基础均未有明显变形和裂纹，表明护栏坚固度检测合格；反之，观察护栏、基础有明显变形和裂纹，则表明护栏坚固度不合格。

2）表面质量检测

表面质量检测通常通过目测、手感来判断，必要时可用游标卡尺来测量其外观缺陷。检测主要内容包括材料性能、外观质量及加工成型要求三个方面。

（1）材料性能。要求被测产品必须附有原基地钢材的质量检验合格单和出厂合格证书。每片波形梁均在其两端分别标明生产厂家、时间等标识。

（2）外观质量。波形梁钢护栏的冷弯黑色构件表面无裂纹、气泡、折叠、夹杂和端面分层，允许有不大于公称厚度10％的轻微凹凸、压痕、擦伤。表面缺陷允许用修磨方法清理，其整形厚度不大于公称厚度的10％，剪切断面及安装孔不允许有卷边和严重毛刺。镀锌构件表面应具有均匀完整的涂层，颜色一致，表面光滑，不允许有流挂、滴瘤或多余结块。镀件表面不允许有漏镀、露铁等缺陷。

（3）加工成型要求。波形梁板一般宜采用连续辊压成型。变截面波形梁板采用液压冷弯成型时，每块板必须一次压制完成，不得分段压制。对采用连续辊压成型的等截面波形梁板加工成变截面时，应采用冷弯成型，不能采用冲压方式加工。

3）外形尺寸检测

波形梁板外形、尺寸的检测系数主要有板宽、板厚、外波高、内波高、螺孔孔径和孔距等。

4）防腐层质量测试

波形梁护栏的所有部件一般采用热浸镀锌或热浸镀铝进行金属表面处理，为了保证其防腐性能，需从镀锌（镀铝）附着量、镀层均匀性、附着性和耐盐雾性等四个方面进行检测。下面以镀锌层质量测试为例。

（1）镀锌层附着量测试，可采用三氯化锑法或镀层测厚仪测试。三氯化锑法基本原理：由于锌能完全溶解于三氯化锑的浓盐酸溶液中，通过溶解前后两次称重，计算出单位面积锌的附着量。

（2）镀锌层均匀性测试，一般采用硫酸铜法。原理：通过硫酸铜溶液浸蚀试样置换出锌金属单质的时间及程度，判断其镀锌均匀性。

护栏是道路安全设施的重要组成部分，其对道路行车安全、视线诱导、美化通行环境起着重要作用。对护栏质量进行检测是十分必要的。

2. 性能要求与评估

设置护栏的最终目的是通过护栏的保护作用，防止事故造成严重的后果。无论何种护栏形式，首要的性能都是安全性。其次要考虑护栏的美学功能及对驾驶员的心理影响，通过护栏的设置给道路使用者增加舒适感和安全感，能在视觉上自然地诱导驾驶员的视线，保持道路线形的连续性，并减少对危险路段的恐惧心理。为达到上述目的，对护栏的性能要求与评估如下：

(1) 强度要求。车辆不能撞断、下穿或跃过护栏，以防止车辆驶出路外或闯入对向车道。护栏能使车辆平顺地改变错误方向，防止护栏的部件在遭到碰撞后穿入车内客舱或对其他车辆构成危险。

(2) 车内乘员的安全性要求。在碰撞期间和碰撞之后，车辆应保持原有姿态，碰撞产生的减加速度不使乘客受到伤害。当车辆碰撞护栏时，护栏应产生一定的弹塑性变形来吸收碰撞能量，减少车辆损坏，并能延长碰撞过程的作用时间，以确保车内乘客的安全。

(3) 车辆的轨迹要求。车辆碰撞护栏后，车辆以较小的驶离角度回到原来的行驶方向，车辆的轨迹和最终停止位置不影响其他车道行驶的车辆。

(4) 对行驶车辆具有视线诱导效果。

3.5.2 标志板

标志板质量检测与性能要求包括以下六个方面。

1) 净空要求

标志板下缘至路面的净空高度及标志板内缘至土路肩边缘距离在施工时要严格控制，测量时应事先确定边线的正确位置。标志板支撑结构、紧固件和安装紧固方法应符合设计及规范要求。

2) 安装角度

标志板的正面应面向来车方向，并应尽量减少对驾驶员的眩光，与道路走向呈直角或一定角度布置，板面稍向内倾斜。具体规定为：路侧安装时，标志板面的法线应与道路中心线平行或呈一定角度，指路标志和警告标志为 0°～10°，禁令标志和指示标志为 0°～45°。采用悬臂式、门架式或附着式支撑结构时，标志的安装角度应与道路中心线垂直，并与道路垂直线呈 0°～10°俯角。在曲线路段，应根据交通流的行进方向来确定标志板的安装角度。标志板安装后，若安装角度不满足要求，应调整标志板安装角度。

3) 反射性

城市道路交通标志板面应采用具有逆反射材料的反光膜，反光膜的逆反射性能应符合《道路交通反光膜》(GB/T 18833—2012)的规定。高速公路和城市主干道应使用一至三级反光膜，二级或者更高级反光膜应用于急弯路段或危险路段。对于次干道及以下等级道路，应使用四级及以上反光膜。

4) 照明

城市道路交通标志板应采用白色光源，安装于标志板结构内部或上方后其他适当位置。应确保标志板面照度均匀，夜间具有 150 m 以上的视认距离。所选用的外部照明光源的显

色指数 Ra 一般不应低于 80，光源在标志面上的照度均匀，最大照度与最小照度之比应小于 4。

5）抗风性

标志板应具有足够的抗风性，应采用当地空旷平坦地面上离地 10 m 高、重现期 50 年一遇 10 min 的平均最大风速，并不得小于 22 m/s。上海地区标志板结构设计中，按照 0.927 kN/m^2 的单位风荷载作为设计参考值。

6）防腐防锈蚀

同一块标志板上，标志底板、标志面及结构件（包括支撑件和紧固件等）所采用的各种材料应具有兼容性，防止因电化作用，不同的热膨胀系数或其他化学反应等造成标志板的锈蚀或损坏。立柱采用的钢柱应进行防腐处理，可采用热浸镀锌方式。立柱防腐处理应符合《钢结构工程施工质量验收标准》（GB 50205—2020）的有关规定。支撑件和连接件等钢构件须进行热浸镀锌、热浸镀铝等方式的防腐处理，其防腐层质量应符合《公路交通工程钢构件防腐技术条件》（GB/T 18226—2015）的有关要求。

3.5.3 交通标线

1. 质量检测

交通标线涂料须经具有一定资质的检测机构检测，取得合格证，并经工地检验确认满足设计要求后方可使用。

1）交通标线外观鉴定

（1）标线施工污染路面应及时清理，每处污染面积不超过 10 cm^2。

（2）标线线形应流畅，与道路线形相协调，不允许出现折线，曲线应圆滑。

（3）反光表面玻璃珠应撒布均匀，附着牢靠，反光均匀。

（4）标线表面不应出现网状裂纹、断面裂缝、起泡现象。

2）交通标线检验方法

（1）标线线段长度检验。检查的标线包括纵向标线、横向标线等各种中心虚线、车道分界线。检查时应按线段长度分别进行，用钢卷尺（精度 0.5 mm）测量各个线段，每处测量三次，取平均值。

（2）标线宽度检验。检查的标线包括纵向标线、横向标线、其他标线。检查时应按线段宽度分别进行，用量程为 500 mm（精度 0.5 mm）的钢卷尺，选择标线清晰、边缘整齐的地方，取垂直方向量取宽度，每处测量三次，取平均值。

（3）标线涂膜厚度检验。在标线施工现场，用湿膜厚度计直接测定标线湿膜厚度；在标线施工现场，把马口铁板设置在将要画线的地方，画线车以正常行驶速度进行喷涂，待干燥后，从铁板上取下标线，用卡尺测量干膜厚度。

（4）标线纵向间距检验。检查的标线包括纵向标线、横向标线等各种中心虚线、车道分界线。检查时应按线段空当长度分别进行，用钢卷尺（精度 0.5 mm）测量各个线段空当长度，随机选定路段后，每种标线抽取三段空当长度测量，取平均值。

（5）标线横向偏位检验。检查的标线包括纵向标线，包括中心线、车道分界线、边缘线等。用钢卷尺（精度 0.5 mm）测量道路横断面上各标线的位置。确定参照点，随机选定路段后，测量各标线在道路横断面上的正确位置。

2. 性能评估

1）基本要求

《道路交通标志和标线　第 3 部分：道路交通标线》(GB 5768.3—2009)除了要求标线的设计应符合相关规定，使用的涂料应符合有关国家或行业标准外，还从整体上对标线提出了定性要求，如：标线应具有良好的视认性，宽度一致、间隔相等、边缘整齐、线型规则、线条流畅；标线涂层应厚度均匀，无起泡、开裂、发黏或脱落等现象。

2）标线形状位置允许误差

新建道路标线的位置与设计位置误差不大于 50 mm；特殊标线的宽度误差不大于 5%；标线的端线与边线应垂直，其角度误差不大于±5°；其他特殊标线，其角度误差不大于±3°，所有纵向标线的长度、宽度和纵向间距误差应符合表 3-5 的要求。

表 3-5　纵向标线误差标准

项目	尺寸/mm	允许误差/mm
长度	6 000	0～30
	4 000	0～20
	3 000	0～15
	2 000	0～10
宽度	400	0～15
	150	0～8
	1 000	0～5
纵向间距	9 000	±45
	6 000	±30
	4 000	±20
	3 000	±15

需要说明的是，表中规定的标线宽度及虚线标线实线段长度，只能有正向误差，即应使实际画出的标线比设计理论值要大些，以防止施工单位偷工减料，保证标线具有较好的可视性。

3）标线涂层厚度

涂层厚度均指湿膜厚度。具体数值规定如下：溶剂型常温涂料标线厚度为 0.3～0.4 mm；溶剂型加热涂料标线厚度为 0.3～0.5 mm；热熔型涂料标线厚度为 1.5～2.0 mm。以上指标直接关系到标线使用寿命和视认效果。

4）标线色度性能

标线颜色及其色品坐标和光亮度因数应符合相关规定，并要求在规定的使用期限内，标线不应出现明显的变色。

5）反光标线

为了保证反光标线发挥应有的作用，要求标线面层玻璃微珠分布均匀，其含量为 0.3～0.34 kg/m^2；白色反光标线的逆反射系数应不小于 200 mdc/(m^2 · lx)；黄色反光标线的逆反射系数应不小于 100 mdc/(m^2 · lx)。

6）标线使用寿命

当标线漆膜厚度一定时，标线使用寿命不仅与标线涂料种类有重要关系，而且与交通量、轮胎与标线接触情况、路面材料等有关。为此，路面材料、涂料种类及道路等级对标线使用寿命作了相应规定。

3.5.4 交通信号灯设施

交通信号灯质量检测要求如下：

（1）交通信号杆采用埋弧吊装焊接。

（2）外表处理热镀锌喷塑。

（3）抗风力：45 kg/m^2。

（4）外表处理：酸洗磷化后热镀锌喷塑。

（5）焊接平整、光滑牢固可靠。

（6）外形：等径、锥形、变径。

（7）基本结构：道路交通信号杆、标志杆应由立杆、连接法兰、造型支臂、安装法兰及预埋钢结构构成。

（8）立杆及其主要构件应为耐用结构，由能承受一定的机械应力、电动应力及热应力的材料构成，此材料和电器元件应采用防潮、无自爆、耐火或阻燃产品。

（9）立杆及其主要构件的所有外露金属表面均应采用热浸镀锌层防护，镀锌层均匀且厚度不小于 55 μm。

（10）立杆及其主要构件的结构装配质量应满足下列要求：高度允许偏差±200 mm；截面尺寸允许偏差±3 mm；安装后桁架塔轴线位移允许偏差±5 mm；垂直允许偏差为塔身高度的 1/1 000。

（11）立杆及其主要构件尺寸应协调一致，桁架塔塔身应对灯架升降起到良好的导向、定位作用。

（12）钢结构的连接螺栓应简单统一，螺栓规格宜采用 M16，连接应有防松动措施，且牢固可靠。

（13）立杆及其主要构件所有焊接处焊缝应符合标准要求，表面应光滑平顺，无气孔、焊渣、虚焊及漏焊等缺陷。

（14）在满足最大风荷载强度的条件下，立杆及其主要构件顶部的位移（挠度值）应不大于立杆及其主要构件高度的 1/200。

（15）立杆及其主要构件应具备防雷功能，设有可靠接地装置，其接地电阻应小于或等于 10 Ω。灯具的非带电金属形成整体，通过外壳上的接地螺栓与接地线连接。

（16）立杆及其主要构件的外壳防护等级不小于 IP55，并应满足露天使用环境的要求。

（17）立杆及其主要构件的基础型式和尺寸应根据灯塔安装处的地震烈度、风荷载强度、地质条件及用户提出的具体要求确定，应按照要求提供具体安装图样及必要的施工要求（具体应包括：基础混凝土强度不得低于 C20；基础顶部应预埋 M24 地脚螺栓，螺栓露出基础高度应不小于 100 mm，螺栓的预埋位置偏差不得大于±2 mm；引入电缆预埋钢管的位置及规格等）。

（18）立杆及其主要构件的室外控制开关箱应采用不锈钢箱体，并对其表面作喷塑处理。

（19）立杆采用 ϕ159×6 直缝钢管；立杆与横支臂的连接端头（0.2 m）采用 ϕ89×4.5 直缝钢管，焊接加强板（δ10 钢板）保护；立杆与基础采用法兰盘加预埋螺栓连接，焊接加强板（δ10 钢板）保护；横支臂与立杆端头采用法兰盘连接，焊接加强板（δ10 钢板）保护；立杆的中心轴线距横支臂靠路中心一侧端头的间距为 5 m。横支臂采用 ϕ89×4.5 直缝钢管，且横支臂中间均匀焊接立管 3 根，采用 ϕ60×4.5 直缝钢管。

（20）在施工时，基础为现场浇筑。浇筑前在事先挖好的坑槽中铺 20 cm 厚的砂垫层。标志杆的基础上表面与杆周围的道路基础设施的标高相同。

（21）安装符合国标的标志牌面积不超过 4.5 m^2 时，抗风能力为 8 级。

（22）标志杆整体热镀锌。安装完毕后，焊接地脚螺母保护帽。

3.5.5 路灯及其他设施

1）灯具安装

灯具安装高度较高，安装后不利于检测和维修，因而灯具的安装质量甚为重要。为确保质量，安装灯具必须注意下面几点：

（1）灯具到货后要认真做好验收检查工作，检查产品的合格证明书和检测报告，产品在运输过程中是否完好无损，零配件是否齐全。

（2）灯具从工地存放到运至现场安装均须小心放置和搬运，防止碰撞、振动和挤压使灯具变形受损。

（3）灯具的装配和安装要正确，如说明书有要求，要按说明书要求的方法进行装配安装。灯具构件连接要紧固，防水胶圈要安装严密。电气连接触点（触片）必须紧密可靠。灯具与电线连接，其 L、N、E 线要按灯具标志连接，不可接错或接反。各灯具与灯杆的安装高度和方向要一致。为提高施工效率，可在灯具与灯杆组合装配后一齐起吊安装，故起吊前务必对装配好的灯具和灯杆部分的线路进行绝缘检查和临时通电试验，符合要求后才可起吊安装。

2）配电系统线路连接和检测

配电方式采用分段进行高低压配电，每段的高压电源取自附近的 1 万伏高压输电线路。变电站设箱式变压器和低压配电装置。低压线路的配置和敷设主要是通过埋地管线和接线井实现。低压线路的连通和接线工作量较大，且为地面隐蔽施工，故整个地下线路网络连接的正确性和接线的可靠性极为重要，其关系到整个照明系统能否长期安全运行。故要求施工中注意：

（1）线路敷设过程要严格按设计的回路配置进行施工，其电缆规格的选用核对、线路的走向布置、三相电力负荷分配和连接均应正确。

（2）电缆电线的连接是不可忽视的问题，许多线路运行隐患和故障多出自线缆的接头上。线缆的连接要保证其有足够的接触面，接触面的接合必须紧密牢固。接头连接的电线根数和连接方式要符合规范要求，每完成一个接头连接，均要认真检查和确认其连接的正确性和可靠性才进行绝缘包扎，以确保连接质量。

（3）线路检测工作要贯穿于线缆的施工过程，包括电线电缆敷设前的绝缘检测、敷设后连接前的检测以及通电前的检测。连接前的检测可以避免连接后才发现问题而带来的返工。线路检测数值必须符合规范要求，否则要进一步检查处理。

3.6 道路附属设施运行风险防控

3.6.1 防护设施

1. 安全防护设施的防护漏洞

加强漏洞处置、提高道路安全防护设施运行水平是十分必要的。但目前在实际工作中，由于部分施工和养护人员的责任心不强，没有严格按要求开展巡视和养护，制约了安全防护设施作用的充分发挥，也降低了道路服务水平和服务质量。通过调查研究发现，目前道路安全防护设施的防护漏洞主要表现在以下四个方面。

1）护栏上游端头的防护漏洞

车辆碰撞圆形端头时，护栏板可能插入人体，引发严重的安全事故。车辆碰撞地锚端头时，车辆可能沿地锚护栏板爬升，导致翻车事故发生。

2）路桥护栏衔接处的防护漏洞

常见问题表现为衔接施工不到位，路基与桥梁防护没有形成有效的防护整体。车辆碰撞衔接处时，可能冲出道路外，造成严重的安全事故。

3）出口分流三角端的防护漏洞

就其成因来看，车辆碰撞出口分流三角端安全事故主要是驾驶员操控失误或对方向选择犹豫而造成的。目前，在出口分流处往往设置警示标志、警示设施、填沙玻璃钢防撞桶。但由于三角端没有设置缓冲防护设施，可能导致车内乘员遭到严重冲击伤害，甚至护栏板可能插入人体，威胁乘员生命安全。

4）中央分隔带开口处的防护漏洞

大量事故表明，插拔式与推拉式活动护栏不具备防撞能力。车辆如果失控碰撞活动护栏，可能穿越中央分隔带而进入对向车道，进而有可能引发二次事故，给车辆运行带来更大的损失。

2. 安全防护设施防护漏洞的处置措施

为保证车辆安全顺利行驶，确保道路安全防护设施充分发挥作用，对存在的漏洞进行有效处置是必要的。目前，有关道路防护设施漏洞处置的研究成果不断涌现，并在工程施工和养护中得到广泛应用。具体来说，常用处置措施包括以下几项。

1）护栏上游端头防护漏洞的处置措施

护栏上游端头防护施工中，主要是采取相应措施避免车辆碰撞端头之后对乘员造成冲击伤害，保证乘员安全。同时还要避免护栏板插入人体，防止对乘员造成致命伤害。根据上游端头设计的基本情况，结合安全防护工作需要和施工养护经验，可以采取以下漏洞处置措施。

(1) 外展锚固端头。该设施类似于外展圆端头，但在施工中不设置圆端头，而是将端部锚固于挖方路段的路侧边坡。采用这种方式进行处理之后，能为波形梁护栏提供可靠的端部约束力，增强其可靠性与稳定性，有效保障波形梁护栏的防撞击能力。此外，该处理措施的应用还可以避免护栏端部面向车流，消除车辆碰撞时护栏板插入人体的危险。

(2) 卷板式端头。在设置这种类型的端头时，可以不受路侧条件限制，在任何路段的护栏起点位置都可以设置。采用这种措施处理后，即使车辆碰撞端头，端部卷板器可以沿着护栏板滑移，同时还可以将护栏板向外卷曲，从而对碰撞车辆起到缓冲作用，有利于减少车辆碰撞可能带来的损失，还可以避免护栏板插入人体的危险情况发生，有利于保证车辆和乘员的安全。

2) 路桥护栏衔接处防护漏洞的处置措施

在漏洞处置过程中，应该考虑路桥护栏形式和防护等级需要，以提升道路安全防护水平为目的，科学合理进行过渡段设置。不管采用哪种形式的护栏，必须确保护栏连接平顺和牢固。同时还要根据防护等级的具体需要，确保护栏刚度与强度，使其更好地承受车辆碰撞带来的荷载。根据护栏设计相关规范要求，如果桥梁与路基衔接处护栏的结构形式、防撞等级不同，有必要结合施工现场的基本情况，合理设置过渡段，使护栏刚度逐渐过渡，并形成一个紧密衔接的整体，确保护栏更为有效地发挥作用。目前常用的过渡段包括：组合式护栏与波形梁护栏过渡段，金属型钢护栏与波形梁护栏过渡段。工程建设中，应结合具体情况合理选用过渡段，加强质量控制，使其更为有效地发挥作用。

3) 出口分流三角端防护漏洞的处置措施

该处防护的主要目的是让护栏发挥缓冲作用。通过合理设置防护设施，让碰撞车辆缓冲减速，最终停下来。此外，护栏的设置还可以有效保护车内乘员，确保乘员不受冲击伤害。目前，常用的防护措施不仅具备缓冲功能，同时还具有侧向导向功能，即使车辆碰撞护栏侧面，护栏也能有效发挥导向作用，避免车辆发生冲击伤害事故，防止车辆驶入相邻车道而发生二次事故。

4) 中央分隔带开口处防护漏洞的处置措施

该处护栏的设置不仅能阻止非紧急车辆随意调头和灵活移动，还能满足防护的功能要求，阻止碰撞护栏的车辆穿越中央分隔带，避免车辆冲入对向车道。近些年来，已研制并应用具有上述两种功能的护栏，其防护能量可达 160 kJ，相当于护栏的 Am 级防撞等级。这种护栏适用于中央分隔带护栏开口处，其应用可以与中央分隔带护栏实现平顺衔接，有效提升开口处的防护能力。同时还可以完善开口处的护栏设置，有利于提升开口处的防护能力。

3. 隔离栅的设计与应用

隔离栅的设计与应用应满足以下要求：

(1) 城市道路隔离栅防护能力要强，要保证隔离栅有足够的结构强度，在碰撞中不会轻易被车辆撞断。

(2) 隔离栅的导向能力要好，在车辆与隔离栅的碰撞过程中，车辆能够沿着隔离栅方向行驶，不会出现穿越或反弹过大的现象。

(3) 经济性要好，在满足导向、安全的性能基础上，要尽量减少占地、降低造价。

(4) 隔离栅应美观，且与道路周边环境协调一致，可采用绿化等措施使隔离栅达到美化城市道路的效果。

(5) 隔离栅的维修工作要简单，在发生车辆与隔离栅的碰撞后，方便维修人员及时地更换隔离栅，从而减轻对道路交通的影响。

3.6.2 标志板

(1) 建立交通标志档案，有条件的情况下实现档案的电子化与云服务。

(2) 定期巡检，对缺损的标志牌及时补充并对设置好的交通标志牌检查、建档。

(3) 支柱及板面每年检查一次，评定各部分状态，包括歪、斜、锈蚀等情况。

① 路侧单立柱标志板最易被车辆刮歪刮斜，检查时，标志板面应尽可能与道路中线垂直或呈一定角度。

② 检查标志与路面、道路边线的净高与净距，确保标志牌不侵占道路建筑限界。

③ 检查立柱帽是否漏雨及基础法兰排水口堵塞情况，发现立柱锈蚀及时更换。

④ 检查连接件的松动、脱落、丢失、锈蚀等情况，发现问题及时处理。

⑤ 检查基础稳固情况、回填土流失水毁情况，确保基础的稳固性。

⑥ 标志板面定期清洗，每年至少一次，污染严重的路段增加清洗次数，确保标志板面清晰。

(4) 开展不定期体检，主要包括：

① 清除遮挡标志的障碍。

② 遇到交通事故破坏、强风、暴雨、地质灾害后及时到现场检查与维护。

③ 道路改扩建后对原有交通标志进行详细调查，及时更改因改扩建造成的错误指路标志(距离、路口、指示情况)。

④ 检查标志的反光效果，发现性能下降，及时更换。

⑤ 及时清除交通标志杆上的其他附着物。

3.6.3 交通标线

1. 符合交通设计的要求

交通参与者在某功能区内行驶，或需要跨越不同的功能区时，应得到相应的指引或警示，例如导向箭头、人行横道线、限速标记、导流线等。

(1) 标线在设计时应考虑交通设计对相应功能区的设计要求，如标线的尺寸、类型、颜色等。

(2) 标线设计时应考虑使交通参与者能方便、顺畅地进入相应的功能分区，如设置的导流线是否符合车辆的行驶轨迹。

(3) 标线的设计除了满足上述两点要求外，还应保证在交通实际运行中不影响其他功能区的正常使用，如交叉口进口道未进行拓宽而设置的专用左、右转车道，即直行车道直接变左、右转车道时，直行车辆需向右、左合流，因而造成交叉口进口道的拥堵或车辆被动违章。

总之，交通标线的设计应以交通设计为依据，清晰、明确地划分功能区，保证功能区之间衔接顺畅且互不影响，最终营造安全、便捷、顺畅的交通环境。

2. 与其他交通设施匹配

交通标线与交通标志、交通信号灯等共同组成了道路交通“语言系统”，因此它不是独立存在的，需要与其他的交通设施进行匹配设计。

1) 与交通标志匹配设计

通常情况下，交通标线与交通标志应协调配置、配合使用，充分、直观地向交通参与者传达交通信息，但并非所有设置标线的地方均应设置标志。

一般交通标线与交通标志配合设置大致可以分成四种情况：标线无法表达的信息，单独设置标志；标线表达不清或虽能表达清楚但在某些特殊环境下不易被辨识的信息，设置标志，标线酌情配合设置；标线与标志表达同样清晰，配合设置；标志无法表达，单独设置标线。

2) 与交通信号灯匹配设计

交通标线将交叉口的路权在平面进行了分离，但存在冲突，信号灯的作用是将这些冲突在时间上进行分离，体现了“时空一体化”的设计思想。二者在配合设计上有时会出现问题，例如，交叉口设置了左转弯待行区、直行待行区等，这时信号灯在同一方向绿灯信号时应直行、左转分开，且前者应先直行后左转，后者应先左转后直行；没有专用左转车道时不应设置专用的左转信号。

3. 标线施工措施

对道路标线出现的不同问题，施工人员要分析其产生的具体原因，然后综合采取处理措施，从而合理、高效地解决这些问题。一般来说，为减少缺陷产生，可以采取以下措施。

首先，使施工段的路面保持干燥、清洁，这对提高涂层的黏附性能和使用效果具有重要作用。同时，将施工温度控制在一定范围内，会对涂层及接触路面的结合力产生有利影响，这也是延长涂料使用寿命的较好方式。根据施工地理环境及特殊的气候情况，选择合适的涂料。不同涂料的性质和使用环境有所差异，使用时需要结合工程特点和施工环境，因地制宜施工，使其更为有效地发挥作用。

除此之外，在机械设备的选择上，采用专用的喷涂式机械，选用与之搭配的喷涂型专用涂料，也是避免道路标线出现问题的重要举措。同时，在物料保存方面也需要加强管理。例如，反光玻璃珠不能随意放置，需要将其置于干燥的环境，以免受潮结团。这样不但能延长物料的保存期限，同时也能很好地避免物料因保存不当而对道路标线的使用产生不利影响。施工无小事，要想尽力发挥道路标线的作用，需要施工人员从各方面入手，从物料管理到工程结束都要尽心尽力，从而更好地完成道路标线施工任务。

3.6.4 交通信号灯设施

1. 人机因素分析

(1) 人的视觉能力影响因素：对于水平面内的视野，双眼视角大约在 60°以内，其中，标准视线每侧 1°的范围，是人最敏感的视力；光照条件相同，在不同颜色的光下，有着差异化的视野范围，视野从大到小，分别是白、黄、蓝，红色次之，最小的是绿色。

(2) 色彩感应能力和视觉运动规律：视觉辨识色彩，可以对人的心理产生影响，对感情发生作用，甚至还会对人的精神和情绪造成影响。如果有一定的对比度存在于物体和背景之间，物体形状方可被人眼看清，这种对比可以借助于颜色或光的亮度来实现。人眼辨色能力会在一定程度上影响颜色对比，人在对前方远处多种不同颜色进行辨认时，红、绿、黄、白是比较容易辨认的，当两种颜色配合时，黄黑、黑白则是比较容易辨认的。

(3) 红绿灯倒计时装置：如今还没有统一确定是否需要安装红绿灯倒计时装置。设置倒计时装置，车辆、行人可以对信号变化了然于胸，司机可以对时间充分掌握，在过路口的时候不会太过匆忙，避免了乱闯红灯等问题的出现，这样使安全系数得到了提高；但是对于城市中心地带，因为红绿灯只有较短的变换时间，有些人认为不需要设置倒计时装置。

(4) 语音提示装置：人机之间信息的传递也可以借助语音来实现。语音可以使一些特殊人群的需求得到满足，语音提示装置的作用就是对语音信号进行传递和显示。在传递信息时，如果采用的是语音，就可以更加准确地传递和显示信号，有较大的信息量，并且不受方向和光照因素的影响，但是噪声容易对其造成干扰。

2. 交通信号灯改进方案

若要增加路况信息或发布文字交通信息，还可以借助图形，将城市道路交通状况显示出来，每条道路的堵塞、缓慢和顺畅状态分别用红、黄、绿三种颜色来表示，这样就可以提醒司机及时规避那些拥堵的路段，既节约了通行时间，也可以较大程度地缓解拥堵区域的交通压力。另外也可以整合原有道路上的LED显示屏，通过滚动文字发布交通信息。

将流量监控装置设置于各个路段，这样可以智能化控制路口各个方向的信号灯。如果某一个方向有着较大的车流量，就会自动延长绿灯时间，而若另一个方向有着较小的车流量，则会自动缩短绿灯时间，这样车辆等红绿灯的时间就会减少，得以提高交通通行率。另外还可以应用视野和视距的原理，将警告标志安装在来车方向距离停止线 50 m 处，并对三条减速坎进行设置，这样就可以借助视觉和触觉，将前方路面信息传递给驾驶员，对驾驶员起到警示的作用，促使驾驶员提高注意力，充分注意路面情况。

将音响设备悬挂于交通信号灯上，连接信号灯系统，通过语音对当前信号灯指示情况进行提示，这样有效结合了视觉和听觉，促使驾驶员提高注意力，缩短反应时间。对于部分色盲和色觉异常人员，无法清楚地辨识交通信号灯，为了提高其可辨识性，可以改变交通信号灯的形状。如今，这种方案已经被应用到非机动车道，将过去圆形的机动车信号灯红黄绿三色灯光形状改变为其他图形。

3.6.5 路灯及其他设施

1）保证设备安全性能良好

在进行路灯线路电气维护过程中，应遵循安全第一和预防为主的施工理念，避免野蛮性和强制性作业，不断提升施工设备的安全性能。在进行检修和维护工作中，应保证设备处于良好的工作状态，在实施维护和运行分析的基础上，还需要采用先进的安全防护手段，最大限度地提升工程施工的效率。

2）监测设备运行的有效性

在进行路灯线路电气检修过程中，为保证施工流程的正确性，对线路检修的整体思路要明确，对各种路灯线路电气设备以及出厂的技术指标等相关资料进行完善。对每次检修的路灯线路设备进行完整的记录，并定期进行复查，有效掌握路灯线路电气设备的实时运行状况。同时还要对路灯线路电气的安全性进行测试，对其中的元器件进行调试，不断提高运行过程中对设备的监测力度，防止各种类型的安全事故的发生。

3）避免人为因素的影响

在进行电气安全操作过程中，首先应该最大限度避免人为因素的影响。包括人为操作不合理或其他方面的一些原因所造成的电气火灾事故。在实际工作中，必须杜绝电气操作人员在没有经过专业培训就实施电气维护的操作，须持证上岗。

4）建立安全高效的运营管理模式

路灯线路的电气系统运营应以计算机操作为主，对路灯线路系统实施科学、有效的技术管理与指导，对已有的数据进行加密防范，避免出现安全问题。在数据分析与使用过程中，应对信息进行及时有效的处理，不断帮助安全操作人员快速处理问题。

3.7　面向运行风险防控的城市道路管理

3.7.1　道路运营阶段风险防控

1. 正常运营阶段的管理

（1）保证各种功能系统及设备子系统按要求正常运行，确保交通顺畅，满足乘行人员舒适及道路周边环境保护等要求。

（2）加强道路智能化管理及保养，通过改善道路运营管理条件，减少事故隐患，防止发生道路内的安全事故。

（3）通过对道路结构的监测与评估，实施日常的维护与保养，使其处于健康状态。

2. 事故工况时的管理

（1）确认事故，及时启动相应的应急处理程序，控制事故的发展。

（2）组织道路内乘行人员疏散及消防人员救援，尽可能保障乘行人员生命财产和工程安全，将损失降至最低程度。

3.7.2　道路管理风险防控

1. 组建完善、合理的运营管理架构

一个完善合理的道路运营管理体系对于确保道路安全运营并取得较好的社会效益及经济效益是十分重要的。目前，国内外很多道路管理部门只负责道路的日常运营管理，而将技术要求较高的机电设备维护检修等工作通过签订服务合约，委托给相关的专业维修服务公司。这就要求管理单位必须总体把关，专业公司要派专人常驻现场，对所有设备故障或损坏都应及时处理与维护。

2. 明确道路交通安全系统的职责

在道路对路网的完善、社会的发展起到巨大的推动作用的同时，也暴露了不少安全问题，需对道路有可能出现的突发事件制订各种应急预案，这些应急预案对道路内发生突发事件时救援人员的工作位置、岗位职责、救援车辆行驶线路、车辆的疏散线路、各类救援人员的配合、事后清场等诸多方面进行了详细而明确的规定。另外，为提高对道路内突发事件的响应速度，尚需对相关部门协调配合制定切实可行的规范和制度，形成一个卓有成效的道路突发事件管理系统。应急救援服务中心应配备专用无线对讲系统、专用内线电话、道路内紧急电话系统、市网电话及每天 24 h 值班的巡逻车和救援车等。

平时，要求应急救援队伍加强各种应急预案的演练和勤务训练，不断对应急预案进行充实和完善，以求达到最佳实战效果。通过这些措施，可有效预防道路事故的发生和扩展。一旦发现火灾，应立即按火灾报警及消防灭火控制流程，组织消防救援。

3. 构建道路安全运营指标体系

通过对影响道路运营的安全因素的调研，构建道路安全运营指标体系，从管理体制（包括规章制度、宣传教育、安全应急预案）、道路结构健康度（结构裂缝、渗漏水、结构材质劣化、结构变形、移动和沉降）、机电设备系统（通风、照明、供电、监控、通信、广播及中央计算机控制系统）等方面来构建道路运营安全评价指标体系，并完善相应的定性和定量的评价表，以提高科学管理水平。

随着我国高速公路、城市道路中特大超长、多系统复杂道路工程建设的快速发展，为了完善和提升路网交通能力，改善交通状况，相应的运营管理维护工作也必须及时跟上。只有在不断落实科学发展观的基础上，实行科学管理，构建、完善建设养护一体化的数字化平台，以可视化、数字化的手段对工程勘察、设计、施工、监测与养护数据进行系统的管理与评估，才能及时、快速、简便而又规范地指导道路管理和养护，确保道路安全运营，有效维护道路在设计使用年限内的结构安全。

3.7.3 自然灾害防控

1. 国家层面道路自然灾害防控措施

（1）进一步增进对灾害风险的认识，健全防灾减灾与适应气候变化的工作机制，加强对防灾减灾和适应气候变化专责人员的教育和培训工作，开展多形式、多层次的防灾减灾和适应气候变化的意识提升项目，改善并推动对减轻灾害风险和适应气候变化联合项目的资金支持。

（2）进一步收集并共享灾害风险和脆弱性信息，推动早期预警信息和业务系统共享，完善减轻灾害风险和适应气候变化的信息、技术和实践的共享平台，推动减轻灾害风险和适应气候变化工作的一体化。

（3）进一步加大对减轻灾害风险和适应气候变化的投入，加强减灾投入能力建设，开展减灾投入评估工作，鼓励国际捐助团体增加对推动减灾以及加强国家和社区的抗灾能力的资金支持，敦促发达国家对发展中国家提供资金、技术和能力建设投入。

（4）进一步推动将减灾和适应气候变化一体化纳入绿色发展。推动所有国家和地区在城市发展、土地使用规划和实体规划中推进减轻灾害风险和适应气候变化一体化。敦促各国遵照《兵库行动纲领》确立的优先领域，进一步调整和明确相关减灾措施和资源。

2. 道路灾情侦测

灾害发生后，在道路抢险前，首先必须做好灾情的侦测工作，以便及时、全面掌握情况，为抢险决策提供科学依据。

侦测内容：灾害类别，灾害地区的地形地貌、地质情况，道路损毁范围、程度、类型，破坏形式，估计抢修工程量等。

侦测方法：

（1）调查询问。通过调查询问灾害地点周围百姓、从受灾地撤离转移人员和交通主管部门等，了解和掌握现场初步情况。

（2）设备侦测。利用载人飞机、无人机或卫星遥感等，获取道路损毁地区的照片和遥感影像数据，以全面收集、了解各个路段的整体情况。

（3）人工勘察。在需要进一步深入了解道路损毁情况，或在自然条件恶劣、通信中断的情况下，现代监控与信息采集手段无法使用时，则需要依靠人工实地勘察。人工勘察宜组织若干小分队，合理分工与调配，尽快到达灾区采集并初步分析道路损毁情况，迅速将信息传回救灾指挥部，供决策人员使用。

3. 道路抢通方法

道路抢通的根本目的是恢复并保障通行，其原则是“安全、临时、快速、先通后畅”，即确保在安全通行的前提下以最短的时间先抢通道路，然后边保通边补强。方法主要为“跳跃布局、两边夹击、多点开花、梯次推进”，一般采取临时措施疏通道路，这与正常道路施工存在根本区别。如果道路受阻并不影响群众生命财产的救援，有足够的处置时间，此时则按常规道路修复的要求进行抢修。另外，受抢险时间及其他因素的制约，还需注意道路抢通量力而行，不通则绕。

1）路面损毁抢通

仅仅是路面损毁的道路抢通较为容易。灾情不严重的一般可直接通行，严重路段可将破损部位挖除填补新料，或在其上直接先填筑土石料，以保畅通。

2）路基损毁抢通

（1）路基沉陷处置。

路基沉陷是灾情较轻的一种形式。对路基稳定性影响较小的路段，采用机械对沉陷路段进行回填、整平、压实即可。对于路基出现较大裂缝和错台的情况，可用机械将其挖填整平或向另一侧拓宽路基，先保证通行，后期可对严重开裂部分进行注浆加固。

（2）路基坍塌处置。

对于路基坍塌，根据现场情况可采用以下方法处置：

① 机械回填。对于坍塌工程量较小且基础宽度足够的，可以采用机械填土分层铺筑、整平压实进行修复。对于坍塌工程量大或取土困难的，可采用拦边回填方式，即使用各种适宜材料因地制宜地构筑路基挡墙，如袋装土石、钢筋（铅丝）石笼、简易桩板墙等，然后在其内回填适宜填料。路基回填时，先尽量降低填筑高程形成凹形竖曲线通过，必要时可压缩路基宽度、加陡边坡，以减少回填量并节约抢通时间。

② 路线改移。当路基坍塌严重或其外侧防护加固工程损坏并且路基一时无法修复时，则向路基内侧或靠山侧通过回填或开挖以改移路线来满足通行要求。

③ 架桥通过。当线路不具备改移条件时，如路基滑塌长度不长，可通过架设制式桥梁（如贝雷桥、折叠桥等）进行跨越通过。

（3）水毁处置。

因洪水造成路基冲毁的，处置原则是固基护脚、疏导水流、疏堵结合。可视水毁成因，增设护脚、坡面防护、挡墙等设施，必要时待洪水过后再行处置。

① 护坡。对于受水流冲刷而造成路基坡脚损毁的，先采取措施保护并加固路基坡脚。可用反铲、推土机向路基外侧抛填大块石或采用钢筋笼等护脚，防止水流对坡脚继续冲刷，然后再回填石渣，形成临时路面。

② 回填。对于洪水冲断但又不需通过道路排洪的路段，有条件的可采取封堵回填方式恢复道路。抢修时先固基护脚，防止缺口扩大，再截流进行封堵回填。

③ 路堤。如水流平稳、水深较浅，可直接采用条石、大块石等大体积材料填筑透水路堤通过，必要时可用管涵排洪。

④ 通过。对于路基缺口较短且不易回填修复时，如山洪冲毁路段，可架设制式桥梁通过。

3）堵塞抢通

（1）崩塌物堵塞路面。

边坡崩塌堵塞路面时，由于垮塌物一般较大，多为块石或巨石，可考虑如下抢通措施：

① 挖除法。崩塌方量较小时，可用机械对其进行清除。反铲无法直接挖装的石体可先挖甩或推至路边。若时间充裕，也可采用破碎锤及爆破等方式处理成小块后挖除，以达到通行目的。

② 掩埋法。在调用钻爆设备和火工品困难、不具备爆破条件且巨石无法推移的情况

下，视情况可以对其进行掩埋，在其前后填筑斜坡道供抢险设备临时通行。

③ 改线法。当崩塌方量较大时，如有条件，可在崩塌外侧修筑简易便道，尽快形成交通条件，以达到通行目的，否则优先考虑绕避方案。另外，因崩塌造成边坡垮塌堵塞路面，在道路抢修之前，还必须对边坡的危岩先进行清除或防护，以确保抢通过程中机械和人员安全。

(2) 滑坡体堵塞路面。

① 直接挖除。对于一般滑坡，若阻塞物量小且清挖后不会导致进一步滑塌，可采用机械设备直接清除。

② 治理清挖。如果滑坡体可能继续滑动，清挖时则尽量采取小型机械并减少扰动，同时采取治理措施防止新的滑坡，如设置截水沟或坡面排水沟排泄地表水、坡面减载或反压护坡、设置钢筋石笼挡墙等，并采取间隔清挖方式，以达到通行目的。

③ 表面跨越。当滑坡量巨大时，可考虑从阻塞物上通过，即在其上修筑简易便道通行。先修建供履带式机械通过的简易便道，而后进一步削顶缓坡形成供其他轮式车辆通行的一般便道，再考虑普通挖运设备清理滑坡体，恢复道路通行能力。

(3) 泥石流堵塞路面。

泥石流堵塞路面时，根据阻塞物特点，其处置方法不同，主要处置措施如下：

① 截流排水。在泥石流堆积体上游侧，按其汇水面积及地形情况，设置截水沟等，以拦截水流。开挖前，在堆积体上开设导流槽等，尽量将堆积体内水排干。

② 排障清淤。采用机械设备清理路面的堆积物时，要从堆积体的侧面开始挖掘，尽量不从堆积体下缘开挖，这会使其继续滑动，增加危险。对于已冲毁的路基，可采用石渣回填修复。对于稀性泥石流，清淤时，仍会造成堆积体滑动的，可在其上直接垫石渣通过。

③ 设置拦挡。开挖过程中，在道路靠堆积体上游侧采用钢筋石笼等设置拦渣坝以拦挡泥石流固体物质，稳定沟岸，避免崩塌及滑坡。

④ 疏泄排导。用于后期整治，主要是修复完善地势低洼的排水设施，疏通泥石流排泄通道。视条件修建泥石流排导槽、停淤场、导流堤等，将泥石流顺利地排泄到指定的区域，使道路免受再次破坏。

⑤ 道路修复工程较大时，有条件的可将路线向泥石流的外缘进行移线。

(4) 其他堵塞路面。

大风致路面大型广告牌、树木等倒伏物引起的路面堵塞，处置较为容易，主要以清除为主。抢险时可采用起重机或挖掘机、装载机等设备将倒伏在路面上的阻碍物移至道路两侧，必要时可使用氧气乙炔或电锯等设备将阻碍物切割后再进行起吊或搬离。

4. 安全警戒防护

道路抢险中，由于引起灾情的原因多种多样，所遇到的地质情况也复杂多变，且抢险时间有限，作业环境恶劣，安全问题非常突出，因此做好安全警戒防护是道路抢险重中之重。

1）安全监测

道路抢险时注意及时排查安全危险源，如山体发生新的崩塌、掉石、滑坡、泥石流的危险，路基和桥梁遭受潜在的破坏而出现失稳危险等，并安排专人进行观察和监测，以便及时处理或紧急避险。监测对象主要有山体边坡、路基和挡护结构的稳定性等。监测内容主要是边坡的变形和位移、地表沉降和裂缝位移、挡护结构的变形与位移等。现场可以采取人工巡查、定点瞭望并配合GPS、三维激光地形扫描仪、全站仪等监测手段进行24 h监测预警。监测方法包括：

（1）观察法。人工目视观察现场危险点变形情况，如崩塌前可能有小的石头滚落、发生其他异响等。

（2）坐标法。可通过仪器设备监测目标物的坐标，通过计算，判断其位移情况，如边坡上危岩的监测。

（3）标距法。通过测量标记点的距离变化来判断，如监测裂缝发展情况等。

2）安全措施

为了确保道路应急抢通时的安全，抢险时根据现场情况可采取以下安全措施：

（1）立即采取措施封闭道路，先疏散被困人员及车辆。

（2）在抢险作业区外设置安全警戒区，设立警示和安全标志，严格禁止无关人员入内。

（3）抢险现场机械设备和人员较多，为确保安全，设置专职人员进行指挥、疏导。

（4）作业区内，每个工作点设置1个观察哨，派2人对不稳定岩体等进行观测，同时派专职安全员进行流动监察，出现险情时应及时发出预警，避免人员、设备受损。

（5）设置紧急避险撤离路线和安全避险位置，遇暴雨或余震时应暂停施工，必要时，撤离人员设备，以防止山体再次崩塌、滑坡而造成新的危害。

4　城市桥梁运行风险防控

城市桥梁运营阶段的风险源主要包括设计施工缺陷、自然灾害、人为破坏以及养护问题等。针对各类风险，需要基于以下几个方面进行风险管理：

（1）基于检测，考察结构静力、动力安全性以及耐久性。例如：通过荷载试验检测结构性状；通过耐久性检测实现耐久性风险的灾前预警与修复；通过无人机检测、热成像技术等识别结构病害。

（2）基于避免，防止个别“灰犀牛”和“黑天鹅”事件。例如：通过车辆动态称重，提醒超载情况，引导超载车辆绕行；严格限制危化品车辆通行范围，必须审批备案后才予通过。

（3）基于结构优化，降低事故概率，将事故后果最小化。例如：通过安装阻尼器，减小拉索风雨激振、涡激共振的风险；通过修建人工岛，保护桥墩免受船舶撞击；通过设置防落梁装置，以小构件破坏保护主梁完整性。

（4）基于监测，全天候监测桥梁状态，发现隐患后及时预警和处置。例如：建立桥梁风险预警系统，实现灾前预警、灾中记录、灾后评估。

（5）基于管控，提高风险应对速度，降低风险影响。例如：提前制订应急预案，保证风险事态发生后可以迅速采取有效措施；设置减灾装置，防止“金丝猴”事件（指可能性大、后果小的事件，如桥梁结构车辆拥堵）升级为“灰犀牛”事件（指可能性大、后果大的事件，如钢筋混凝土结构桥梁由耐久性劣化导致的结构性能减退问题）；维护加固与分流疏导并行，降低风险事件的影响。

需要注意的是，不同规模的城市桥梁，风险管理的侧重点也是不同的。对于中、小跨径的城市桥梁，由于结构体量小、流量不大，应主要关注结构的日常养护与管理。对于大跨径城市桥梁，需要结合其结构、功能、交通等特点，进行全面的风险评估和个性化的风险管理对策制订。下面对几种较为常用的风险管控方法进行简要介绍。

4.1　基于风险矩阵的分级防控

采用风险矩阵进行风险评估，即对识别到的风险事态分别研究确定其风险概率和风险损失水平，在风险矩阵中确定其风险等级水平，并根据风险等级水平确定风险管理和控制的总体对策。风险评估矩阵及基本风险对策见表 4-1 和表 4-2。

风险事态的概率和损失接受准则是确定风险水平的基础。风险概率和损失的等级划分应根据评估项目的特点研究确定。

表 4-1 风险评估矩阵

概率	后果				
	1	2	3	4	5
1	可忽略	可忽略	可接受	可接受	合理控制
2	可忽略	可忽略	可接受	合理控制	严格控制
3	可接受	可接受	合理控制	严格控制	不可接受
4	可接受	合理控制	严格控制	不可接受	不可接受
5	合理控制	严格控制	不可接受	不可接受	不可接受

表 4-2 各种等级风险事态的基本对策

等级	基本对策
不可接受	无论降低风险成本有多大，都应至少把该风险降低到 ALARP 区间
严格控制	应确定降低风险措施，只要降低风险的成本与所取得的风险较低效益相比是合理的，就应执行风险降低措施
合理控制	除常规施工运营管理外，应对此风险事态引起高度重视，必要时可采取措施降低风险等级
可接受	整个施工运营期间都应对这一风险进行管理，但无须立刻采取专门的措施降低风险
可忽略	无须进一步考虑这一风险

4.2 基于结构性能分析的防控

基于结构性能的设计与评估方法在桥梁抗震领域应用较为广泛，其基本目标是预测不同水平地震激励下具有一定概率统计置信度的结构抗震性能，从而让业主能够更容易地理解结构物面临的地震经济风险。同样地，由其他原因，如自然灾害、意外事故、结构退化、人为破坏等导致的桥梁风险也可以基于结构性能分析进行防控。

一般来说，桥梁在设计阶段会进行正常运营情况下的结构分析，因此在进行用于风险防控的结构性能分析时，应着重分析主要风险事态影响下主要构件本身的损失概率和程度，及其对结构整体安全程度的影响。

依据分析得到的具体场景下结构损伤程度并结合风险场景出现的概率，一方面可评估出风险事态对结构安全、人员安全、管理费用、运营时间等方面的综合影响，给出本风险事态的总体评价；另一方面可在风险场景发生时给出科学性的管理准则、事后检修排查时需重点关注的区域以及平时预防性的养护措施。此外，分析研究中得到的不可接受等级对应的结构破坏情况还可作为设计优化的参考。

桥梁构件易损性和结构强健性分析是比较常用的基于结构性能分析的风险防控研究模式，二者的定义目前仍在广泛的讨论中，可大致理解为：桥梁构件易损性研究的目的是预测结构在不同风险事态影响下发生各级损伤的可能性；结构强健性分析则进一步深入研究构件损伤对结构整体安全的影响，从而更加准确地判定损伤程度。

在进行桥梁构件易损性和结构强健性分析时，需对不同构件的易损性、结构的强健性分别进行研究，首先要确定风险事态发生时，可能发生损伤的主要构件；其次，要明确造成构件损伤的风险场景以及造成的影响；最后，通过模拟、试验等分析手段对结构性能进行全面分析，量化损伤概率及损伤程度，并据此得出针对性的管养和风险防控对策，如图 4-1、图 4-2 所示。

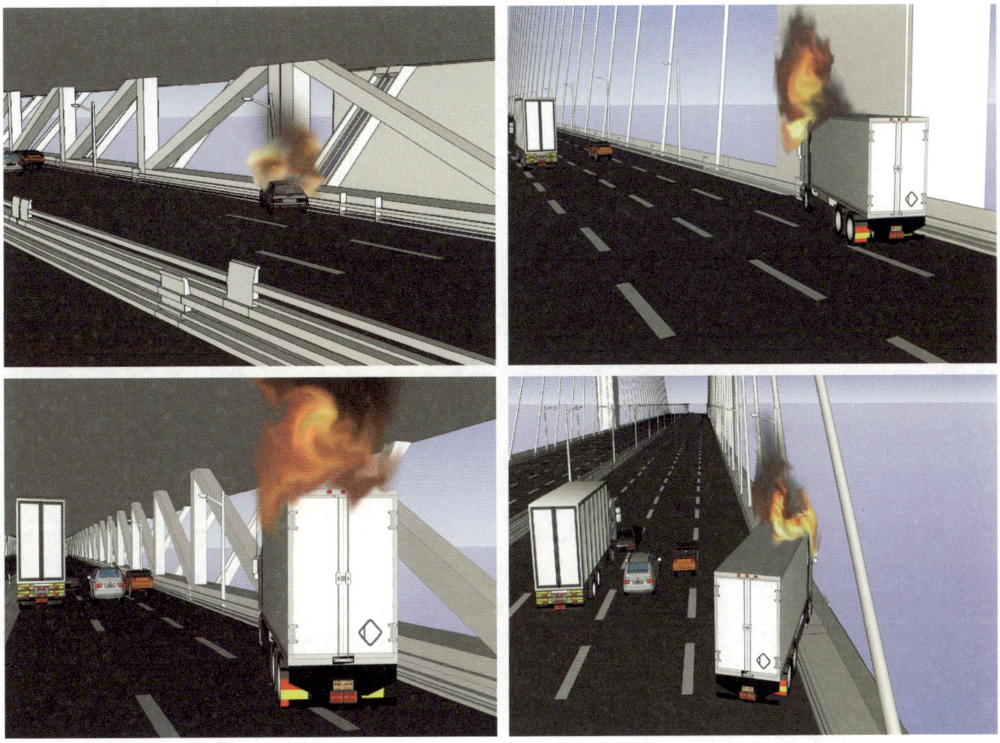

图 4-1　某大桥基于结构性能分析的风险事态模拟(易燃品、危险品交通事故)

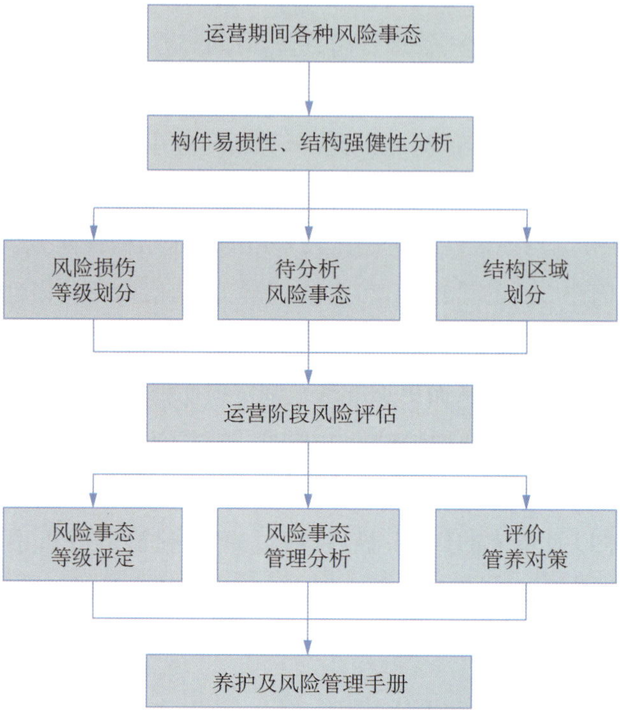

图 4-2　某大桥基于结构性能分析的风险评估技术路线

4.3　基于监测的实时预警和防控

由于建设速度过快、设计规范不完善、经济快速发展下交通量激增、受气候环境影响显著等原因，存在既有桥梁在服役早期就出现了结构损伤和功能退化问题。在这种现实情况下，及时监测桥梁结构的健康状况，尽早发现早期损伤，不仅可以保证结构安全、延长使用寿命，还能降低后续的养护维修费用。

在此背景下，桥梁健康监测系统应运而生，其基于结构损伤识别相关理论，集智能传感器单元、数据无线（有线）采集和实时处理单元、远程通信单元、数据管理与健康诊断分析于一体，从而对桥梁结构进行数据收集和性能评估。通过对结构进行 24 h 健康监测，可以客观地了解桥梁的工作现状、正确地评估桥梁的承载能力，为桥梁的安全运营提供指导，同时实时监测可以帮助管理人员及时发现风险事态并采取相应的应急处置措施，实现对桥梁结构风险的实时预警和防控。

崇启大桥结构健康监测系统主要包括传感器子系统、数据采集与传输子系统、数据管理与控制子系统、结构健康预警与评估子系统等四个子系统（表 4-3、图 4-3）。系统首先通过数据采集单元采集传感器子系统拾取的信号，然后将采集到的信号转换成数字信号并通过光纤网络传输到数据处理与控制子系统，接着由计算机系统完成数据的后处理、归档、显示及存储，并根据系统的指令为其提供特定格式和内容的数据以及处理结果，最后由健康评估系统根据监测系统出具的数据进行分析、统计、阈值判别给出评估意见及报警信息，并为养护工作提出建议。

表 4-3　　崇启大桥传感器汇总

监测类别	监测项目	传感器类型	个数
环境监测	风速风向	超声风速仪	2
	大气温湿度	空气温湿度计	8
	结构温度	温度传感器	72
结构响应监测	挠度	挠度计	9
	伸缩缝位移	位移传感器	8
	主梁振动	加速度传感器	26
	地震、船撞		7
	体外索索力		16
	应力应变	应变传感器	72

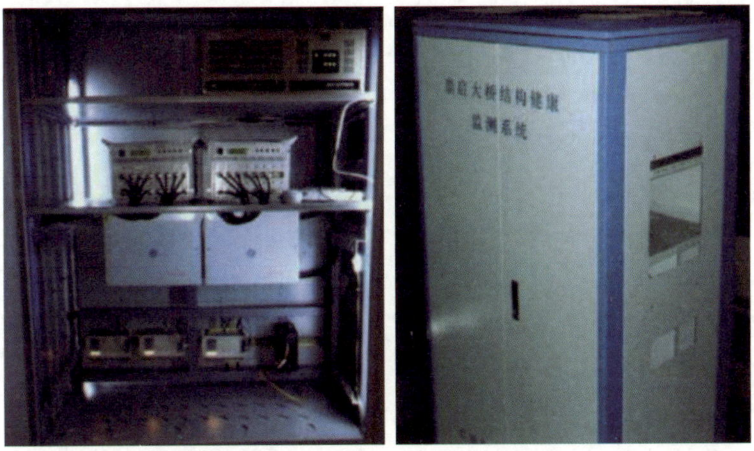

(a) 内部　　(b) 外部

图 4-3　崇启大桥健康监测系统数据采集单元

4.4　城市桥梁网络的风险防控

城市桥梁是城市交通的关键节点，在城市基础设施中占据重要的位置。随着交通基础设施建设的不断推进，不断编织扩展的路网联通了各地，城市桥梁依附于路网，也形成了四通八达的桥梁网络，便利了公众的生活和出行。

我国的市政工程管理部门管辖着市区的大量桥梁，这些桥梁在型式、材料、修建时间等方面的情况各不相同。同时，随着经济迅速发展，桥梁荷载日益增加，导致桥梁出现了不同形式和程度的病害，影响了行车和行人安全，也对地区经济发展造成了不利影响。因此，有必要在关键桥梁结构风险评估与防控的基础上，开展城市桥梁网络的风险识别、评估与防控。基于桥梁网络运行数据采集与分析，建立一套功能完备的城市桥梁管理系统，系统地考虑一个地区所有桥梁面对的风险事态，提出风险源识别与监测、风险评估和管控的措施、方法等，形成指导性文件，有效保障城市安全发展，如图 4-4、图 4-5 所示。

2020 年 1 月，浙江省住房与城乡建设厅发布了《浙江省城市桥梁隧道运行安全风险防控导则（试行）》，针对城市桥梁隧道在运行期内的风险源辨识、风险评估和风险管控作出了相关规定，部分内容如下：

（前言）截至 2019 年底，浙江省城市桥梁隧道总数为一万余座。由于建设年代不同，桥梁隧道性能发生不同程度退化，并受运行环境和社会环境的影响，运行安全风险不断变化。该导则在参考相关风险理论、风险评估和管控方法，结合城市桥梁隧道安全运行的要求和特点，对浙江省既有城市桥梁隧道运行状况进行调研和分析，借鉴国内外相关标准规范的基础

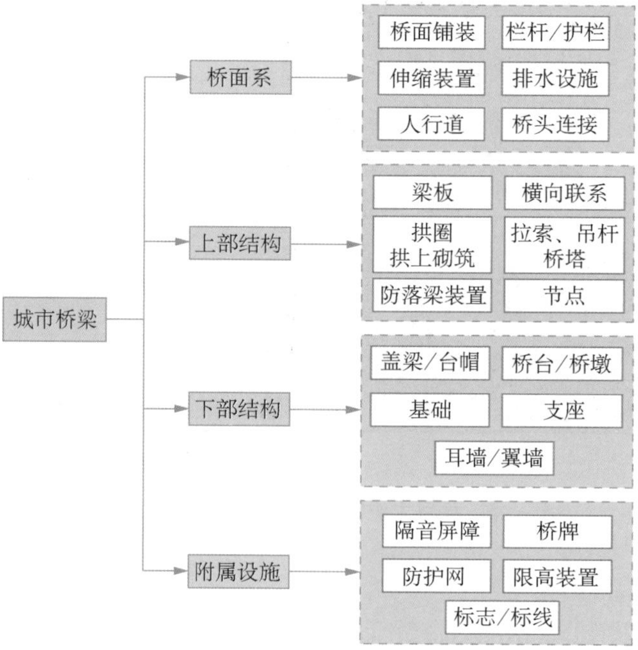

图 4-4　城市桥梁结构风险源辨识对象

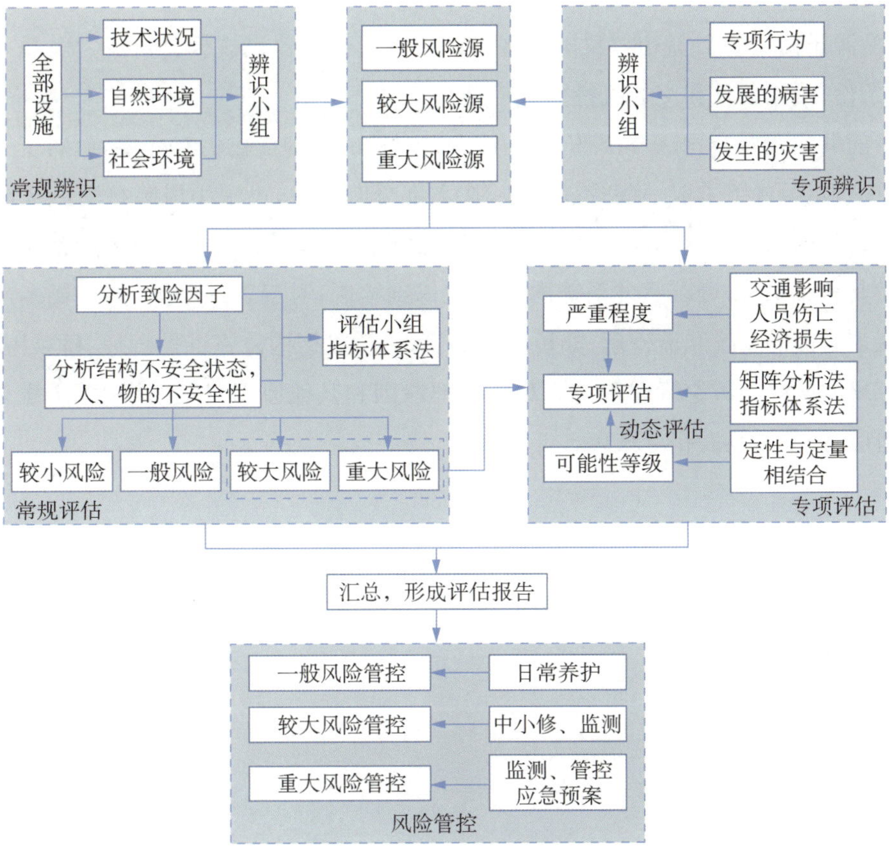

图 4-5　风险评估整体流程

上，提出了风险源辨识、风险评估和风险管控的措施、方法和工作保障，经反复讨论和修改，最终经审查定稿。

(总则 1.0.3)城市桥梁隧道运行管理单位是安全风险管理的实施主体，应依法依规建立健全安全风险管理工作制度，开展本单位管理范围内桥梁隧道设施的风险源辨识、评估和管控工作，落实重大风险源登记、报备和控制责任，防控和减少安全事故发生。

(基本规定 3.0.2)城市桥梁隧道安全风险防控应做到“全面防控、分级管理”。

(基本规定 3.0.3)城市桥梁隧道安全风险源分为一般风险源、较大风险源和重大风险源。

(基本规定 3.0.4)城市桥梁隧道安全风险防控主要包括风险源辨识、风险评估和风险管控三个阶段。

(基本规定 3.0.5)城市桥梁隧道安全风险防控应根据风险特点以及类似事故情况，进行风险源辨识，对其中重大风险源进行量化估测，采取针对性的风险管控措施，并制定相应的应急预案。

(风险源辨识 4.2.2)城市桥梁的常规辨识应收集桥梁建设规模、桥位特征、技术状况等级、地质条件、气象条件和交通流特征等信息。

从目前的实践看,对城市特殊桥梁进行有针对性的管理优化仍有必要,而对于一般城市桥梁,可在特定条件下采取一些管理措施,在大部分时间中,可采用风险接受或风险转移方法来降低业主的风险。总体来看,设计原因、施工原因、维护原因、材料原因等都可归咎为桥梁结构及其相关系统,可以通过系统内部优化得到控制;对于管理原因,则需要多部门协调一致实现多方面的系统和谐管理,如桥面交通管理、桥梁结构设施维护管理、桥梁限载管理、桥梁紧急事故的社会舆论管理等。而对于外部原因和其他原因引发的事故,往往只能由结构被动适应,控制的难度相对较大。

5 城市隧道运行风险防控

风险防控是在风险评估之后，根据评估目标和评估标准，判断风险是否在可接受的范围内。对于评估结果为低风险的隧道，不需采取特别的风险防控措施；对于中风险的隧道，需采取风险防控措施；对于高风险的隧道，必须采取措施降低风险；对于极高风险的隧道，必须高度重视，采取切实可行的规避措施并加强隧道的运营安全监测。在考虑可行性、安全性、经济性等要求的基础上，选择合适的风险防控措施，以避免、消除或降低隧道运行风险。

5.1 预防性养护与风险防控

近年来，随着我国隧道建设的快速发展，运营的隧道也逐渐增多，隧道成年累月地运行，加之隧道建设中“重建轻养”现象又较为严重，导致我国隧道的养护技术止步不前。然而，隧道的养护对于整体运营以及可持续发展有着非常重要的作用，因此，要增加预防性养护技术在隧道养护工作中的运用。

回顾隧道维护养护的发展历程，大致可以分为四个阶段(图 5-1)：反应性维护、预防性维护、预测性维护和可靠性导向维护，这四种维护方式要求和可靠性是不断提高的。反应性维护是一种被动的维护方式，当隧道结构出现故障时才进行检查和修理。预防性维护是通过有计划的预防修理制度来保障隧道设施的正常运行。预测性维护是基于隧道状态的维护，

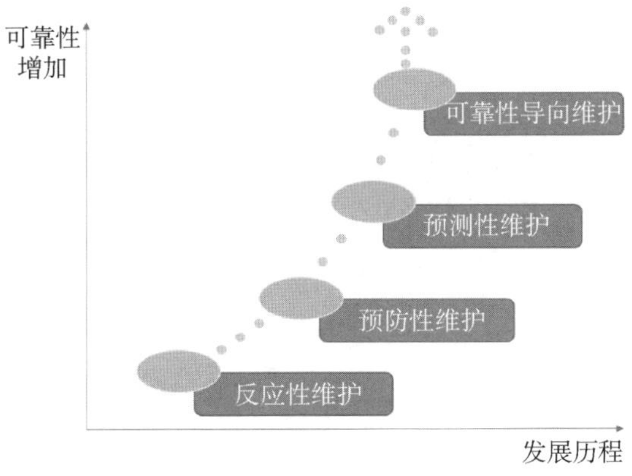

图 5-1 隧道维护养护发展阶段

通过定期监测设备的各种运行参数,预测故障出现的情况和出现的时间来进行维护。可靠性导向维护是定时、视情况及与隧道状态监控相结合的维护方式。

根据对国内外隧道预防性养护技术的研究,有四方面经验可谈。

(1) 在隧道养护理念方面,大力提倡养护理念在隧道建设中的运用,让隧道建设中的所有人员对养护工作有较为深入的理解。另外,要加强对隧道养护理念的认识,重新审视隧道养护在隧道运营中的作用,从而遏制"重建轻养"现象的发生。

(2) 在体制建设方面,有关部门要分化职责,对隧道养护工作中的各个部门进行细化,让部门既各司其职,又相互合作,最终实现建设与养护的和谐发展。

(3) 在养护评估方面,要注意养护方法的运用,针对不同隧道结构制订针对性的养护评估方法。

(4) 在养护手段方面,随着科学化、信息化时代的到来,养护手段也逐渐实现机械化、快速化、标准化、规范化。

养护工程技术对隧道预防性养护质量产生的影响主要包括决策技术方面、检测技术方面以及维修技术方面。首先,决策技术,对隧道预防性养护质量产生障碍的就是如何对实际的经济投入进行综合有效的利用以及隧道里面的实际情况是复杂多变的,因此需要找出更加准确的评定技术标准,并且在这个基础上制订更加科学合理的预防性养护计划;其次,检测技术,在预防性养护中所存在的技术障碍就是如何更加方便快捷地实现对隧道里面的各种机电设备的技术情况以及隧道的土建结构进行实时的了解;最后,维修技术,对隧道预防性养护质量产生障碍的就是如何通过对隧道外部特征进行观察并确定隧道养护病害的形成原因,从而制订更加合理的养护策略,以保证隧道养护施工的质量。

5.2 不同隧道灾害防控策略与措施

5.2.1 水害

1. 渗水防控策略与措施

为确保施工质量,防止隧道渗漏水,在施工中,注重做好各个施工工序的质量保证措施,通过精细化施工,达到减少渗漏水的目的。

1) 材料预防

在保证混凝土强度的前提下,改进管片混凝土配合比设计,利用"双掺"技术,掺入适量的矿物掺合料,掺加高效减水剂以减小水灰比,改善其工作性能、抗裂性能和耐久性能。

2) 结构设计预防

(1) 结构计算应严格遵照相关规程,不应遗漏计算内容。结构设计应符合强度、刚度、稳定性、抗浮和裂缝宽度验算的要求，并满足施工工艺的要求。对于钢筋混凝土结构，应就其施工和正常使用阶段进行结构强度计算，必要时也应进行刚度、稳定性和裂缝宽度验算。

(2) 计算模型设计合理。国内常用的管片设计方法有基于荷载结构模型的惯用法、修正惯用法、梁-弹簧法及多铰圆环法等。在设计时应详细勘察工程现场情况，选用最为合适的设计模型。

(3) 结构受力假设与实际受力相符。计算荷载应考虑周全，不应少算或漏算，严格规定结构安全系数。设计时应考虑施工的可能性，避免设计断面不足、钢筋设置偏少或布置错误、结构刚度不足和构造处理不当等。

3) 施工预防

(1) 外包防水材料施工。

原材料进场后检测，满足设计要求；铺设时基层清理干净，避免遗留的残渣及钢筋施工时戳破防水材料；接头采用双焊缝施工，完成后进行充气检查；地板防水板施工后预留侧墙搭接部分，采用沙袋进行压埋保护，防止钢筋模板工程损坏防水板；浇筑完混凝土后及时清理外露防水板上的混凝土，底板与侧墙拐角部位的防水板最容易损坏，需要仔细处理，为下一步搭接施工创造良好的条件；侧墙外包防水施工为全粘，受天气温度影响，容易鼓包，对于空鼓部位应及时处理，必要时割破进行补强；回填碾压时注意加强对防水板的保护，防止压力过大损害防水层。

(2) 止水带施工。

施工缝及变形缝中埋式止水带安装到位后，采用两道方木将止水带紧紧夹住，固定到位，方木下方位置为混凝土的浇筑面，一是保证止水带正好有一半在混凝土内，一半露在外面；二是混凝土浇筑冲击时，能确保止水带不扭曲变形或下沉，严禁采用铁丝穿孔将止水带固定。外贴式止水带在底板、侧墙处施工，采用堵头模板压紧并注意牢固、不变形。在顶板上，与混凝土的结合较难处理，可在顶板外贴止水带并撑紧平整的基础上，在上部多浇高10～15 cm 的混凝土，将止水带包住。

(3) 混凝土施工。

从原材料上控制，选定配合比后严格按照配合比施工。由于采用商品混凝土，对商品混凝土搅拌站要派专门试验人员监督，确保原材料质量，尤其砂石料的含泥量控制、细砂用量控制及外加剂掺量控制，从源头确保质量。

钢筋绑扎时注意对防水材料的保护，预留孔洞部分钢筋截断后，严格进行钢筋补强，确保配电箱等大型孔洞的边角应力集中点不会因压力过大而产生裂缝。

支立模板时注意不损坏防水板，施工缝部位的模板残渣、焊渣在封闭前采用高压风、高压水冲洗干净，施工缝位置凿毛润湿；浇筑混凝土前在高边墙上设串桶，防止混凝土自由落体高度过高而产生离析；根据现场情况，提前安设足够数量的捣固棒。

浇筑时确保混凝土的供应连续，防止产生人为冷缝；分层浇筑，加强捣固过程的监控，防止过振、漏振导致混凝土疏松；捣固时严禁直接振动钢筋；止水带附近捣固时要注意混凝土不得挤压止水带变形；浇筑完成后及时进行多次收光抹面，减少表面裂缝的产生；加强混凝土的温度监控及养护工作，做好温度及养护记录，防止内外温差过大而产生温度裂缝；冬季施工时，增加保温棚及蒸汽养护，保证混凝土的施工质量。

另外，混凝土结构成型、拆除支架模板后，对混凝土表面进行检查，尤其是外墙及顶板表面，如发现裂缝，除仔细分析原因，以便下次纠正外，还要对外露的裂纹、裂缝进行处理，增加一层涂料或涂膜防水层，提前预防。

4）采取光面爆破方案，确保开挖面圆顺

光面爆破是做好隧道不渗不漏的基础，光面爆破做不好极易带来以下问题：拱部回填困难，一旦不密实，易形成水囊；岩面凹凸不平，喷射混凝土难以找平；铺设防水板困难；等等。因此，应严格按照光面爆破工艺要求进行操作。

5）严把注浆止水、防水关

需要进行注浆加固的止水地段，特别是富水地段、破碎围岩地段，严格按照注浆设计进行施工，贯彻“以防为主，防排结合，综合治理”的原则，确保注浆防水的质量达到止水效果，基本实现注浆段无线流，初步形成初期支护外的止水环，为安全开挖创造条件，为隧道防水创造条件。

采用短台阶法施工时，严格执行“管超前、严注浆、短开挖、强支护、快封闭、勤测量”的施工原则，认真做好初期支护，特别是初期支护背后的回填注浆，做到渗漏水无线流，否则在严重渗漏水处打孔、下管补充注浆，直至符合要求。这项工作务必做到平行作业，分段进行，做好一段，初验一段，否则将不允许做二次衬砌。

（1）施工前根据工程地质和水文地质条件，通过试验后，再进行注浆。

（2）根据预注浆范围、地质条件和地下水情况，为确保注浆加固堵水效果，选择合理的注浆参数和浆液配比。

（3）注浆过程中，严格控制注浆压力，防止出现结构变形、串浆等现象。

（4）注浆结束后，采用径向钻孔的方法，对注浆效果进行检查、分析和判断。

6）严把喷射混凝土防水关

（1）喷射混凝土采用湿喷技术。

（2）喷射混凝土采用复喷方式，第一次喷射封面，支立格栅，挂网后再复喷，并埋入检测喷射混凝土厚度的标识钢筋，以检查喷射混凝土的厚度。

（3）在喷射混凝土施工前 28 d，将场地布置图、机具、混合料配合比资料报监理审批，审批通过后再实施。

(4) 原材料称量允许偏差(按质量比):水泥、速凝剂±2%,砂石±3%。

(5) 搅拌时间:喷射混凝土采用强制式拌合机分次投料,搅拌时间不少于 2 min。

(6) 运输及存放时间:不掺加速凝剂时不得超过 2 h,掺加速凝剂时不宜超过 20 min,混合料随拌随用。

(7) 按照规范要求,取样试验。

完成混凝土喷射后,隧道基本实现干燥。局部有渗流处可以插管补注浆,较大渗流可以插管接排水盲管固定引至侧沟排走。

7) 严把防水层施工质量关

(1) 防水层施工必须由专业队伍施工。

(2) 必须处理好基面。

(3) 必须采用无钉铺设、双焊缝焊接的施工工艺。

(4) 把好防水层施工接缝质量关,加强防水层成品的保护措施。

(5) 严格按照结构防水设计要求,先设置纵向、环向软透水管,再铺设防水板。在施工过程中,应保证接缝焊接质量,避免创伤产生孔洞。铺设防水板前,先切除喷射混凝土表面处的钢筋头和锚杆头,再用手持砂轮机磨平,对凹凸不平部位应修凿喷补,使混凝土表面平顺,对局部渗水处应进行处理。

(6) 防水板按环向铺设,焊接工序与固定工序应紧密配合,一般先焊接,后固定。防水板铺设的搭接宽度为 10 cm,焊接宽度不小于 2 cm,漏焊、假焊处应补焊,若有烤焦、焊穿处,应用同样的防水板焊贴覆盖或按监理工程师指示处理。固定防水板采用胶热焊接,胶垫与胶垫之间的防水层不得绷紧,要保证板面与喷射混凝土密贴。铺设防水板地段距开挖工作面不得小于爆破所需要的安全距离。二次衬砌灌注混凝土时,不得损坏防水层。

(7) 在二次衬砌灌注混凝土前,应检查板面与底层密贴情况、搭接焊缝质量,填写质量检查记录,经监理工程师批准后方可继续施工。

8) 严把二次衬砌混凝土防水关

二次衬砌的混凝土在灌注和养生过程中,绝不能改变其水灰比,避免混凝土产生收缩裂缝,降低其防水性能。混凝土必须采用分层浇筑、分层振捣,每层厚度为 300～400 mm,相邻两层浇筑时间间隔不得超过 2 h,混凝土的自落高度不得超过 2 m,超过时采用串筒或滑槽。混凝土浇筑必须连续,因施工需要留设施工缝,必须征得设计单位同意,并得到监理认可。

9) 严把混凝土施工缝防水关

(1) 做好施工缝的清理,凿除表面浮粒和杂物,将混凝土表面凿毛,并用水冲刷干净。

(2) 严格控制施工缝间距,确保环向施工缝在 8～12 m。

(3) 严格控制止水条的质量,确保最终膨胀率≥200%。

(4) 在施工缝设遇水膨胀止水条,在分段灌注的变形缝(沉降缝)设止水带,并在内外缘进行嵌缝处理。

2. 高承压水下结构破坏防控策略与措施

高承压水使盾构进洞地基加固施工难度加大,而双线隧道需多次进洞作业,盾构进洞面临的流沙、涌水风险加剧。盾构在江中段掘进时必须防止螺旋输送机喷涌、开挖面失稳、盾尾密封失效等严重问题的出现。在承压水水头高、地层压力较大的情况下,一旦隧道管片被穿透,砂土大量涌入,钻管断裂,严重时甚至大量涌入隧道。在临江高承压水作用下,盾构掘进时极易产生突涌事故,会对基坑工程整体安全构成严重威胁,对周边环境造成不可逆的破坏。

1) 盾构进洞防控策略

为保证盾构安全进洞,采用盐水冻结起到封水和加固土体的效果,降低高承压水砂土层盾构进洞易引发的流沙和涌水风险,并采用水中进洞的方式在工作井内填筑部分填土和水,使土压平衡盾构的工作机理得以发挥作用,如图 5-2 所示。

2) 江中段盾构掘进防控措施

首先应保证同步注浆的质量,注入管片背后的浆液凝固后,可作为隧道的第一道止水防线,提供长期、均匀、稳定的防水功能。在此基础上,高承压水作用下江中段盾构安全掘进的技术对策包括:制订针对盾构机本身的防水和防喷涌措施以及盾构隧道管片接缝的防水措施。

3) 深基坑防控措施

在地下连续墙未隔断的承压含水层下部施作注浆帷幕,与地下连续墙进行竖向搭接形成全封闭的止水帷幕,再配合坑内降压井以达到减压降水的目的,如图 5-3 所示。

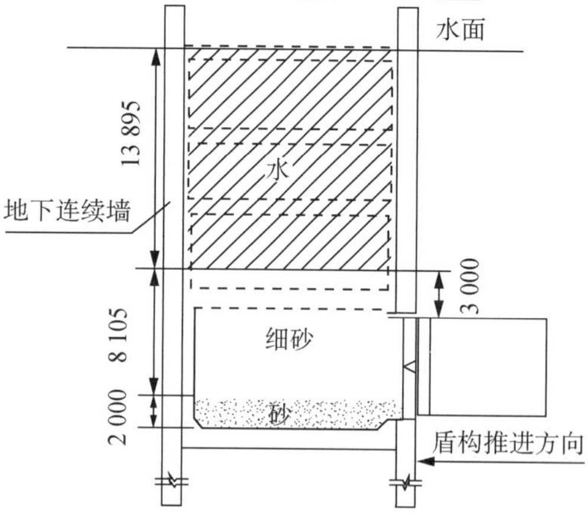

图 5-2　水中进洞方式示意图(单位:mm)

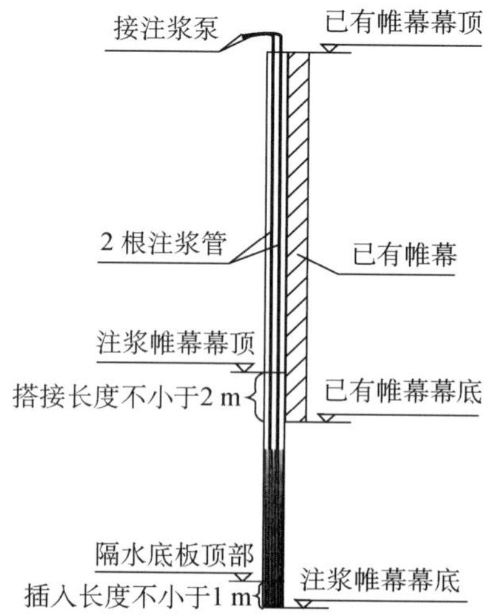

图 5-3　地下连续墙搭接注浆帷幕示意图

承压水段施工方案主要以加强超前支护及开挖后初期支护为主，为避免地下水流失对环境的破坏作用，具体措施以堵水为主，同时为避免水压回升对隧道结构产生影响，应做好限量排放工作。其安全风险控制重点环节是做好超前支护措施，避免突水事故发生，要求开挖时加强超前帷幕注浆监督程序，认真做好注浆后检测工作，注浆效果不理想时须重新研究注浆液选择并进行工艺调整。

3. 水淹防控策略与措施

隧道一旦发生水淹将造成非常严重的后果，因此，在地质不良及地下水发育地区，必须加强水淹风险管理，制定切实可行的应急预案，并做好以下工作：

(1) 强化超前地质预测预报，一旦发现有较大涌水，立即实施全断面超前预注浆，以对掌子面前方岩体进行固结以及对来水进行封堵。

(2) 坚持"以堵为主，控制井身及洞室渗漏水"的治水原则，对已开挖段出现的股状水、线状水、面状散水采取径向注浆、顶水注浆和局部注浆等方法及时进行封堵处理，控制井身及洞室渗漏水，减少斜井洞室的涌漏水量，降低斜井抽排水压力。

(3) 加强施工期间涌水量的监测及预测，根据预计的涌水量，配备当前涌水量2～3倍抽水能力的设备，提高斜井抽排水能力。

(4) 一旦出现涌水淹井，应立即采取切实可行、行之有效的抽排水措施，尽快将涌水抽排至掌子面，同时抓紧时间对后方涌水进行注浆止水；涌水抽排至掌子面进行适当处理后随即实施超前预注浆对掌子面涌水进行封堵。

5.2.2 冻害

隧道冻害会导致隧道衬砌冻胀开裂，甚至疏松剥落，造成隧道衬砌结构的失稳破坏，降低衬砌结构的安全可靠性，严重影响运输安全和正常运行。寒区隧道防冻害措施主要有如下几种。

1) 防寒泄水洞

防寒泄水洞是隧道排除地下水的主要措施之一，其形状类似一个带孔的小隧道，位于隧道的正下方，并将所设竖向盲沟、泄水孔、支导洞、检查井、锥体保温出水口等组成一个排水系统，通过该系统将衬砌后面围岩中的地下水汇集在泄水洞中，然后再排出隧道。泄水洞可以大大减少或消除隧道内部冒水、挂冰、积冰、冻胀等病害。泄水洞的排水方式适用于最低月平均气温低于−20℃、岩石的冻结深度为5～6 m的严寒地区。

2) 中心深埋水沟

中心深埋水沟是将水沟埋置于洞内相应的冻结深度以下，利用地温达到排水沟内水流不致冻结的排水设施。中心深埋水沟一般适用于比较严寒的地区，即所在地黏性土的冻结深度在 1.5～2.5 m，且冬季有水的隧道。

3）保温水沟

保温水沟采用浅埋方式，在水沟内采取保温措施，以达到冬季水流不冻结的目的。保温水沟一般适用于寒冷地区，最冷月平均气温在－15～－10℃，当地黏性土的冻结深度在 1.0～1.5 m，且冬季有水或可能有水的隧道。当隧道较长时，因洞内温度较高，隧道中部一般不产生冻害，故只需在两端洞口 150～400 m 内设置保温水沟即可。保温水沟一般采用侧沟式，水沟上部设双层盖板，在上下两层盖板间充填保温材料，保温层厚度一般不小于 30 cm，下部为流水槽。

4）防冻隔温层

在寒冷地区，冷空气与围岩的热交换是产生冻害的主要原因之一。通过敷设防冻隔温层，可以起到隔热保温作用，从而大大减小冻融圈的范围，以确保衬砌背部水不冻结。敷设防冻隔温层的方式有两种：一种是在衬砌内缘表面敷设保温层，另一种是在两层衬砌之间敷设保温层。

5.2.3 地震

隧道与地下结构一直被认为是抗震功能比较优越的建筑物。与地面结构相比，地下结构的抗震性能要强一些，且其抗震能力随埋深的增加而有所增强，地震的破坏作用自地表深入地下而迅速减弱。因此，地震一般对深埋隧道影响较小，而对浅埋隧道、偏压隧道、明洞及洞门等的影响较大。当围岩不稳定时，衬砌只要能与围岩保持大致一致的变形，就不会产生严重的震害，故支护与围岩密贴对减小隧道震害十分重要。为保证隧道结构具有适应地层变形的能力，应适当降低结构的刚度。

减轻地震灾害主要有两条途径，即抗震和减震。抗震即采用加大构件截面尺寸、加强构件配筋和提高结构刚度等“硬抗”的方法来抵抗地震。减震即通过在结构中合理设置减震耗能装置来有效控制结构的地震响应，或者通过隔震装置限制和减少地震波向结构的输入。减震装置主要包括减震器、板式减震层、压注式减震层等，一般设置在地下结构与围岩之间。主要采取四种减震措施减小地震对隧道结构的破坏。

（1）加固围岩。一方面可以提高围岩强度，另一方面可以减小因围岩条件不同而造成隧道的不均匀地震变形。加固围岩通常采用三种围岩注浆方式：全环间隔注浆、全环接触注浆和局部注浆。

（2）设置柔性接头。隧道衬砌采用柔性接头，一方面可以适应断层的地震变形，另一方面可以使地震破坏局部化，避免结构发生整体破坏。

(3) 设置减震层。减震层可以设置在围岩与衬砌之间或设置在初期支护与二次衬砌之间。地震时,减震层吸收围岩应变,达到减震的目的。

(4) 超挖设计。根据地震引起断层的可能最大位移量,扩大隧道断面尺寸,在地震后可以保证隧道断面的净空面积,为后续修复提供冗余空间。

5.2.4 火灾与爆炸

1. 火灾防控策略与措施

1) 建立防火救灾管理体系

隧道管理部门应认真贯彻"预防为主,防消结合"的消防方针和"防患于未然"的思想,与地方消防部门加强工作联系,共同研究与解决易燃易爆物品通过隧道的安全问题,共同建立严密的防火安全体系,并制定消防救援程序,定期进行演练。

2) 建立完整的避险救援体系

救援组织计划应充分考虑隧道的通风、报警设施和信号的配置、紧急救援可能遇到的问题和困难,事先编制有关控制程序,并根据演习和实际情况予以修正。火灾发生后,群众首先自救。隧道管理人员在听到火灾报警后,迅速赶赴现场进行抢救、进洞疏散交通,同时向分中心报警,由中控室值班操作人员向有关部门通报火灾情况及采取相应的救援措施,并进一步指导隧道工作人员的救灾工作,以达到排烟灭火、人员逃生的目的。消防队必须在火灾发生的初期阶段赶到现场,将火情控制住,为人员的安全逃生争取疏散时间。

3) 建立完善的火灾报警灭火系统

隧道火灾报警系统应动作迅速、情报准确,并具有全自动装置,这是隧道内重要的安全设备之一,主要对隧道内的穿行隧道、电缆通道、疏散通道、隧道变电所以及管理中心的机房、设备房、仓库、地下车库、泵房、大厅、走廊等处进行火灾监测。当隧道、管理中心、隧道变电站等处发生火灾时,发出警报并联动消防控制系统、水喷雾系统、喷淋系统以及广播系统工作,及时疏散人群,以减少人员伤亡及财产损失。

隧道安全在很大程度上取决于车辆的状况、隧道使用者的行为以及隧道设施。因此也可以从行驶车辆、司乘人员和隧道设施三个方面提出以下隧道火灾预防措施。

(1) 行驶车辆。

由于我国车辆型号较多,车况参差不齐,车辆超重超高现象也非常严重,导致许多隧道事故都是车辆本身原因引起的,大多为汽车装载物起火、汽车相撞起火,其中汽车相撞导致油箱汽油起火更应引起重视。统计表明,货车比小汽车更容易引起火灾,因此必须加强对货车火灾的防范措施，特别是装载易燃易爆物的货车火灾，另外，装载一般可燃物的货车发生火灾的次数也比较频繁，故扑灭装载可燃物的货车火灾是消防设计的重点之一。根据国内外的经验提出如下车辆火灾预防措施。

① 所有车辆（尤其是重型货车、公交车、大客车）应定期进行技术检查（应重点检查电气线路、发动机、轮胎等），及时查出车辆的技术缺陷。对于超年限的车辆及易破坏隧道设施的超重超高车辆应禁止在隧道内通行，避免车辆发生交通事故引发火灾。

② 研究油箱的抗火、抗压能力，避免隧道事故中车辆油箱爆炸、燃烧引起事故扩大。另外，车辆（尤其指重型车辆）应根据其行驶路程的远近添加适量燃料。

③ 车辆应尽量使用新型抗火、无毒材料来代替车辆内原有的易燃材料。此外，对于装载易燃易爆物的车辆可依具体情况规定夜晚定点通行，或由专用消防车引导其通行。

④ 根据国家相关规定，所有车辆都必须配备灭火设备，特别是货车、大客车、运输危险货物的车辆。

（2）司乘人员。

① 加强司机在隧道安全方面的培训，用教育、法规、警察管理和处罚等方法约束司机在限制的行车速度和行车间距内驾驶。此外还应使司机了解紧急情况下的行车处置，以免慌张不知所措。当隧道内发生事故时，应尽量将车辆停靠在紧急停车带或行车道右侧，并放好停车路标。

② 加强乘客在隧道消防安全方面的教育，严禁携带易燃易爆物上车，避免人为纵火。当车辆发生事故时下车等待，以免火灾造成人员伤亡。

（3）隧道设施。

① 隧道内的紧急停车带、疏散通道等与主线连接部分应形成平缓过渡曲线，或在这些地方设置弹性防撞设施，或全程设置内护栏，以避免车辆撞击隧道构筑物引起火灾。

② 隧道全程应设置安全提示信息标志牌，包括禁止超车、限制车速及车距等，以免车辆追尾、相撞引发火灾。

防火对策中除了合理设置防火设备、消防设施、照明设备等硬性措施以外，还应配备对隧道及其他设施的使用者进行防火安全的社会教育等软性措施（如宣传有关隧道火灾的危险、隧道火灾防控措施等），要考虑到软对策和硬对策是相辅相成、相互关联的关系，在隧道运营过程中要通过不断加强管理人员的培训和学习，提高其管理和工作技能以及思想警惕性。

隧道防火技术是一门多学科交叉的技术，涉及地下工程学、消防工程学、安全工程学、自动控制工程学等诸多学科，这都有待于隧道防火科研的进一步加强。

2. 爆炸防控策略与措施

1）加强隧道防火防爆的科学研究工作

爆炸和燃烧就其本质来说是相同的，二者的主要区别在于氧化反应速度不同。防火防爆技术是一门研究火灾爆炸规律及其对策的综合性科学，所涉及的学科十分广泛。例如，为了解火灾的发生发展规律以及客观因素对火灾形成的影响，就要研究各种材料的燃烧条件、过程、特征以及燃烧生成物的特性等；为了防止火灾蔓延、有效地控制火势发展，就要研究隧道中的烟气流动状态、火焰传播特性、排烟技术、构件的难燃性能以及气象环境对火势蔓延的影响；为了迅速扑灭火灾、减少伤亡损失、保证火场供水，就要研究不同情况下的供水方式、人员疏散办法和消防通信技术。凡此种种牵涉到燃烧机理、材料热力学、气象学、危险品工艺学以及心理学等多种学科，需要进行大量的科学研究工作。

应结合隧道的特殊环境，开展多方面的防火防爆研究工作，建立燃烧试验基地，开展火灾爆炸的试验研究工作，特别是通过模型隧道的燃烧试验，来验证隧道采取的各种消防设备和技术是否合理、可靠，并根据这些试验数据，进一步改进、完善隧道防火防爆技术和设备。

在进行隧道防火防爆的科研工作中，为了节省开支、节省时间、少走弯路、提高科研水平，应注意吸取、借鉴国内外同行业的宝贵经验，凡是与其他部门（如交通、建筑、矿山等）通用的防火防爆科研项目，既可以委托其他单位进行，也可以与其他单位联合进行。

2）建立完善的隧道防火灭火系统

为了避免隧道爆炸造成重大损失，应做到在着火初期阶段灭火、疏散人员。应建立完善的通信联络系统、可靠的通风排烟系统以及先进的火灾探测、报警和灭火系统。应结合不同隧道的结构特点、地理位置以及气象条件，对隧道防火灭火设备统筹安排、合理布局，以发挥最佳的防火灭火效果。另外，整个隧道的消防设备，最好在隧道设计、施工时就做出安排或配备齐全，以节省消防设备的施工、安装费用。

3）以隧道防火、车辆防火和隧道行车安全为中心开展隧道防火防爆工作

隧道防火防爆与隧道本身的防火防爆、车辆的防火防爆以及隧道行车安全均有关，应从这三方面做好消防工作。隧道发生火灾时所产生的有毒烟雾气体是导致人员伤亡、阻止正常灭火工作的主要原因，故在隧道方面首先应加强隧道通风排烟工作，其次使车辆及其设备尽量采用不燃和难燃材料，进一步降低可燃材料的使用量，进一步改进阻燃处理技术，以降低材料燃烧时的发烟性，并将气体毒性控制在对人体无害的水平。

4）制定和完善隧道防火防爆安全条例

规章制度对确保隧道防火防爆安全有保障作用，应尽快制定和完善隧道的防火防爆安

全条例。首先应制定或修改我国隧道的防火防爆设计规范,并结合各隧道的具体情况,制定各种车辆允许、限制和禁止通过隧道的运营条例。

5）做好隧道消防演习和人员培训工作

为了熟悉隧道环境和消防设备配置,以利于隧道发生火灾时正确指挥、调度和熟练使用各种各样的消防器材设备以及快速疏散人群,隧道管理部门应与地方消防部门联合,定期进行隧道火灾的消防演习。同时,应举办各种短期培训班和专题学习班,以提高有关人员的消防意识和消防业务水平。

此外,增加检查措施,加强隧道中设施(如火灾探测系统、灭火系统、机电设备等)的维修保养工作,以保证隧道安全运行。

5.3　面向运行风险防控的城市隧道管理

运行风险是否能够得到有效控制的关键因素之一是人员的素质高低,应加大培养隧道交通管理人员和出谋划策的管理团队的力度,形成良好的管理方式和先进的管理理念,从而在较大程度上降低隧道运行风险。此外,还应努力制订并实施更为完善的风险防控措施。

（1）完善隧道安全设施,确保道路安全畅通。在运营过程中,加强对隧道路段的标志、标牌、标线等的规范和优化。定期检查照明系统、通风系统、监控设备、交通信号、紧急避难所等的情况,及时更换老化或发生故障的设备。对养护维修人员进行培训,增强其安全意识并提高其隧道养护管理水平,保持隧道内路面通行无阻。

（2）规范隧道运输管理,降低运输事故风险。减少或规避隧道危险品运输事故风险包括两个方面:一是降低安全事故发生的概率,二是当事故发生时应尽量降低损失以及产生的影响。可通过不同程度地限制或采取相关保护措施(如完全禁止通行、通行时段管制、限定物品数量、引导护送通行、规定行车间距等)来降低特长隧道危险品运输事故安全风险。不允许主体框架为可燃烧材料的运输车辆通过;不允许某些特殊物品(如易燃易爆危险品)装运通过。如果确实必须通行,则应事先向隧道管理部门提出申请,得到批准后方可通行,并进行特殊调度安排。

（3）建立快速响应机制,提升应急管理水平。采用现代化、智能化的管理手段,为提高隧道的管理水平及运输功能提供技术支持。建立健全完善的管理机构和严格的管理制度,明确各工种的工作岗位职责,规范各项工作的执行程序并实现工作之间的无缝衔接,以建立完善的突发事件救援系统。建立一支高效的应急队伍,定期通过实地演习提高事故应对能力,减小火灾或其他安全事故的危害。事故发生后,在管理人员的综合协调下,各部门应各司其职，既有分工又有合作，实施救援工作，减少人员伤亡，减轻经济损失，并预防二次事故的发生。

（4）加强宣传教育工作，提高整体救援能力。为确保隧道安全管理机构的有效实施和管理制度的全面落实，在上述风险防范与控制措施的基础上，隧道管理部门可通过多种形式（如编制《隧道安全行车手册》、拍摄并组织观看消防设备视频解说、进行逃生疏散设施演示以及隧道结构模型演示等）对驾驶员和乘客做好有关隧道运营安全管理的宣传和教育工作。以强化民众对隧道运营安全知识的了解，提高民众的自救能力，使其在遭遇隧道安全事故时能及时采取措施进行自救，将火灾的危害降到最低。

6 工程案例分析

6.1 城市道路运行风险检测、评估与防控

6.1.1 上海市城市道路路面自动化检测、评价与养护决策

1. 概要说明

2020 年 1～6 月，上海市道路运输事业发展中心委托相关单位对宝山、长宁、虹口、黄浦、静安、闵行、浦东、普陀、徐汇、杨浦 10 个市区所管辖的 9 721 个路段、2 967.40 km、4 303.96 万 m^2 的各等级道路，以及崇明、奉贤、嘉定、金山、青浦和松江 6 个郊区所管辖的 2 427 个路段、1 004.48 km、1 506.04 万 m^2 的各等级道路的道路弯沉、平整度和路面破损状况进行自动化检测。

检测的指标为国际平整度指数 IRI、路面损坏状况指数 PCI 和路面结构承载能力 DEF。市区道路和郊区道路均采用普查模式，每年全覆盖一次。对于 IRI 和 PCI，每条主干路或车行道宽度大于 15 m 的次干路测双向，支路只测车行道宽度大于 7 m 的；$IRI_{平均}$ 为五激光器平均值，$IRI_{国际}$ 为将 $IRI_{平均}$ 代入标定公式后得到的值。对于 DEF，仅测试正反向 IRI 其中一个大于 7.3 的路段，正反向 IRI 其中一个大于 5.7 且正反向 PCI 其中一个小于 90 的路段，以及正反向 PCI 其中一个小于 80 的路段；测试 DEF 时，原则上每 100 m 检测一点，其中小于 100 m 的路段需检测两点，大于 500 m 的路段需检测四点，主干路、次干路是否测双向根据实际情况决定；检测车道原则上选为重车道，通常是最右侧车道，也是损坏最严重的车道。

检测情况如表 6-1、表 6-2 及图 6-1 所示。

表 6-1　各区道路检测情况

区属		检测路段/个	检测长度/km	检测面积/(万 m^2)
市区	宝山	652	261.67	425.42
	长宁	529	169.36	233.92
	虹口	736	156.56	223.76

（续表）

区属		检测路段/个	检测长度/km	检测面积/(万 m^2)
市区	黄浦	1 231	179.86	202.47
	静安	921	218.11	274.09
	闵行	1 402	491.72	696.25
	普陀	670	233.04	383.72
	浦东	2 088	776.49	1 195.07
	徐汇	689	242.48	364.14
	杨浦	803	238.12	305.12
	合计	9 721	2 967.40	4 303.96
郊区	崇明	269	98.45	141.90
	奉贤	268	97.31	163.00
	嘉定	459	190.46	296.88
	金山	618	248.38	342.04
	青浦	346	133.69	171.45
	松江	467	236.19	390.77
	合计	2 427	1 004.48	1 506.04
合计		12 148	3 971.88	5 810.00

表 6-2　　各等级道路检测情况

道路等级		检测路段/个	检测长度/km	检测面积/(万 m^2)
市区	主干路	1 071	434.11	1 077.25
	次干路	2 330	752.75	1 280.44
	支路	6 320	1 780.54	1 946.27
	合计	9 721	2 967.40	4 303.96
郊区	主干路	435	200.79	421.72
	次干路	589	258.16	422.99
	支路	1 403	545.53	661.33
	合计	2 427	1 004.48	1 506.04

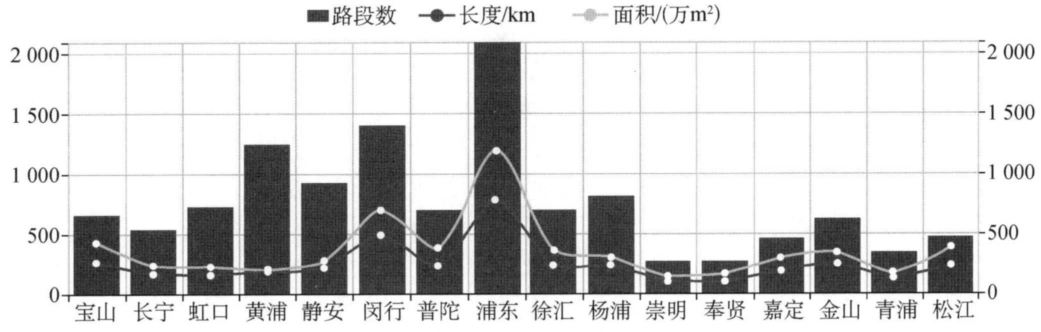

图 6-1　上海市各区道路检测情况统计

2. 道路使用性能评价

利用路况摄像仪、激光平整度仪、落锤式弯沉仪采集道路使用性能数据，在此基础上运行道路辅助决策系统，对2020年度上海市城市道路的使用性能评价分析如下。

1）平整度评价

平整度是反映道路行驶舒适性的综合指标，涉及路、车、人三方面。为客观反映道路平整度情况，以IRI作为调查指标及评价路面平整度的指标。IRI数值越大，则路面平整度越差。各等级道路IRI评价标准见表6-3。

表6-3　各等级道路IRI评价标准

道路等级	优级	良好	合格	不合格
快速路	≤2.6	(2.6，4.1]	(4.1，7.3]	>7.3
主干路	≤4.1	(4.1，5.7]	(5.7，7.8]	>7.8
次干路	≤4.1	(4.1，5.7]	(5.7，7.8]	>7.8
支路	≤4.6	(4.6，6.6]	(6.6，8.3]	>8.3

利用道路辅助决策系统对检测道路的平整度进行分析统计汇总，如表6-4、表6-5和图6-2所示。统计结果显示：2020年度检测的市区道路的平均IRI为4.52，达到良好水平，与2019年(4.36)相比有所变差。其中，98.20%的道路平整度处于合格及以上水平，1.80%的道路平整度处于不合格水平。郊区道路的平均IRI为4.36，达到良好水平，与2019年(4.35)相比无较大变化。其中，98.50%的道路平整度处于合格及以上水平，1.50%的道路平整度处于不合格水平。

表6-4　检测道路合计IRI分区统计表(面积：万 m^2，百分比：%)

区属		检测面积	优级		良好		合格		不合格		平均IRI	IRI等级
			面积	百分比	面积	百分比	面积	百分比	面积	百分比		
市区	宝山	425.42	210.27	49.43	163.03	38.32	47.22	11.10	4.90	1.15	4.53	良好
	长宁	233.92	117.31	50.15	87.84	37.55	21.54	9.21	7.24	3.09	4.69	良好
	虹口	223.76	53.60	23.95	123.40	55.15	37.84	16.91	8.92	3.99	5.29	良好
	黄浦	202.47	90.03	44.47	91.48	45.18	15.94	7.87	5.03	2.48	4.73	良好
	静安	274.09	143.52	52.36	104.35	38.07	20.58	7.51	5.64	2.06	4.54	良好
	闵行	696.25	429.70	61.72	207.65	29.82	48.40	6.95	10.48	1.51	4.32	良好
	普陀	383.72	126.41	32.94	188.41	49.10	60.40	15.74	8.49	2.21	5.01	良好
	浦东	1 195.07	784.07	65.61	346.72	29.01	58.53	4.90	5.74	0.48	4.08	优级
	徐汇	364.14	169.07	46.43	149.76	41.13	39.78	10.93	5.52	1.52	4.62	良好
	杨浦	305.12	95.88	31.42	149.85	49.11	43.84	14.37	15.56	5.10	5.11	良好
	合计	4 303.96	2 219.86	51.58	1 612.49	37.47	394.07	9.16	77.52	1.80	4.52	良好

（续表）

区属		检测面积	优级		良好		合格		不合格		平均IRI	IRI 等级
			面积	百分比	面积	百分比	面积	百分比	面积	百分比		
郊区	崇明	141.90	101.90	71.81	35.04	24.70	4.26	3.00	0.70	0.49	3.90	优级
	奉贤	163.00	97.37	59.74	58.60	35.95	4.75	2.91	2.28	1.40	4.25	良好
	嘉定	296.88	149.37	50.31	122.63	41.31	20.52	6.91	4.36	1.47	4.56	良好
	金山	342.04	172.19	50.34	141.46	41.36	18.51	5.41	9.89	2.89	4.49	良好
	青浦	171.45	102.84	59.99	51.81	30.22	13.76	8.03	3.03	1.77	4.41	良好
	松江	390.77	228.81	58.55	136.44	34.91	23.22	5.94	2.31	0.59	4.27	良好
	合计	1 506.04	852.48	56.60	545.98	36.25	85.02	5.65	22.57	1.50	4.36	良好

表 6-5　检测道路分等级 IRI 统计表（面积：万 m^2，百分比：%）

等级		检测面积	优级		良好		合格		不合格		平均IRI	IRI 等级
			面积	百分比	面积	百分比	面积	百分比	面积	百分比		
市区	主干路	1 077.25	631.19	58.59	348.70	32.37	84.06	7.80	13.30	1.23	4.09	优级
	次干路	1 280.44	612.43	47.83	498.37	38.92	150.25	11.73	19.40	1.52	4.39	良好
	支路	1 946.27	976.25	50.16	765.43	39.33	159.77	8.21	44.83	2.30	4.85	良好
	合计	4 303.96	2 219.87	51.58	1 612.50	37.47	394.08	9.16	77.53	1.80	4.52	良好
郊区	主干路	421.72	269.64	63.94	129.53	30.72	21.41	5.08	1.14	0.27	3.99	优级
	次干路	422.99	218.41	51.63	176.96	41.84	25.91	6.12	1.72	0.41	4.14	良好
	支路	661.33	364.43	55.11	239.49	36.21	37.71	5.70	19.71	2.98	4.72	良好
	合计	1 506.04	852.48	56.60	545.98	36.25	85.03	5.65	22.57	1.50	4.35	良好

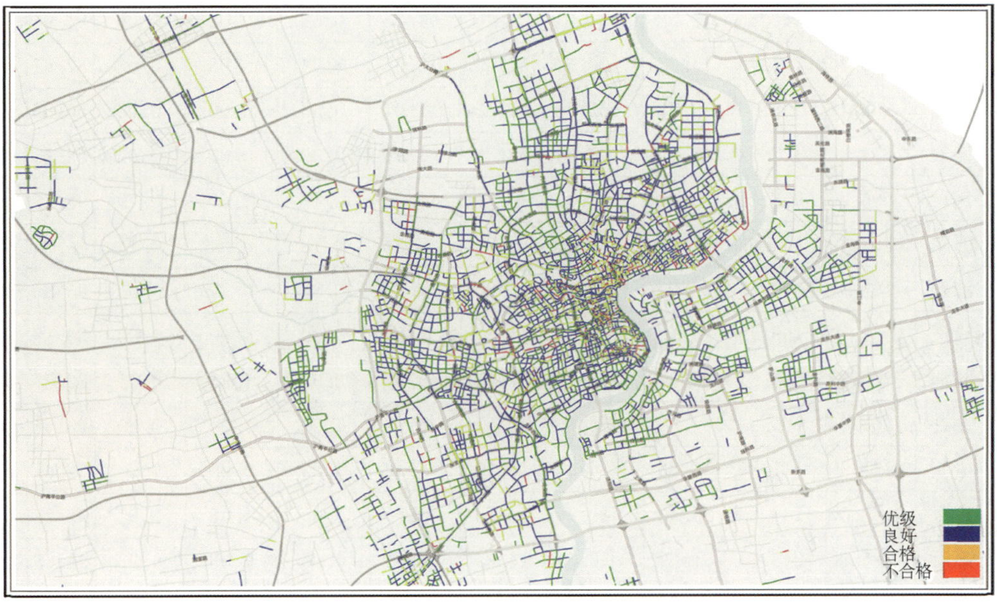

图 6-2　2020 年度上海市中心城区检测道路平整度(IRI)分布图

2）损坏状况评价

PCI 是定量描述路面损坏状况的指标，各等级道路 PCI 评价标准见表 6-6。

表 6-6　各等级道路 PCI 评价标准

道路等级	优级	良好	合格	不合格
快速路	[90，100)	[75，90)	[65，75)	＜65
主干路	[90，100)	[75，90)	[65，75)	＜65
次干路	[90，100)	[75，90)	[65，75)	＜65
支路	[85，100)	[75，85)	[65，75)	＜65

利用道路辅助决策系统对检测道路的损坏状况进行分析统计汇总，如表 6-7、表 6-8 和图 6-3 所示。统计结果显示：2020 年度检测的市区道路的平均 PCI 为 90.44，达到优级水平，与 2019 年(88.16)相比略有提升。其中，99.80%的道路损坏状况处于合格及以上水平，0.20%的道路损坏状况处于不合格水平。郊区道路的平均 PCI 为 93.42，达到优级水平，与 2019 年(87.41)相比有较大提升。其中，99.60%的道路损坏状况处于合格及以上水平，0.40%的道路损坏状况处于不合格水平。

表 6-7　检测道路合计 PCI 分区统计表(面积：万 m^2，百分比：%)

区属		检测面积	优级		良好		合格		不合格		平均PCI	PCI等级
			面积	百分比	面积	百分比	面积	百分比	面积	百分比		
市区	宝山	425.42	227.35	53.44	193.81	45.56	3.47	0.82	0.79	0.19	89.11	良好
	长宁	233.92	180.86	77.32	51.81	22.15	1.25	0.53	0.00	0.00	91.96	优级
	虹口	223.76	101.43	45.33	120.60	53.90	1.65	0.74	0.08	0.03	87.57	良好
	黄浦	202.47	138.66	68.49	62.73	30.98	1.07	0.53	0.00	0.00	90.86	优级
	静安	274.09	125.62	45.83	147.41	53.78	1.06	0.39	0.00	0.00	88.20	良好
	闵行	696.25	532.21	76.44	143.33	20.59	15.20	2.18	5.50	0.79	92.45	优级
	普陀	383.72	144.66	37.70	230.13	59.97	8.38	2.18	0.54	0.14	86.34	良好
	浦东	1 195.07	1040.53	87.07	149.87	12.54	4.28	0.36	0.39	0.03	93.35	优级
	徐汇	364.14	165.79	45.53	198.35	54.47	0.00	0.00	0.00	0.00	88.17	良好
	杨浦	305.12	138.82	45.50	156.99	51.45	8.07	2.65	1.24	0.41	86.78	良好
	合计	4 303.96	2 795.93	64.96	1 455.03	33.81	44.43	1.03	8.54	0.20	90.44	优级
郊区	崇明	141.90	111.89	78.86	24.54	17.29	5.46	3.85	0.00	0.00	93.61	优级
	奉贤	163.00	140.83	86.40	20.70	12.70	0.00	0.00	1.48	0.91	93.22	优级
	嘉定	296.88	243.04	81.87	50.31	16.95	2.84	0.96	0.68	0.23	94.63	优级
	金山	342.04	281.69	82.36	55.22	16.14	3.83	1.12	1.30	0.38	93.82	优级

（续表）

区属		检测面积	优级		良好		合格		不合格		平均PCI	PCI等级
			面积	百分比	面积	百分比	面积	百分比	面积	百分比		
郊区	青浦	171.45	160.31	93.51	8.19	4.78	2.47	1.44	0.48	0.28	95.98	优级
	松江	390.77	264.08	67.58	105.78	27.07	18.81	4.81	2.11	0.54	91.03	优级
	合计	1 506.04	1 201.84	79.80	264.74	17.58	33.41	2.22	6.05	0.40	93.42	优级

表 6-8 检测道路分等级 PCI 统计表(面积：万 m^2，百分比：%)

区属		检测面积	优级		良好		合格		不合格		平均PCI	PCI等级
			面积	百分比	面积	百分比	面积	百分比	面积	百分比		
市区	主干路	1 077.25	513.31	47.65	560.68	52.05	2.96	0.27	0.29	0.03	89.79	良好
	次干路	1 280.44	651.38	50.87	612.03	47.80	13.53	1.06	3.50	0.27	90.37	优级
	支路	1 946.27	1 631.25	83.81	282.31	14.51	27.96	1.44	4.76	0.24	90.84	优级
	合计	4 303.96	2 795.94	64.96	1 455.02	33.81	44.45	1.03	8.55	0.20	90.44	优级
郊区	主干路	421.72	320.93	76.10	92.62	21.96	8.17	1.94	0.00	0.00	93.41	优级
	次干路	422.99	312.19	73.81	104.42	24.69	6.15	1.46	0.23	0.05	93.97	优级
	支路	661.33	568.73	86.00	67.70	10.24	19.10	2.89	5.80	0.88	93.06	优级
	合计	1 506.04	1 201.85	79.80	264.74	17.58	33.42	2.22	6.03	0.40	93.41	优级

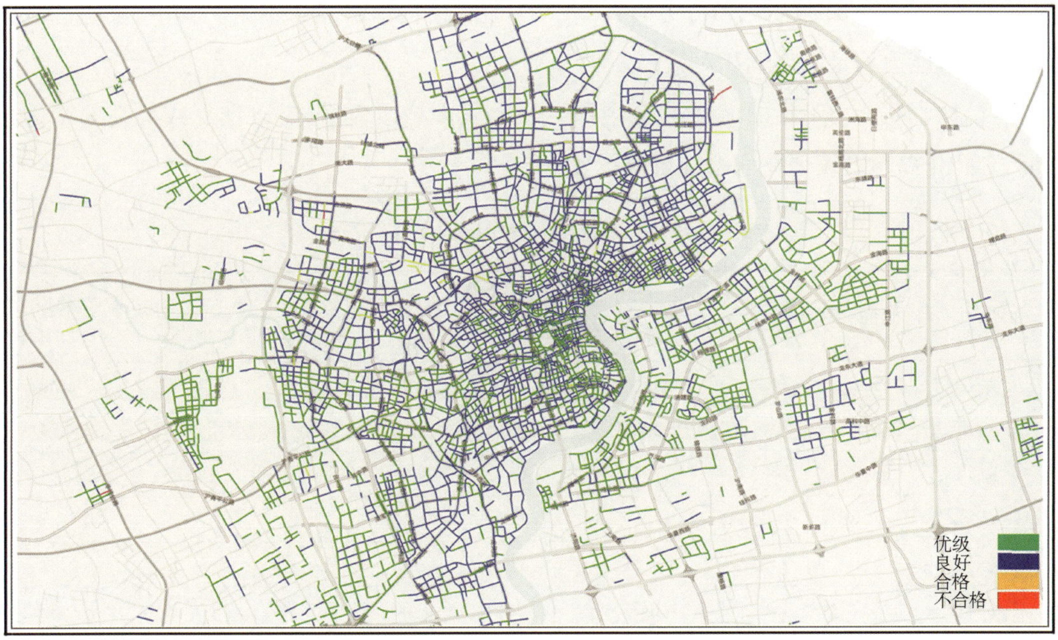

图 6-3 2020 年度上海市中心城区检测道路损坏状况(PCI)分布图

3）结构承载能力评价

道路的结构承载能力以 DEF 表征。根据交通量、基层类型确定各等级道路 DEF 评价标准，见表 6-9（弯沉单位为 0.001 mm）。

表 6-9　　结构承载能力 DEF 评价标准

基层	碎砾石基层			半刚性基层		
交通量等级	足够	临界	不足	足够	临界	不足
很轻	≤980		≥1260	≤770		≥980
轻	≤770		≥980	≤560		≥770
中	≤600		≥810	≤420		≥590
重	≤460		≥670	≤310		≥460
特重	≤350		≥560	≤210		≥350

利用道路辅助决策系统对市区检测道路的结构承载能力进行分析统计汇总，如表 6-10、表 6-11 和图 6-4 所示。统计结果显示：2020 年度检测的市区道路的结构承载能力状况良好，92.73%的道路结构承载能力处于足够或临界水平，与 2019 年（80.38%）相比有较大提升。另有 7.27%的道路结构承载能力不足。各区均有一定数量的结构承载能力不足的道路，其中，普陀、虹口检测道路结构承载能力不足的比例相对较高，宝山、浦东承载力不足路段所占比例相对较低。郊区道路中，97.42%的道路结构承载能力处于足够或临界水平，与 2019 年（89.22%）相比有所上升，另有 2.58%的道路结构承载能力不足。其中，崇明检测道路结构承载能力不足的比例相对较高。

对结构承载能力不足的道路需及时采取补强、加罩或改建措施，以恢复或提高其结构承载能力，防止路况继续恶化而增加维修投资。

表 6-10　　检测道路合计 DEF 分区统计表（面积：万 m^2，百分比：%）

区属		检测面积	足够		临界		不足		临界及以上百分比
			面积	百分比	面积	百分比	面积	百分比	
市区	宝山	365.68	342.16	93.57	5.53	1.51	17.98	4.92	95.08
	长宁	216.99	200.13	92.23	6.77	3.12	10.10	4.66	95.34
	虹口	217.93	177.74	81.56	5.63	2.58	34.56	15.86	84.14
	黄浦	197.88	189.82	95.92	2.83	1.43	5.24	2.65	97.35
	静安	264.01	243.88	92.38	6.73	2.55	13.40	5.07	94.93
	闵行	526.23	430.05	81.72	40.01	7.60	56.18	10.68	89.32
	普陀	372.67	319.36	85.70	12.83	3.44	40.47	10.86	89.14

（续表）

区属		检测面积	足够		临界		不足		临界及以上百分比
			面积	百分比	面积	百分比	面积	百分比	
市区	浦东	865.14	775.70	89.66	38.73	4.48	50.71	5.86	94.14
	徐汇	342.90	312.55	91.15	9.81	2.86	20.54	5.99	94.01
	杨浦	301.38	266.67	88.48	17.12	5.68	17.59	5.83	94.17
	合计	3 670.81	3 258.06	88.76	145.99	3.98	266.77	7.27	92.73
郊区	崇明	107.46	101.60	94.54	1.18	1.10	4.69	4.36	95.64
	奉贤	100.92	99.26	98.35	0.12	0.12	1.54	1.53	98.47
	嘉定	218.77	214.06	97.85	2.61	1.19	2.09	0.96	99.04
	金山	193.02	187.56	97.17	0.15	0.08	5.32	2.75	97.25
	青浦	84.53	82.95	98.12	0.00	0.00	1.59	1.88	98.12
	松江	222.14	202.40	91.11	11.02	4.96	8.72	3.92	96.08
	合计	926.84	887.83	95.79	15.08	1.63	23.95	2.58	97.42

表 6-11　　检测道路分等级 DEF 统计表（面积：万 m^2，百分比：%）

区属		检测面积	足够		临界		不足		临界及以上百分比
			面积	百分比	面积	百分比	面积	百分比	
市区	主干路	1 014.34	914.30	90.14	37.73	3.72	62.31	6.14	93.86
	次干路	1 128.72	978.30	86.67	56.96	5.05	93.46	8.28	91.72
	支路	1 527.75	1,365.45	89.38	51.30	3.36	111.00	7.27	92.73
	合计	3 670.81	3 258.05	88.76	145.99	3.98	266.77	7.27	92.73
郊区	主干路	309.07	291.48	94.31	9.53	3.08	8.06	2.61	97.39
	次干路	322.01	311.36	96.69	2.40	0.75	8.25	2.56	97.44
	支路	295.75	284.98	96.36	3.14	1.06	7.63	2.58	97.42
	合计	926.84	887.82	95.79	15.07	1.63	23.94	2.58	97.42

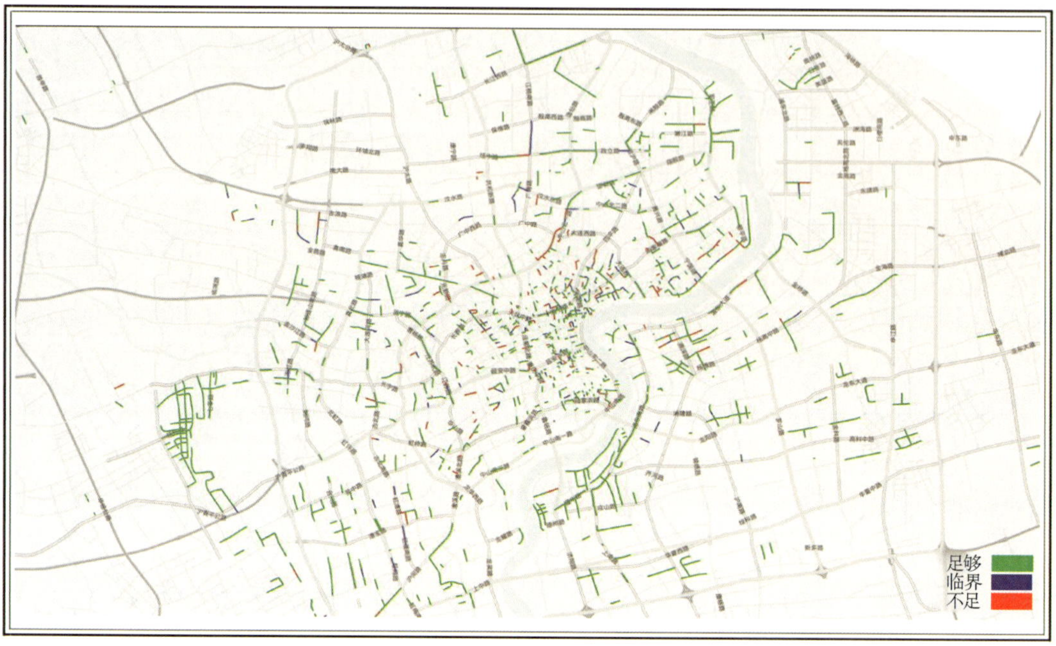

图 6-4　2020 年度上海市中心城区检测道路结构承载能力(DEF)分布图

3. 检测道路建议大中修项目

根据检测结果,对系统初拟的检测道路大中修项目进行了适当调整,调整后的检测道路建议大中修项目统计列于表 6-12。采用的建议大中修标准是基于道路养护实践基础上的最经济的维修标准,各区可根据自身财力和道路重要性适当调整大中修项目。

表 6-12　　各等级检测道路建议大中修项目统计

道路等级		建议对策	项目/段	面积/(万 m²)
市区	主干路	磨耗层铣刨加罩	0	0.00
		面层翻修	37	23.28
		基层翻修	15	8.29
		合计	52	31.57
	次干路	磨耗层铣刨加罩	0	0.00
		面层翻修	107	50.61
		基层翻修	34	14.21
		合计	141	64.82
	支路	磨耗层铣刨加罩	160	23.28
		面层翻修	20	16.05
		基层翻修	164	27.74
		合计	344	67.07

（续表）

道路等级		建议对策	项目/段	面积/(万 m^2)
市区	合计	磨耗层铣刨加罩	160	23.28
		面层翻修	164	89.94
		基层翻修	213	50.24
		合计	537	163.46
郊区	主干路	磨耗层铣刨加罩	0	0.00
		面层翻修	13	9.04
		基层翻修	7	5.11
		合计	20	14.16
	次干路	磨耗层铣刨加罩	4	2.63
		面层翻修	6	2.63
		基层翻修	3	3.23
		合计	13	8.49
	支路	磨耗层铣刨加罩	18	6.99
		面层翻修	13	6.39
		基层翻修	13	4.42
		合计	44	17.81
	合计	磨耗层铣刨加罩	22	9.62
		面层翻修	32	18.06
		基层翻修	23	12.76
		合计	77	40.46

注：1. 大中修决策模型中，对于路面平整度的评价指标以原行驶质量指数 RQI 替代，其与 IRI 的关系是 RQI=4.98−0.34IRI，但在规范中，其分级的阈值经四舍五入后与 IRI 的分级阈值略有出入，在评价中以 RQI 分级为准。

2. 对于基层发生损坏，但面层尚好的沥青铺面道路，建议可继续使用，待面层损坏时一并维修，以最大化路面资产效益。

统计结果显示：2020 年度检测的市区道路中建议大中修路段共 537 个，维修面积 163.46 万 m^2，建议对策以面层翻修为主。其中，主干路、次干路和支路建议维修面积分别为 31.57 万 m^2、64.82 万 m^2 和 67.07 万 m^2。各区道路中，闵行检测道路的建议维修量相对较大。郊区道路建议大中修路段共 77 个，维修面积 40.46 万 m^2，建议对策以面层翻修为主。其中，松江检测道路的建议维修面积相对较大。

2020 年度检测道路建议大中修项目分布如图 6-5 所示。

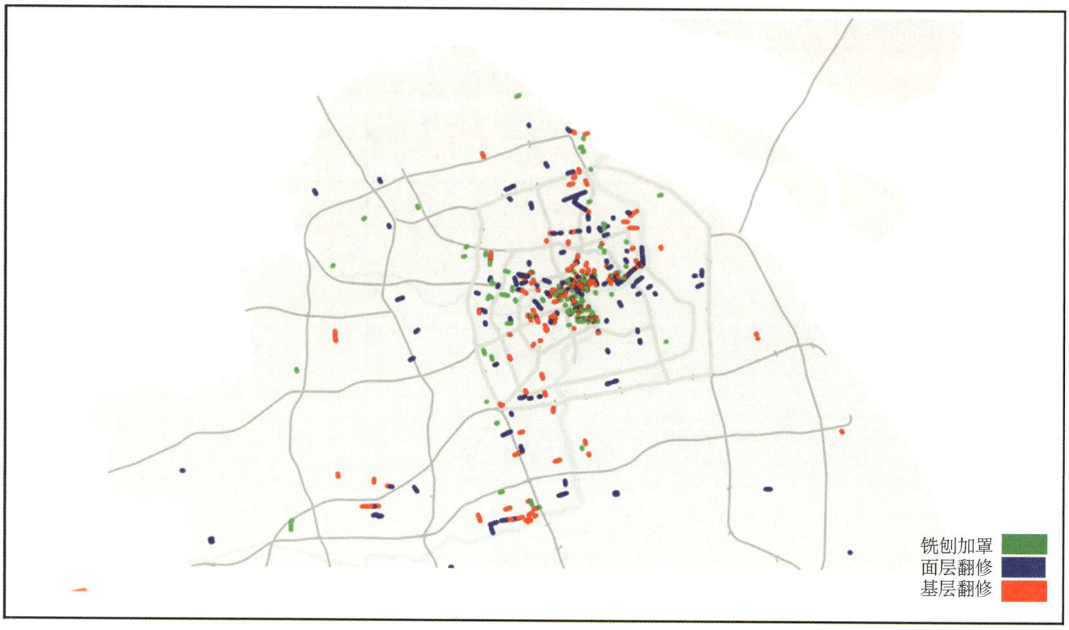

图 6-5　2020 年度上海市中心城区检测道路建议大中修项目分布图

道路养护建议除了受道路检测数据影响外，还与道路基层类型尤其是面层类型数据密切相关，在实际踏勘中发现不少区的道路面层类型数据与现状不符(大部分情形是在进行白改黑处理后，并没有在系统数据库中更新静态数据)，这将导致建议结果出现一定偏差，这需要各单位定期复核，及时在城市基础设施管理系统 CIMS 中更新相关静态数据。

4. 预防性养护

对于损坏状况不严重、平整度较好且弯沉足够的沥青铺面道路，建议可结合道路的实际情况，选择实施预防性养护。可实施预防性养护的路况标准见表 6-13。

表 6-13　　预防性养护路况标准

指标	PCI	RQI	DEF	交通量
标准	优级	优级	足够	重、中、轻

根据上述标准，从 2020 年度检测道路中筛选出适合实施预防性养护的路段，统计结果列于表 6-14。

2020 年度建议可采取预防性养护措施的市区路段共 2 756 个，总面积 1 351.65 万 m^2；郊区路段共 652 个，总面积 503.77 万 m^2。

表 6-14 建议预防性养护路段分区统计

区属		路段数	路段面积/(万 m^2)
市区	宝山	204	122.88
	长宁	198	98.23
	虹口	112	33.52
	黄浦	280	52.78
	静安	245	69.96
	闵行	552	251.03
	普陀	127	59.98
	浦东	684	534.65
	徐汇	157	68.78
	杨浦	197	59.84
	合计	2 756	1 351.65
郊区	崇明	120	71.06
	奉贤	67	64.87
	嘉定	143	111.60
	金山	129	101.60
	青浦	87	57.68
	松江	106	96.96
	合计	652	503.77

注:预防性养护模型中,对于路面平整度的评价指标以原行驶质量指数 RQI 替代,其与 IRI 的关系是 RQI=4.98-0.34IRI,但在规范中,其分级的阈值经四舍五入后与 IRI 的分级阈值略有出入,在评价中以 RQI 分级为准。

预防性养护的具体实施建议可参阅上海市工程建设规范《沥青路面预防性养护技术规程》(DG/TJ 08—2176—2015),本章亦摘录部分内容以供参考,见表 6-15、表 6-16。

表 6-15 中及中以上交通量城市道路沥青路面的预防性养护措施

路面主导损坏类型		严重程度	经济良好的预防性养护措施
裂缝类	龟裂	轻	微表处
	块裂	轻	微表处、沥青还原处置
	纵向裂缝	轻	灌封或封缝、微表处、沥青还原处置
	横向裂缝	轻	灌封或封缝、微表处、沥青还原处置
变形	车辙	轻	微表处
松散类	麻面	—	微表处、沥青还原处置
	松散	轻	微表处、沥青还原处置
其他类	泛油	—	微表处
	磨光	—	微表处

表 6-16　　轻及轻以下交通量城市道路沥青路面的预防性养护措施

路面主导损坏类型		严重程度	经济良好的预防性养护措施
裂缝类	龟裂	轻	微表处、碎石封层
	块裂	轻	雾封层、微表处
	纵向裂缝	轻	微表处、沥青还原处置
	横向裂缝	轻	微表处、沥青还原处置
变形	车辙	轻	微表处
松散类	麻面	—	雾封层、微表处
	松散	轻	雾封层、微表处
其他类	泛油	—	雾封层、微表处
	磨光	—	雾封层、微表处

6.1.2　北翟路地下空洞病害检测、致因分析与处置对策

2021 年上海市道路运输管理局重点开展“组织推进探索道路塌陷预警机制”，并“指导督促各区（块）建立道路路面塌陷隐患联防联控长效管理机制”。推进探索道路设施科技赋能，推进探索道路塌陷预警机制，进行“通勤式”“轻量化”的探地雷达巡检技术应用，从预防道路空洞形成导致路面塌陷事件发生着手，探索提高道路防灾水平的工作机制和技术方案。以北翟路作为首批试点项目开展地下空洞病害检测、致因分析与处置对策研究。

6.1.2.1　工程概况

北翟路是上海市的一条城市近郊主干道，连接了市区的北新泾街道和近郊的诸翟镇，是上海中心城区西部区域通往近郊区域和远郊卫星城以及周边主要城市的重要交通动脉。2010 年，协和路至华翔路路段的复线高架快速路建成通车，沿途设外环线、华江路（匝道）、嘉闵高架和北青公路 4 个出口。本次试点项目选择其中的北翟路 1444 弄至北翟路华翔路路段（K15＋000～K18＋900），长度为 3.9 km，双向 6 车道（局部路口车道增多），车道宽度为 3.75 m，设计车速为 60 km/h。车流量大，夜间重载车辆较多，交通压力和荷载较大。

北翟路沿线雨污水管道较多，2013 年 11 月，外环内圈北翟路出口处发生路面塌陷，塌陷路面约 50 m^2，最深处塌陷约 1.8 m。近两年，主要发生过 3 次路面塌陷/脱空事故。

1）2020 年 6 月 29 日北翟路下行 K18.3 处道路脱空

下行 K18＋300 三条车道路面出现塌陷，如图 6-6 所示，1# 和 2# 车道出现严重脱空，判定路面塌陷是下方排水管道破损造成路基土体流失，管道埋深约 4.5 m，路面下部结构脱空及沉降量在 1～1.5 m。

图 6-6　2020 年北翟路下行 K18＋300 路面下部脱空塌陷

2）2020 年 7 月 30 日北翟路下行 K17＋400 处道路沉陷

养护单位巡视发现北翟路往市区方向下行 K17＋400 处路面出现凹陷，在凹陷处向下开挖 1 m 后未发现有脱空现象，排摸原因后确定，主要原因是污水窨井砖砌面遭冲刷受损严重导致局部有开裂现象，从而引起水土流失产生脱空。

3）2021 年 6 月 15 日北翟路下行 K15＋200 处道路脱空

养护单位巡视发现北翟路往市区方向（下行方向）、北沈路以东（桩号 15K＋200）的 2 号机动车道上出现路面凹陷，开挖路面后发现下面有一个空洞，确认沉陷位置为污水管顶管接收井，上层盖板角隅处破损，破损面积较大且损坏严重（钢筋已断裂翻起），致使窨井西北侧的土壤被冲刷，造成路面脱空、塌陷约 40 m^2。

6.1.2.2　地下空洞病害检测与数据分析

采用三维探地雷达系统对不同深度范围内的地下空洞、路基脱空等地下病害隐患进行检测，针对检测出来的地下病害疑似隐患进行复核检验，并进行风险等级评估，及时发现地下病害隐患，有效预防事故发生。

1. 检测方法与设备

ZRY-TD5200 型车载三维探地雷达系统，采用最先进的大型雷达天线阵列技术，有效检测宽度 3.5 m，集成了 RTK 卫星定位系统，同步红外高清视频采集系统，用于道路全路段、全覆盖普查检测，可对地下隐伏空洞进行实时三维扫描和测量，极大地提高了雷达检测和识别的质量、效率。同时，三维阵列雷达精确三维成像的优势，使得雷达数据和图像的判读更加准确，对地下空洞等病害的识别更加可靠。采用 PGPR-30 便携式雷达对疑似点、穿越掘路位置进行加密复核检测，探明道路下方存在的空洞、脱空等地面塌陷隐患，为道路的使用及病害的处置提供科学依据。

2. 数据处理与分析

通过车载三维探地雷达检测作业采集到的原始数据，须经过数据处理才能得到有助于解释的数据或图像。原始数据中既包含有用信息，也包含各种噪声，有些情况下有用信息可能被噪声掩盖，数据处理的目的是压制噪声，突出有效信号，提取目标属性，帮助解释人员对资料进行解释和判读。数据处理流程如图 6-7 所示。

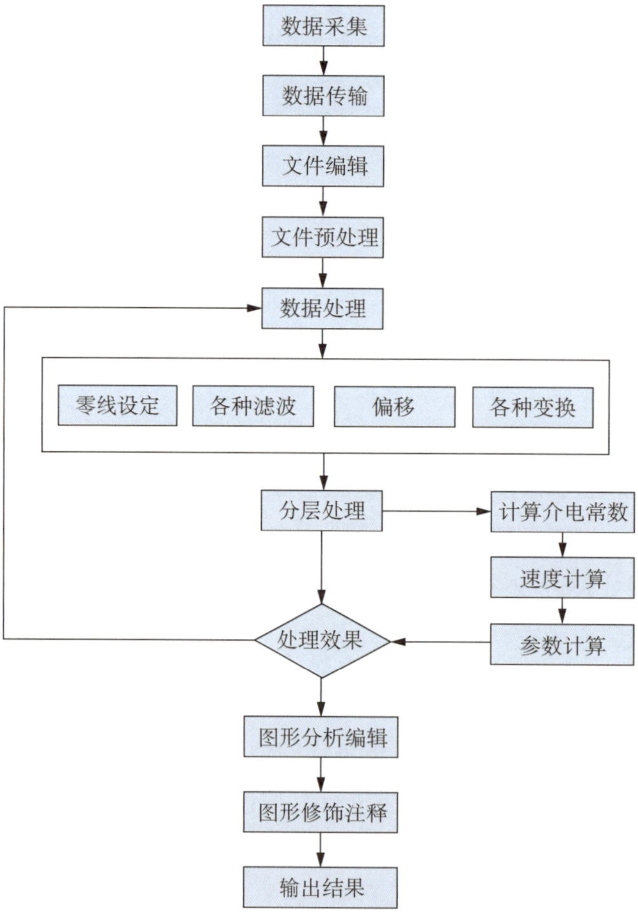

图 6-7　数据处理流程

根据普查分析结果，经过现场雷达详查，在分析综合资料的基础上，对探地雷达图谱异常特征，应从地球物理特征、波组形态、振幅和相位特性、吸收衰减特性等方面进行识别判定。城市地下病害可分为脱空、空洞、严重疏松体、一般疏松体和富水体。

脱空：地面硬壳层与地基土之间发育的具有一定规模的洞体。

空洞：地下土体中自然发育或人工形成的具有一定规模的洞体。

疏松体：密实度明显低于周边土体的不良地质体。

富水体：含水量明显高于周边土体的不良地质体。

城市地下病害工程特征列于表 6-17。

表 6-17 城市地下病害工程特征

地下病害	介电性能	波组形态	振幅	相位与频率
脱空	电阻率极高，相对介电常数一般为 1，电磁波波速为 0.30 m/ns	脱空顶部一般形成连续的同向性反射波组，多次波发育，两侧绕射波发育明显	振幅强，雷达波衰减很慢	顶部反射波与入射波同向，底部反射波与入射波反向；脱空的频率高于背景场的频率
空洞	电阻率极高，相对介电常数一般为 1，电磁波波速为 0.30 m/ns	近似球形空洞反射波组表现为倒悬双曲线；近似方形空洞反射波表现为正向连续平板状双曲线，曲线顶部形态与空洞洞顶形态相似；多次波发育，两侧存在明显绕射波	振幅强，雷达波衰减很慢	顶部反射波与入射波同向，底部反射波与入射波反向；空洞的频率高于背景场的频率
严重疏松体	电阻率极高，相对介电常数很小，电磁波波速大于周边介质的电磁波波速	顶部形成连续的同向性反射波组，波组形态由顶部形态决定；多次波发育明显，两侧存在绕射波；严重疏松体内部波形结构很杂乱，波形同相轴很不连续	振幅强，雷达波衰减很慢	顶部反射波与入射波同向，底部反射波与入射波反向；严重疏松体的频率高于背景场的频率
一般疏松体	电阻率略高，相对介电常数较小，电磁波波速略大于周边介质的电磁波波速	顶部形成连续的同向性反射波组，波组形态由顶部形态决定；多次波发育不明显，轻微疏松体内部波形结构较杂乱，波形同相轴较不连续	振幅较强，衰减较慢	顶部反射波与入射波同向，底部反射波与入射波反向；一般疏松体的频率高于背景场的频率
富水体	电阻率较低，相对介电常数较大，电磁波波速小于周边介质的电磁波波速	顶部形成连续的同向性反射波组，波组形态由顶部形态决定，两侧绕射波和底部反射波不明显；多次波不发育	振幅强，衰减很快	顶部反射波与入射波反向，底部反射波与入射波同向；富水体的频率低于背景场的频率

病害的典型图谱如图 6-8—图 6-10 所示。

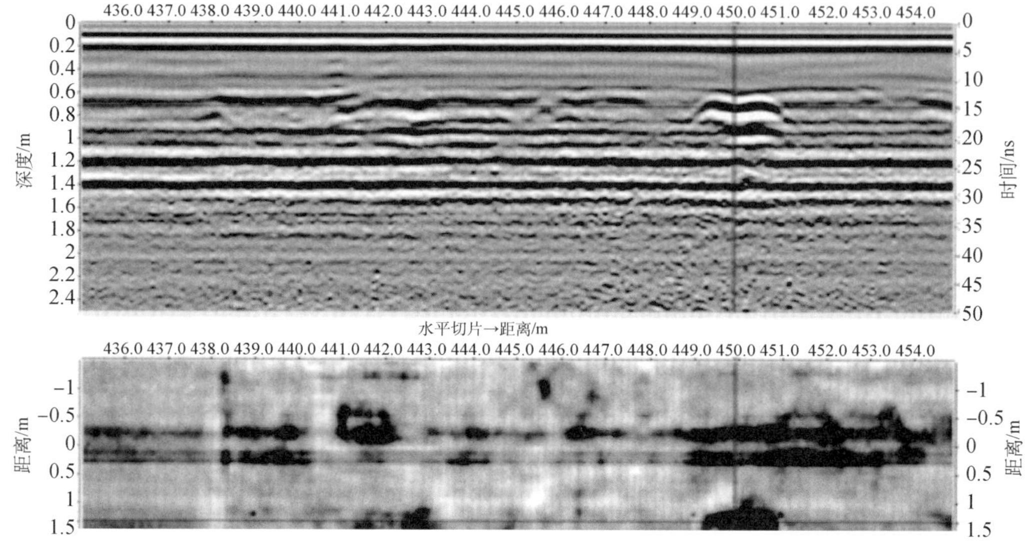

图 6-8　空洞典型图谱

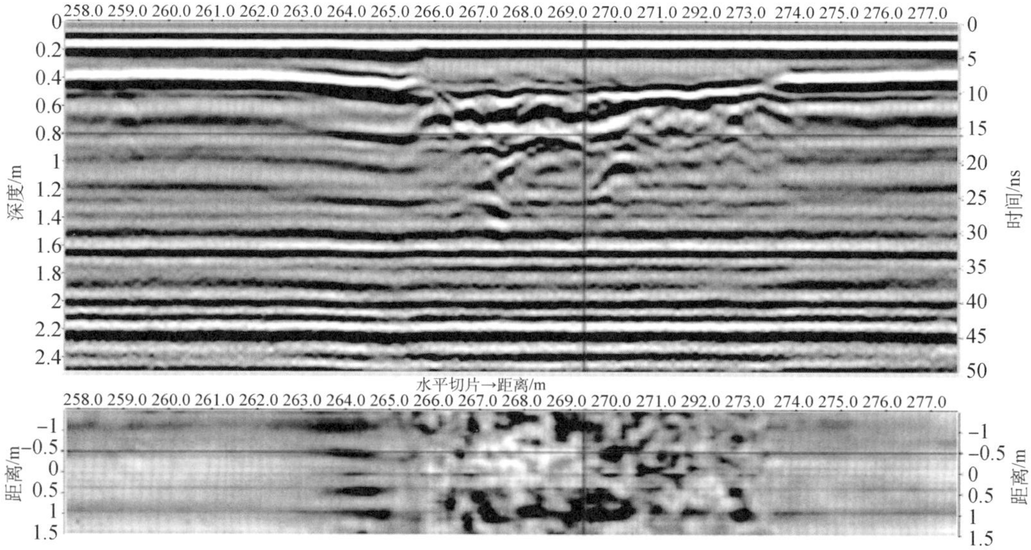

图 6-9　脱空典型图谱

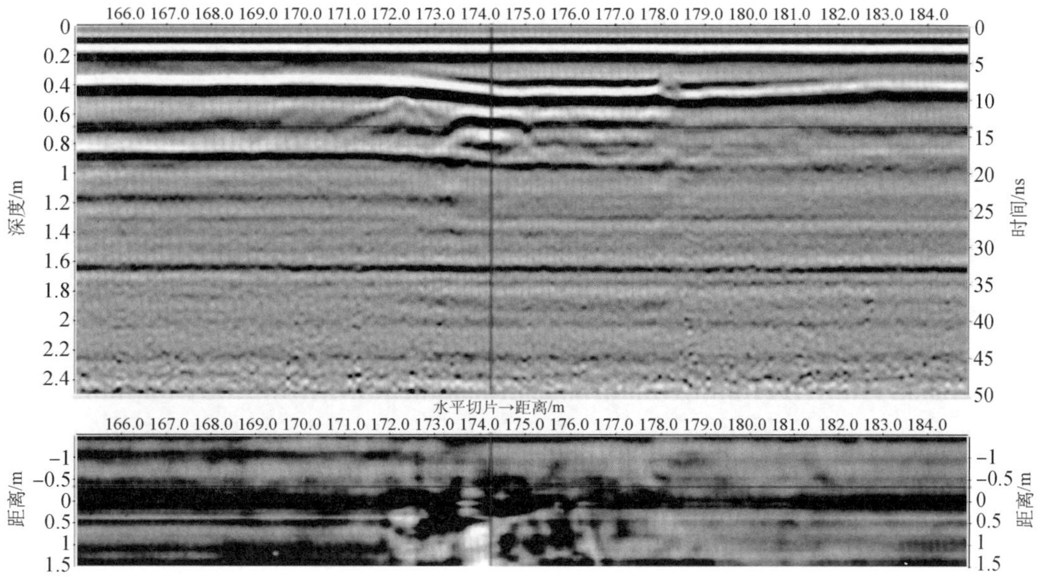

图 6-10 疏松体典型图谱

6.1.2.3 地下病害风险评价

根据探测成果，结合相关资料，采用定性或定量方法进行地下病害风险评价。风险评价包括发生可能性与风险后果评价。相关评价标准列于表 6-18、表 6-19。

表 6-18 地下病害风险发生可能性等级划分

等级	风险发生可能性分值	文字描述
A	$0<P\leqslant30$	近期不可能发生，远期发生可能性很小
B	$30<P\leqslant50$	近期不可能发生，远期可能会发生
C	$50<P\leqslant70$	近期发生可能性较小，远期可能会发生
D	$70<P\leqslant90$	近期发生可能性较大
E	$90<P\leqslant100$	近期发生可能性极大

表 6-19 地下病害风险后果等级

级别	风险后果分值	文字描述
1	$0<C\leqslant30$	后果影响可忽略
2	$30<C\leqslant50$	后果影响较小
3	$50<C\leqslant70$	后果影响一般
4	$70<C\leqslant90$	后果影响较严重
5	$90<C\leqslant100$	后果影响很严重

注：重大社会活动期间及涉及其发生区域情况下，风险后果直接判定为 5 级。

地下病害风险等级应根据风险发生可能性与风险后果评价结果，按表 6-20 划分为Ⅰ(很低)、Ⅱ(较低)、Ⅲ(中等)、Ⅳ(较高)、Ⅴ(极高)5 个等级。

表 6-20　　城市地下病害风险等级划分

风险发生可能性等级	风险后果等级				
	1	2	3	4	5
A	Ⅰ	Ⅰ	Ⅱ	Ⅱ	Ⅲ
B	Ⅰ	Ⅱ	Ⅱ	Ⅲ	Ⅲ
C	Ⅱ	Ⅲ	Ⅲ	Ⅳ	Ⅳ
D	Ⅲ	Ⅳ	Ⅳ	Ⅴ	Ⅴ
E	Ⅳ	Ⅳ	Ⅴ	Ⅴ	Ⅴ

注：Ⅰ—很低；Ⅱ—较低；Ⅲ—中等；Ⅳ—较高；Ⅴ—极高。

6.1.2.4　检测工作实施

1. 工作组织及安全措施保障

由于北翟路邻近虹桥交通枢纽，交通压力较大，本次地下病害勘察工作选在 21:30 至次日 4:30 进行，由北翟路养护单位安排轨道车做好安全保障(图 6-11)。

图 6-11　夜间勘察作业现场及安全保障措施

2. 三维探地雷达普查

夜间采用车载式三维探地雷达进行普查，以 15～20 km/h 的车速不停车检测，轨道车进行全程保护，避免对交通造成影响。累计测线总长度约为 44.6 km。

3. 复勘及钻探验证

完成数据的分析整理后对照 GPS 定位以及高清摄像机拍摄的照片对疑似病害位置进行人工确认，仍在夜间进行作业，采用二维地质雷达进行复勘及钻探验证，仍采用轨道车进行保护，特殊路段采用将军帽进行临时围封，如图 6-12 和图 6-13 所示。

图 6-12　二维地质雷达复勘定位(400 MHz 天线)及交通安全保障措施

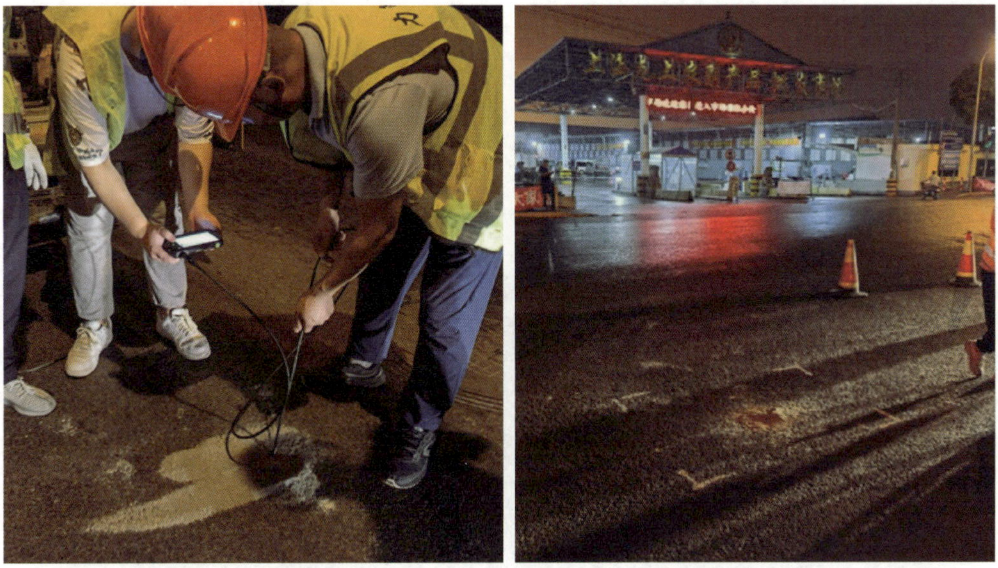

图 6-13　钻探验证及病害尺寸的测量标记

4. 既发塌陷病害区域的复勘

采用低频(100 MHz)地质雷达对本次检测风险级别高于Ⅲ级的区域和近几年北翟路发生病害的区域进行复勘(图 6-14),包括下行 K18+300 全幅、下行 K17+400 位置 1 号车道、批发市场对面十字路口(疑似空洞或废弃井室)、下行 K15+200 位置 2 号车道、上行钱更浪小区大门对面 1 号车道。

图 6-14 既发塌陷病害区域的复勘(100 MHz 低频天线)

5. 高风险级别病害的勘察处理

本次北翟路地下病害勘察共发现 2 处Ⅴ级风险。一处是下行 K17+400 位置 1 号车道,钻探验证发现该位置空洞顶部距离路面仅 10 cm,空洞净高 30 cm,尺寸为 125 cm×80 cm,路面已出现轻微下陷,如图 6-15 所示。评价确认为Ⅴ级风险,立即进行简易围封并通知养护单位,由养护单位上报业主安排处理。

图 6-15 K17+400 位置Ⅴ级风险病害

另一处为批发市场大门对面十字路口南半幅，钻探验证发现该位置空洞顶部距离路面 55 cm，空洞底部 210 cm（图中钢筋长度 3 m），净高 155 cm，尺寸为 1.4 m×1.2 m，内部无水，空气潮湿，如图 6-16 所示。确认为Ⅴ级风险，立即通知养护单位，养护单位确认为空洞/废弃井室，安排处理。

图 6-16　批发市场对面十字路口Ⅴ级风险病害

6.1.2.5　检测结果与致因分析

1. 检测结果

（1）本次检测经过外业普查、内业数据处理、复核详查，在指定的北翟路（北翟路 1444 弄至华翔路路段）区域内共发现道路下方存在地下病害体 24 处（形成表 6-21 所示的地下病害体信息卡）。其中，空洞 12 处，脱空 5 处，严重疏松 1 处，一般疏松体 6 处。

（2）对已发现的 24 处病害体进行风险评估。其中，Ⅴ级 2 处，Ⅳ级风险 15 处，Ⅲ级 1 处，Ⅱ级风险 6 处，建议尽快采取措施处理，避免地面塌陷、沉陷的风险隐患。

（3）受上海地区高水位和富水软土路基对电磁波的衰减影响，本次检测道路路面以下 2 m 范围有详细准确数据，包括全部路面结构及上层路基范围，可对地下病害情况进行精确探测和定量分析。

2. 致因分析

道路塌陷事故多为多因素耦合形成，经过调研及现场排查，基本确定了 17 处空洞和脱空病害相关联的原因，简述如下。

1）不良地质原因

上海市地处长江三角洲东南前缘，黄浦江和苏州河流经中心城区，第四纪松散覆盖层广泛分布，软土层深厚，浅部土层因受古代水流的影响，沉积着厚度不均匀的粉砂和亚砂土层。同时，本市地下水位高，浅部土层富水性好，稍有动水力的作用，极易产生水土流失或流沙现象。根据上海市地矿工程勘察院关于地面塌陷隐患风险区划阶段性成果，从地质层面分析北翟路（嘉闵高架至外环高速）局部区段位于风险区划的三四级风险区域。

经调查，北翟路（嘉闵高架至外环高速）路段分布有一定程度的夹层土，多为粉质黏土或黏质粉土，埋深一般在 3.5 m 以下，厚度一般在 4～6 m，该层土粉砂含量大，颗粒级配不均匀，孔隙率大，含水量大，在水头及动荷载作用下，粉砂土可能发生水土流失现象，导致地下空洞的形成，有发生路面塌陷的可能。

2）雨污水管线渗漏

北翟路试点路段中的两处Ⅴ级病害 BDL-8（下行 K17＋400）、BDL-10（批发市场门口）和两处Ⅳ级病害 BDL-11、BDL-12 与污水管（井）的渗漏相关；一处Ⅳ级病害（下行 K17＋600）与雨水管的渗漏相关。

雨污水管线的渗漏引起水土流失，使管道周边土地逐渐松散流失继而形成变形沉降带和淘空垮落带，导致路面空洞的出现并容易引发路面塌陷（图 6-17）。

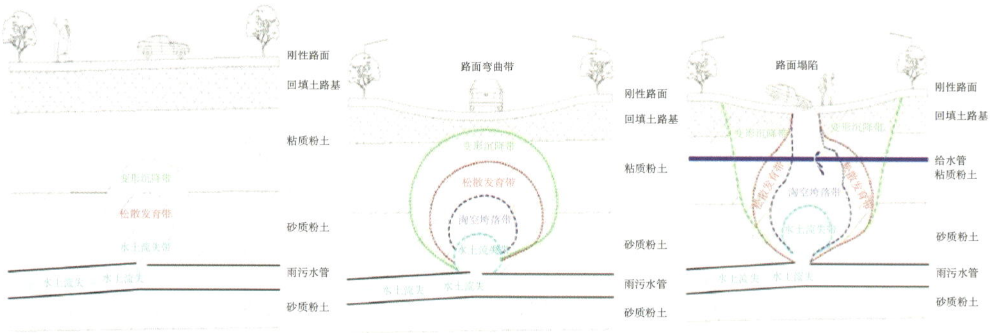

(a) 管道渗漏引起初期水土流失　(b) 管道渗漏引起中期水土流失　(c) 管道渗漏引起后期水土流失及路面塌陷

图 6-17　管道渗漏引起路面塌陷的机理示意图

3）道路自身建造问题、地下设施建造问题

北翟路试点项目的下行 K17＋400 位置的Ⅴ级病害产生的主要原因是建造初期雨污水管线排管不合理，且污水井采用砖砌井，自身建造存在一定的缺陷，导致该位置管道渗漏并形成地下空洞。

4）构筑物（包括管线等）周边压实度不足

其他Ⅳ级病害及7处土壤严重松散和一般疏松体，多数是由于管道周边土体压实度不足、构筑物（前期重新开挖浇筑混凝土等）周边土体密实度不足（施工中压实受限），在薄弱的土质环境和交通荷载的作用下，逐步形成小规模的空洞和脱空。

5）重载交通及动荷载的影响

随着经济的发展和交通压力的逐年增大，重载交通和大型运输方式等问题造成了道路路面使用性能下降、路面破坏严重等现象。重载交通及动荷载是最终造成路面塌陷的直接因素。长期的重载交通及动荷载作用还可能造成年久失修的管道连接处出现损坏和错位，有时也会引起渗漏。

6.1.2.6 处置对策

（1）对于风险等级为中等及以上的病害区域，建议采取工程措施治理路面以下病害；对于风险等级极高的病害区域，应立即采取封交措施并停止使用。

（2）建议联合管线单位对病害区域、周边管道进行排查，优先处理管道渗漏问题（路面空洞及塌陷最常见的根源问题）。

（3）管线附近脱空、空洞及富水体病害：①对于雨污水管线附近的地下病害，建议立即上报管线单位，首先排查管线问题，先对管线进行修复，再对管线周边区域进行开挖修复。②对于富水体病害，建议先排查该区域雨污水管和排水设施问题，再根据地下病害的风险级别采取措施。

（4）脱空、空洞、疏松体病害的处置：①对于一般的脱空、空洞和疏松体病害，建议采取注浆/灌浆等非开挖方式进行治理，降低对交通和社会生活的影响。非开挖施工前应对管线进行排查交底，施工同时打开周边井盖，关注管道和井内异常情况。②对于脱空严重或空洞较大的病害，建议可对路面进行开挖或采取开槽并浇灌混凝土的方式处理。

表6-21　　地下病害体信息卡

<table>
<tr><td>道路名称</td><td>北翟路</td><td colspan="2">病害编号</td><td>BDL-1</td></tr>
<tr><td>病害属性</td><td>空洞</td><td colspan="2">风险等级</td><td>Ⅳ</td></tr>
<tr><td>平面尺寸</td><td>1.1 m×0.8 m（面积 0.88 m^2）</td><td rowspan="2">中心坐标</td><td>经度</td><td>121.310570°</td></tr>
<tr><td>影响深度</td><td>0.35～0.8 m（净空 0.45 m）</td><td>纬度</td><td>31.221456°</td></tr>
<tr><td>病害位置描述</td><td colspan="4">下行2车道、桥墩“北N104”旁</td></tr>
</table>

（续表）

雷达图像	电子地图
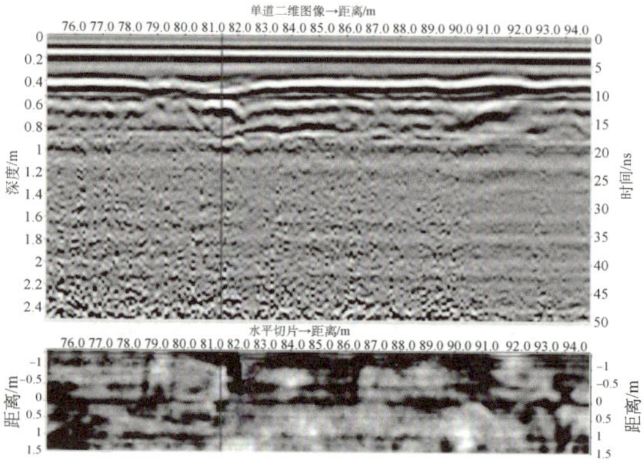	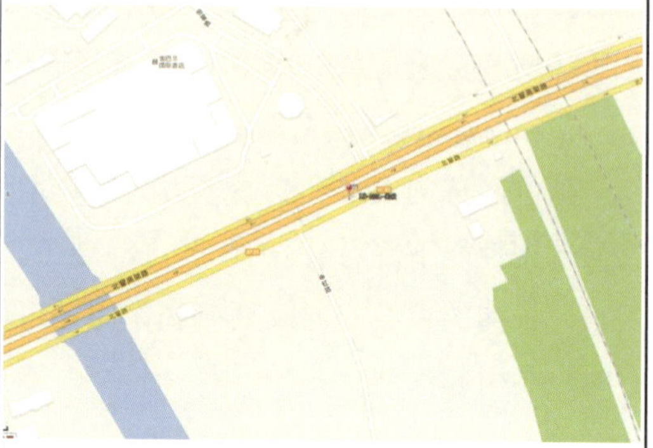
现场照片	

原因初步分析及处置建议	已钻探验证，推测原因：周边雨水/污水管线渗漏，直接导致道路路基土体密实度降低。处置建议：排查周边排水管线情况，尽快对空洞区域进行加固处置，避免发生道路塌陷事件

6.2 城市桥梁运行风险检测、评估与防控

6.2.1 闵浦大桥运行风险评估

6.2.1.1 概况

闵浦大桥位于奉浦大桥与徐浦大桥之间，东起浦江路的鲁陈路，西至吴泾镇的龙吴路，是进出浦东机场快速通道上的关键性节点工程，社会经济地位显著。由于地方道路与规划建设中的浦东机场高速公路在上海闵行区吴泾工业区形成共线跨越黄浦江，综合考虑地方道路过江需求、节约越江工程线位资源、发挥共建优势等因素，大桥采用了双层公路斜拉桥桥型。

大桥主桥跨径布置为(63＋63＋63＋63＋708＋63＋63＋63＋63)m＝1 212 m,详见图 6-18。上层按高速公路标准设计,双向 8 车道,桥面宽 40.5 m,设计车速为 120 km/h;下层为一般公路,双向 6 车道,桥面宽 26 m,设计车速为 60 km/h。该桥型方案中跨主梁采用钢桁梁结构,上、下层桥面板均为 U 形加劲肋加强的正交异性板,中跨主梁的截面如图 6-19(a)所示;边跨主梁为桁式腹杆组合结构,即腹杆采用桁梁结构,上、下桥面板采用劲性骨架加强的混凝土板,其截面如图 6-19(b)所示。

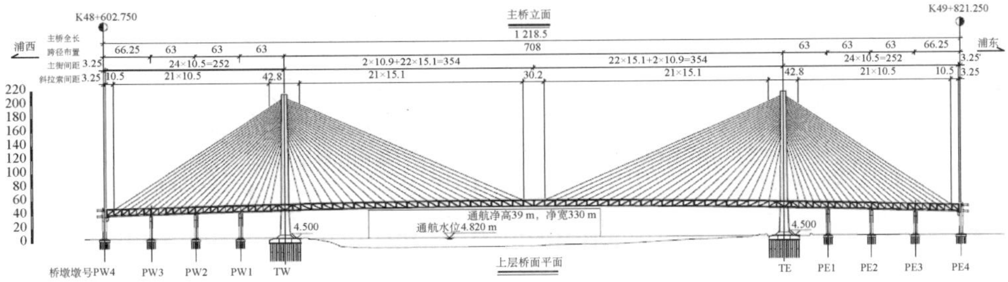

图 6-18　闵浦大桥立面图

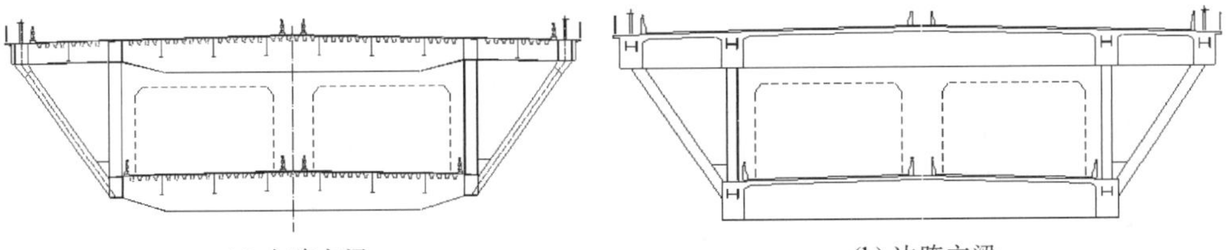

(a) 中跨主梁　　(b) 边跨主梁

图 6-19　闵浦大桥主梁标准截面图

闵浦大桥作为国内首座大跨钢结构双层公路斜拉桥,中跨采用钢桁架结构,边跨采用钢桁架组合结构。其上层为高速公路,下层为地方道路,使用过程中可能遭受的风险事态复杂,管理养护程序复杂、难度高。通过对闵浦大桥运营期间各种可能发生的风险事态进行全面、深入的分析,并对风险事态对大桥正常运营、人员安全、结构安全、正常管养的影响进行全面、合理的评估;研究制定运营阶段管理策略、紧急事件应急预案及养护要点;减少风险事态次生灾害或日常养护不到位造成的不必要损失,有助于提高大桥运营管养水平、提高安全保证程度、降低寿命周期管养成本。因此,对闵浦大桥运营阶段展开风险评估与管养对策研究具有重要意义。

6.2.1.2　运行风险评估方法及流程

1. 基于风险评估矩阵的评估与决策

本次风险评估主要关注闵浦大桥在主要风险事态影响下,主要构件本身的损失程度,并进而影响结构整体安全程度的构件易损性、结构强健性,有助于更准确地分析各种风险事态下构件损伤的概率与程度,并分析损伤对周边构件以及整体结构的影响。依据分析得到的具体场景下结构损伤程度并结合风险场景出现的概率,一方面可评估风险事态对结构安全、人员安全、管理费用、运营时间等方面的综合影响,给出本风险事态的总体评价;另一方面可在风险场景发生时给出科学的管理准则、明确事后检修排查时需重点关注的区域以及平时预防性的养护措施。此外,风险评估中得到的不可接受等级对应的结构破坏情况可作为设计优化的参考。采用桥梁风险矩阵决策方法作为评估方法及准则。风险评估流程如图 6-20 所示。

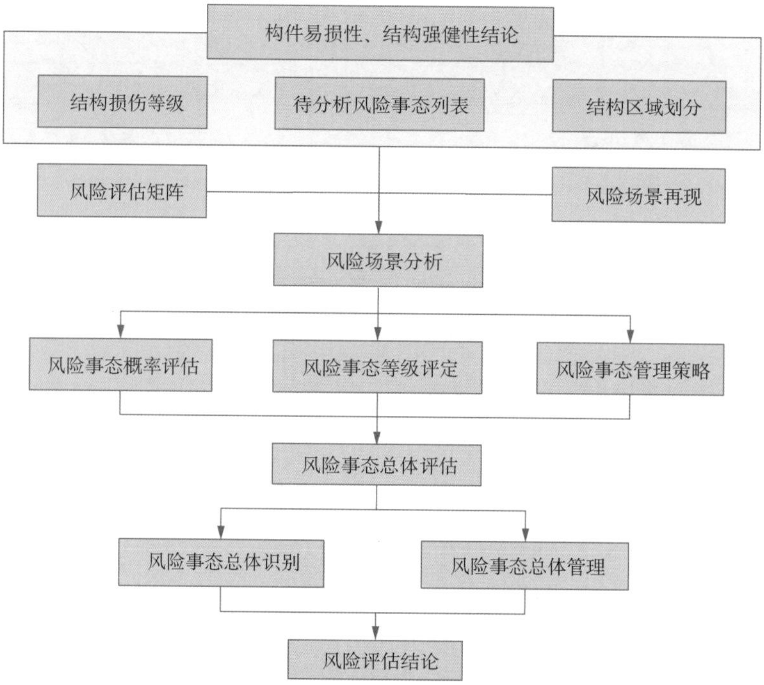

图 6-20　闵浦大桥运行风险评估流程

风险评估矩阵中的风险事态概率等级划分及描述、风险事态损失水平分级评价分别见表 6-22 和表 6-23。

表 6-22　　风险事态概率等级划分及描述

等级	1	2	3	4	5
文字描述	非常不可能	不可能	偶尔	可能	非常可能
概率范围	<0.000 3	0.000 3~0.003	0.003~0.03	0.03~0.3	>0.3

表 6-23 人员安全、运营时间、管养费用水平分级

等级	1	2	3	4	5
文字描述	无关紧要	一般的	严重的	非常严重	灾难性的
人员安全	0	伤 1～2 人	死亡 1～2 人，伤 10 人左右	死亡 10 人左右或伤多人	伤亡人数众多
运营时间	＜2 h	2～4 h	4～8 h	8～24 h	＞24 h
管养费用	＜10 万元	10 万～20 万元	20 万～100 万元	100 万～200 万元	＞200 万元

2. 损伤分级与风险管理区域划分

损伤程度是衡量事故严重程度的重要指标，通过对闵浦大桥构件易损性、结构强健性进行分析，将结构损伤分为五个等级（表 6-24），以便于评估。根据主要构件、构件纵横向位置等，将闵浦大桥运行风险管理区域划分为 A～H 共 8 个，如图 6-21 所示。其中，对闵浦大桥主要构件主梁 D、E 及主塔 B 风险管理区域进一步划分，如图 6-22、图 6-23 所示。

表 6-24 结构损伤分级

等级	典型结构损伤描述
1	（1）照明设备、防护栏杆等发生损伤； （2）斜拉索锚管外表出现划伤等
2	（1）单根、纵桥向相同位置 1 对斜拉索失效； （2）桁架梁杆件表面局部变形； （3）桥塔、承台等混凝土构件大面积产生微小裂缝； （4）照明设备等附属设施严重破坏
3	（1）大桥边跨同侧两相邻斜拉索失效； （2）桁架梁主桁架杆件表面受损但尚未影响受力； （3）承台等混凝土构件广泛分布微小裂缝
4	（1）边跨、跨中连续 3 对斜拉索断裂，塔下 2 对斜拉索断裂； （2）桁架梁主桁架竖腹杆失效或斜腹杆、副桁架斜撑损伤； （3）桥塔、承台等混凝土构件严重开裂或局部保护层剥落
5	（1）塔下 2 对或跨中 4～5 对相邻斜拉索失效； （2）桁架梁主桁架斜腹杆失效及多个主副钢桁梁杆件变形； （3）桥塔、承台等混凝土构件被压碎或纵筋失效

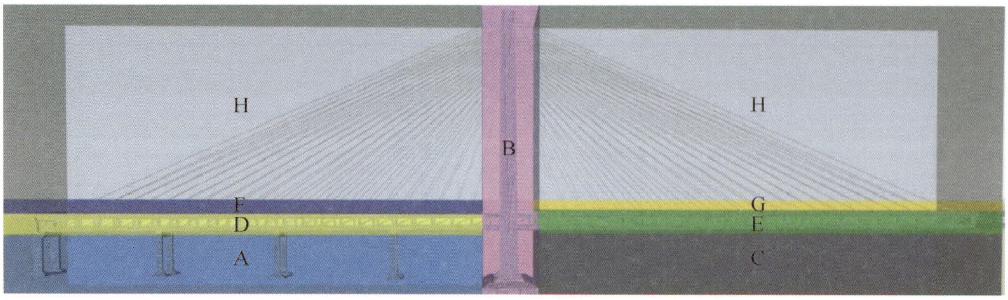

图 6-21　闵浦大桥运行风险管理区域划分

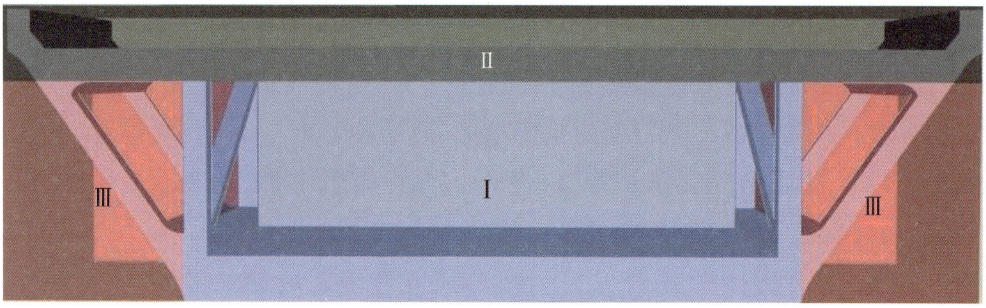

图 6-22　闵浦大桥主梁风险管理区域划分

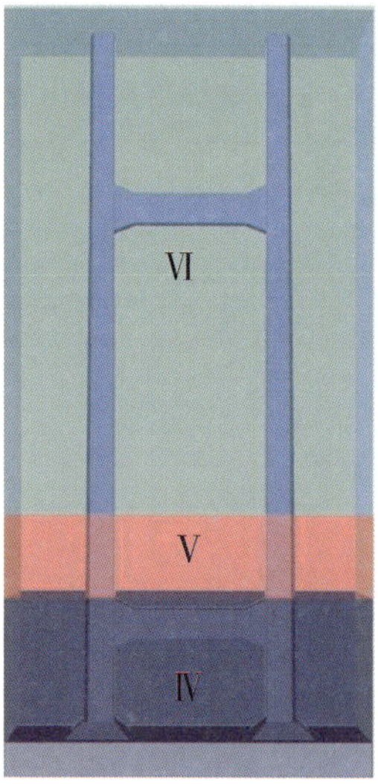

图 6-23　闵浦大桥主塔风险管理区域划分

3. 运行风险识别

根据闵浦大桥结构型式、运营阶段周边环境等特点，结合以往桥梁运营安全事故案例，罗列闵浦大桥运营阶段可能产生的风险。同时，邀请桥梁设计、运营管理、风险管理等相关领域的专家,对所列风险项和风险源进行探讨,确保风险不遗漏、不多余。闵浦大桥运行风险主要包括自然灾害、交通事故、蓄意袭击和其他风险,风险识别结果列于表 6-25。

表 6-25 闵浦大桥运行风险识别结果

编号	风险项	风险源
1	自然灾害	地震灾害
2		风影响
3		暴雨影响
4		冰雪影响
5		雾影响
6	交通事故	普通交通事故
7		易燃品、危险品交通事故
8	蓄意袭击	爆炸袭击
9		纵火袭击
10		动能袭击
11	其他风险	轻生事故
12		车辆冲出桥面
13		构件坠落
14		汽车自燃
15		行人攀爬主梁桁架斜腹杆
16		照明系统供电故障

6.2.1.3 运行风险评估——以地震灾害为例

1. 上海地区地震史料

根据历史记载资料及地震监测资料,有关上海地区曾经发生及遭遇地震影响的统计资料列于表 6-26。

表 6-26 上海地区 1475—1949 年发生重大地震统计

时间	地点	地震描述
1624 年 9 月	上海境内	上海境内唯一的一次破坏性地震,民居有倾者
1668 年 7 月	山东郯城	崇明、嘉定有破坏记载,前者为地面崩裂,后者为嘉定城南一里的留光寺(今废)殿倾
1853 年 4 月	南海、黄海	上海全境地大震,百姓喧哗,出立户外,竟夕不寐,有烟囱和墙壁倒塌,川沙民居有倾者
1927 年 2 月	南海、黄海	上海江湾赛马场俱乐部及钟塔大片墙皮及多处石块脱落,甚至有部分石墙坍倒

1980年以后，上海地震监测点统计得到的有感地震列于表6-27。

表6-27　　上海地区1980年以来有感地震统计

时间	地点	震级	上海地区震感
1984年5月21日	南黄海	6.2级	上海强烈有感
1990年2月10日	江苏省常熟市、太仓市	5.1级	上海强烈有感
1991年2月17日	上海市青浦区练塘镇	3.0级	上海当地有感
1994年9月16日	台湾海峡	7.3级	上海15层以上有感
1995年4月2日	上海西南	2.9级	上海大部有感
1996年11月9日	长江口以东海域	6.1级	上海强烈有感
1997年7月28日	南黄海	5.2级	上海东北部有感
1997年8月3日	长江口	3.9级	上海东部有感
1999年5月12日	南黄海	3.9级	上海东北部有感
2008年5月12日	四川省汶川县	8.0级	上海高层建筑有感

由上述可知，上海处于6度区，考虑到上海的经济、社会、文化各方面在全国所处的地位，《建筑抗震设计规范》(GB 50011—2010)中规定：上海抗震设防烈度为7度，设计基本地震加速度值为0.10g。闵浦大桥采用的设防等级即为7度。

2. 地震风险场景

地震属于突发事件，事前难以预报，根据地震震级识别三种风险场景，并建议主要管理对策如下。

1）风险场景1：遭遇7度及以下地震

(1) 总体评价：①由“闵浦大桥构件易损性、结构强健性分析”可知，桥塔抗震能力较强，此风险场景发生时基本不会造成主要构件的损伤，不会对整体结构受力造成影响，不会发生结构损伤造成的人员伤亡。②影响运营时间有限。③可能造成附属设施损伤。④震后需要开展部分检修工作，但不会涉及大量维修资金。

(2) 预防措施：日常加强地震后的应急响应，做好相关设备的保障。

(3) 管理措施：密切关注大桥运营安全，如无交通事故或明显震害，可以继续维持正常运营，不必特殊交通管制。

(4) 检查措施：震后各区域检查内容见表6-28。

表6-28　　风险场景1检查内容

检查区域	检查内容
A区	墩底混凝土是否出现块状剥落；D-Ⅰ区下方是否出现错位

（续表）

检查区域	检查内容
D区	伸缩缝是否有过大变形；主梁检修车是否受损
Ⅰ区	钢桁梁是否出现变形翘曲；排水设施是否破裂；主梁检修人行道是否松动脱落；各类预警告示牌、监控摄像头、结构检测设备是否松动脱落
Ⅱ区	斜拉索锚管是否开裂；排水设施是否破裂；主梁检修人行道是否松动脱落；各类预警告示牌、监控摄像头、结构检测设备是否松动脱落
Ⅲ区	钢桁梁是否出现变形翘曲

2）风险场景2：遭遇8度地震

（1）总体评价：①由“闵浦大桥构件易损性、结构强健性分析”可知，此场景可能造成塔底轻微破坏。不会影响到桥梁整体受力或引起桥梁整体破坏。②少量人员伤亡。③影响运营时间较短暂，检修后可以迅速开放通行。

（2）预防措施：日常加强地震后的应急响应，做好相关设备的保障。

（3）管理措施：①密切关注大桥结构安全，如桥梁主要部位是否发生轻微病害、附属结构是否发生局部损伤；短暂交通管制，尤其是下层桥面，如封闭其通行，以防止坠落物造成人员伤亡或车辆受损。待检修后解除管制。②发生较大交通事故时，及时和交警部门协作，进行局部交通管制，尽快处理事故，争取尽早恢复正常交通。

（4）检查措施：震后各区域检查内容见表6-29。

表6-29　　风险场景2检查内容

检查区域	检查内容
A区	墩底混凝土是否出现块状剥落或大面积裂缝；支座是否有脱空、位移现象；是否出现较大变形
B区	Ⅳ区塔底是否广泛分布微小裂缝；Ⅳ区下横梁梁端是否有碰撞、破碎现象
D区	伸缩缝是否有过大变形；主梁检修车是否受损
Ⅰ区	钢桁梁是否出现变形翘曲；排水设施是否损伤或断裂；主梁检修人行道是否松动脱落；各类预警告示牌、监控摄像头等是否松动脱落；照明设备是否出现破损
Ⅱ区	斜拉索锚管是否开裂；拉索是否出现失效；排水设施是否损伤或断裂；主梁检修人行道是否松动脱落；各类预警告示牌、监控摄像头等是否松动脱落；照明设备是否出现破损
Ⅲ区	钢桁梁是否出现变形翘曲

3）风险场景3：遭遇9度以上地震

（1）总体评价：①由“闵浦大桥构件易损性、结构强健性分析”可知，此风险场景可能造成主塔塔底向中等破坏发展；上横梁处进入轻微破坏和中等破坏的概率较大；对整个桥梁结构影响很大，但尚能保证桥梁不会倒塌。②可能造成人员伤亡并且影响交通时间较长，需要较高的维修资金。③待检修后方可确定开放时间及通行车型。

(2) 预防措施:日常加强地震后的应急响应,做好相关设备的保障。

(3) 管理措施:立即封闭大桥入口,密切关注大桥结构安全,指导救灾活动。要求疏散两层桥面上的所有车辆,来不及疏散的车辆可停留在 D-Ⅱ区。

(4) 检查措施:震后各区域检查内容见表 6-30。

表 6-30 风险场景 3 检查内容

检查区域	检查内容
A 区	是否出现混凝土严重开裂、大面积呈片状剥落;墩柱与横梁交界处是否有较大损伤;墩底与承台交界处是否发生冲切破坏;支座是否有脱空、位移现象;是否出现剪切变形
B 区	B-Ⅵ区钢锚箱是否出现变形;斜拉索锚固端是否有破损、断裂现象;上下横梁与塔柱的交界处、塔底是否出现混凝土剥落或严重开裂;Ⅳ区塔底是否广泛分布微小裂缝;Ⅳ下横梁梁端是否有碰撞破碎现象
D 区	伸缩缝是否有扭曲、脱落现象;主梁检修车是否受损
Ⅰ区	钢桁梁构件是否变形、焊缝是否开裂以及钢-混凝土连接是否破坏;排水设施是否损伤或断裂;主梁检修人行道是否松动脱落;各类预警告示牌、监控摄像头等是否松动脱落;照明设备是否出现破损
Ⅱ区	斜拉索锚管是否开裂;拉索是否出现失效;排水设施是否损伤或断裂;主梁检修人行道是否松动脱落;各类预警告示牌、监控摄像头等是否松动脱落;照明设备是否出现破损
Ⅲ区	钢桁梁构件是否变形、焊缝是否开裂以及钢-混凝土连接是否破坏

3. 地震风险评估

根据上述分析,闵浦大桥抗震风险总体水平较高,可以将地震分为三个风险事态进行管理,风险事态评价见表 6-31、表 6-32。

表 6-31 闵浦大桥地震风险损失分项评价

评价代号	风险事态描述	人员安全	运营时间	管理费用	结构安全
R1001	闵浦大桥遭遇 7 度及以下地震	2	2	3	2
R1002	闵浦大桥遭遇 8 度地震	3	4	4	3
R1003	闵浦大桥遭遇 9 度及以上地震	4	5	5	4

表 6-32 闵浦大桥地震风险基本评价

评价代号	风险事态描述	风险概率	风险损失	矩阵评价
R1001	闵浦大桥遭遇 7 度及以下地震	3	3	合理控制
R1002	闵浦大桥遭遇 8 度地震	2	4	合理控制
R1003	闵浦大桥遭遇 9 度及以上地震	2	5	严格控制

4. 运行风险评估结论

对闵浦大桥运营阶段与地震灾害相关的风险事态进行评估。根据风险事态具体场景评估结果，经过分析、筛选，去掉可忽略、可接受的风险事态，得到需要进行管理的风险事态，并依据其相对重要性进行排序，得到闵浦大桥运行风险等级分类(表 6-33)。

表 6-33　　闵浦大桥运行风险等级分类(地震灾害相关)

级别排序	总体代号	风险事态	矩阵评价
1	R1003	闵浦大桥遭遇 9 度及以上地震	严格控制
2	R1001	闵浦大桥遭遇 7 度及以下地震	合理控制
3	R1002	闵浦大桥遭遇 8 度地震	合理控制

通过分析具体风险场景评估结果可知，对于整个区域而言，恶劣自然灾害(如高烈度地震、大雾、高等级台风)对桥梁的应急响应要求较高，如果响应较慢，可能会产生次生灾害并造成更多的人员伤亡和财产损失，影响大桥的正常使用。

根据结构的易损性、强健性分析结果，对闵浦大桥运营期间可能出现的风险事态进行分析，根据分析结果结合风险矩阵、定性定量相结合的评估方法对闵浦大桥运营阶段进行了全面的评估，并提出了相应的风险管控建议措施。结果表明，闵浦大桥运营阶段所有风险事态均处于可控制范围，没有出现不可接受的情况。需要注意的是，本次评估过程和结论基于现阶段闵浦大桥的周边环境、国内外政治环境和经济条件阐述，当这些条件发生重大变化时，需要对上述评估结论进行重新分析和审视。

6.2.2　闵浦二桥基于监测的风险管理

6.2.2.1　概况

上海闵浦二桥全长 5.8 km，其中 3.234 km 为公路、轨道交通共线段，上层机动车双向四车道(二级公路)，下层为预留轨道交通(5 号线南延伸段，2018 年 12 月 30 日开通运营)，主桥采用独塔双索面双层钢桁架斜拉桥方案。

闵浦二桥主桥结构健康监测系统于 2010 年 12 月 15 日通过竣工验收，自 2011 年 1 月起实行全天 24 h 监测，并由专业运维服务团队采用科学的工作方法和专业的技术手段，配合养护单位共同保障桥梁结构安全。项目通过对传感器监测数据的实时分析处理，及时掌握结构安全指标的特征和变化趋势，提高对突发性损伤的发现速度，在指标突变或异常事件发生时，提供及时、快速的结构安全报警。

6.2.2.2　基于监测的运行风险评估方法

1. 健康监测设计

闵浦二桥结构健康监测系统共布设 4 大类 169 个传感器，包括：GPS 测点 3 个（不含基站）、伸缩仪 8 个、加速度计 14 个、振弦式索力计 12 个、结构应变计 46 个、结构温度计 52 个、静力水准仪 8 个、风速风向仪 2 个、温湿度仪 2 个、疲劳计 14 个等，系统的外场机柜布置在下层桥面主塔交界处，该外场机柜内设置了系统的所有采集、网络、供电关键设备。实时监测项目及传感器测点布置如图 6-24、表 6-34 所示。

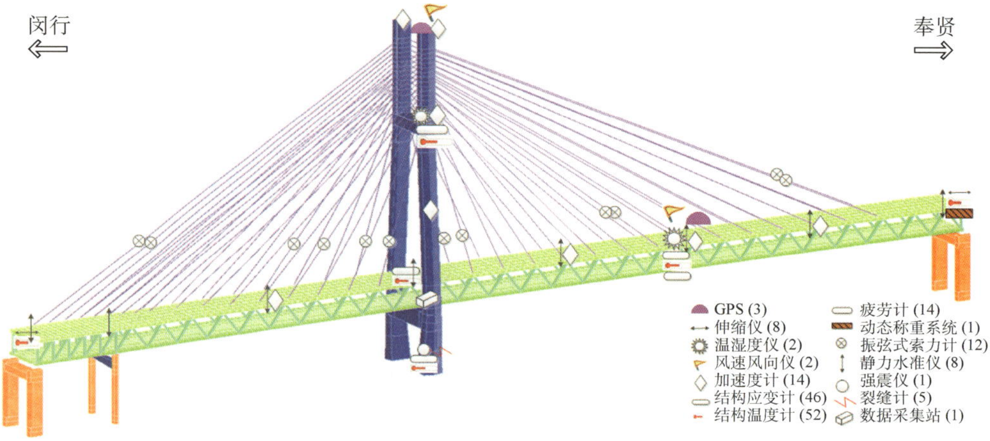

图 6-24　闵浦二桥传感器布置总图

表 6-34　　闵浦二桥实时监测项目

序号	实时监测内容		监测目的
1	环境与荷载	大气温湿度	掌握桥址处大气温湿度情况
		风速风向	掌握桥面及塔顶风速风向
		强震	掌握主塔基础位置地面振动情况
		结构温度	掌握大桥梁部、塔部和斜拉索的结构温度
		车荷载	掌握大桥桥面各类车的轴重及车速情况
2	结构几何状态	塔顶及跨中变位	掌握塔顶和跨中实时三维坐标
		主梁挠度及墩台沉降	掌握主梁挠度及墩台相对沉降
		伸缩缝变位	掌握伸缩缝实时变位
3	结构静态响应	斜拉索索力	掌握斜拉索索力
		主梁断面应变	掌握主梁断面应变
4	结构动态响应	梁塔振动	掌握梁塔振动情况
		梁部动应力荷载谱	掌握梁部关键点动应力荷载谱

2. 健康监测软件系统

根据传感器及数据采集设备的物理分布、功能要求和系统的总体应用方式，整个结构健康监测软件系统划分为图 6-25 所示的四个子系统。

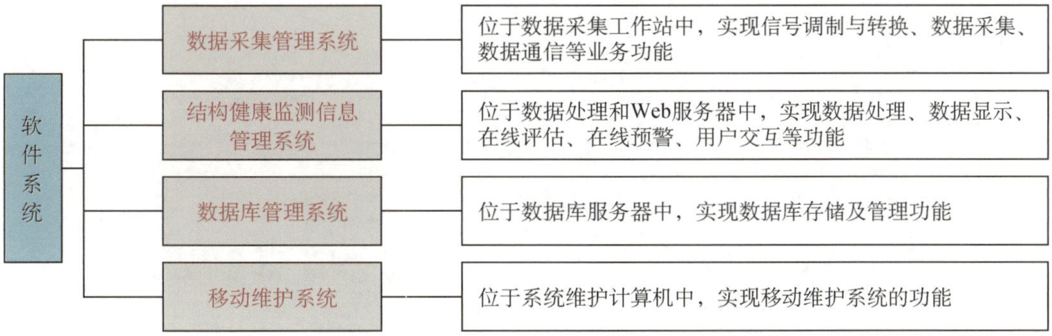

图 6-25　软件系统

除系统运营、管理人员外，其他用户如决策者、技术管理人员以及结构专家等，均主要使用结构健康监测信息管理系统（又称用户界面子系统），并通过该系统实现与整个健康监测系统的交互，以达到各用户对系统的操作要求，实现各类数据的增删改查。

用户界面子系统采用 J2EE 作为其主要应用平台，以 C/S 和 B/S 相结合的开发方式实现，其功能模块划分如图 6-26 所示。系统典型功能界面如图 6-27 所示。

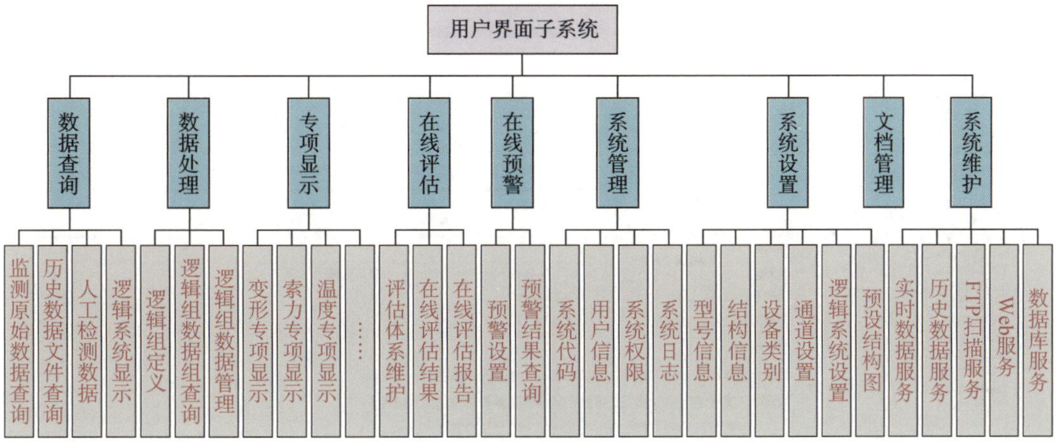

图 6-26　软件功能模块划分

桥梁结构运营荷载主要包括车辆荷载、风荷载、温度荷载以及突发的地震荷载等。掌握闵浦二桥结构所承受的各类荷载的实际状况，对比所采用的结构设计荷载水平，或将实际监测的荷载输入结构有限元基准模型中进行分析，评价结构在既有荷载作用下是否安全。针对各类突发事件，管理单位应根据闵浦二桥健康监测系统数据，及时对结构安全进行分析评估，并提交相应的临时评估报告。

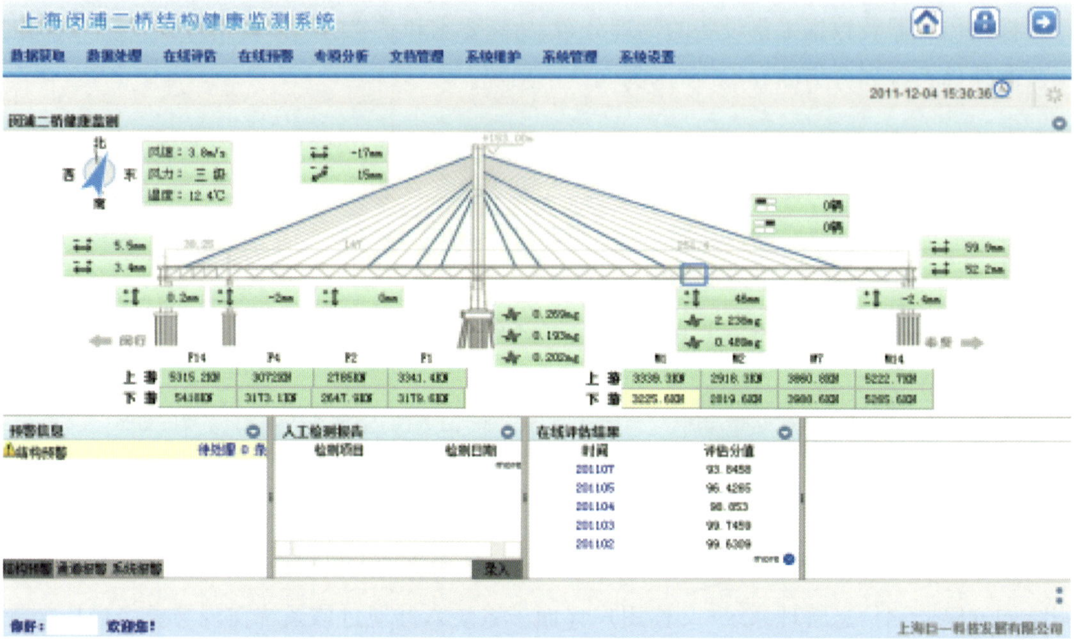

(a) 系统首页

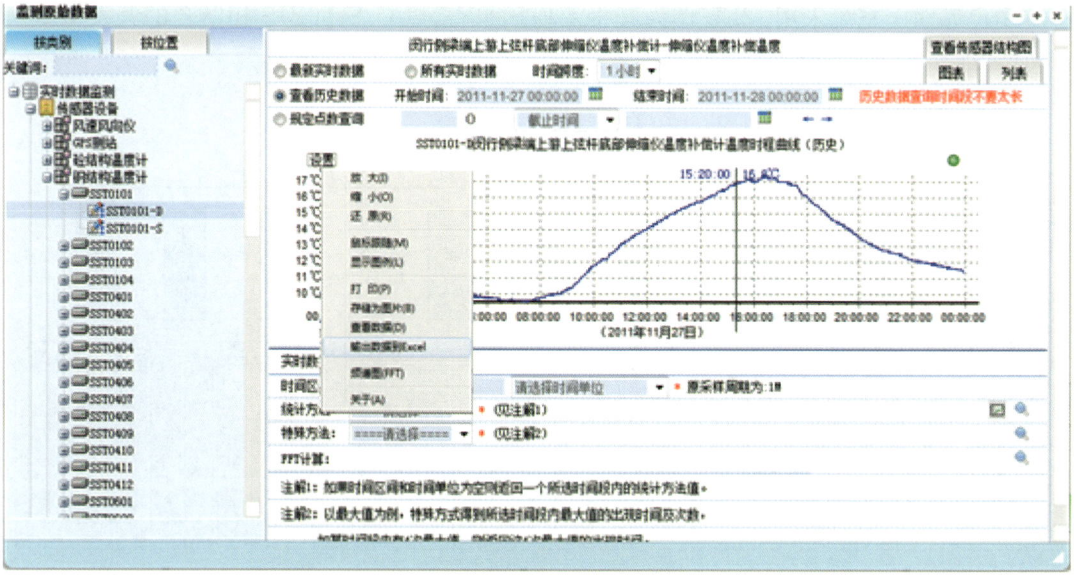

(b) 数据查询典型界面

图 6-27　授权系统典型功能界面

6.2.2.3　基于监测的典型风险防控案例

根据上述风险评估方法，本节以车祸堵车、锚箱积水、船撞、台风等典型风险事件为例，介绍基于监测的风险防控方法。

1. 车祸引发桥面拥堵

闵浦二桥主跨跨中附近分别在2012年12月25日早上6时35分和6时38分发生两起车祸，其中6时35分为奉贤往闵行方向一辆面包车与电瓶车相撞，6时38分为闵行到奉贤方向一辆小客车撞击中间护栏。第一起车祸造成闵浦二桥下游侧桥面在6点40分至8点00分期间严重堵车，如图6-28所示。

图6-28 闵浦二桥车祸及桥面拥堵监控视频截图

图6-29为闵浦二桥结构健康监测系统记录的因车辆拥堵造成的大桥结构响应状况。在下游侧桥面拥堵情况下，从时程曲线上看，主跨跨中杆件应变、索力、塔顶GPS和静力水准仪均有明显的变化，但变化量并不大，其中应变变化量最大的是下游侧下弦杆，为5.2 $\mu\varepsilon$，换算为应力为1.04 MPa；索力变化量最大的是下游侧M7号索，为27 kN；静力水准仪测得竖向位移变化量为3 mm；塔顶GPS横向位移变化量为15 mm，偏下游侧；跨中GPS和其他指标无明显响应。由于运营管理部门的及时疏导，当桥面的拥堵车辆通畅后，结构响应中的应变、索力、变形等指标又恢复到拥堵前的水平。

根据以上分析，大桥拥堵时主跨跨中杆件应力、索力、静力水准测得的竖桥向位移和GPS测得的塔顶横桥向位移均有明显变化，但变化量都很小，其他结构的响应指标无明显变化。大桥通畅后，结构响应指标又恢复至拥堵前的水平，结构保持在弹性状态，说明此次事件未对闵浦二桥结构造成严重损坏，结构仍处于安全状态。

针对车祸堵车风险，最终给出的建议是：应及时清理车祸造成的路面污染，重点检查发生车祸位置的护栏、桥面铺装等结构的完整性，其他正常养护。

2. 锚箱积水导致挡块异常

由于闵浦二桥为全漂浮、双层、非对称结构，约束的改变可能引起关键构件的损伤。因

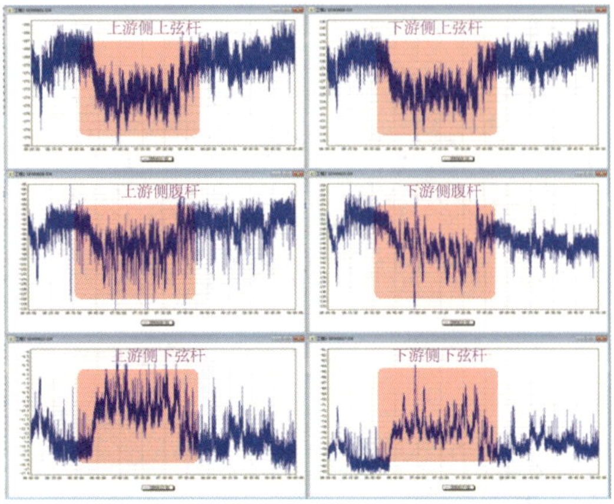

(a) 堵车前后主跨跨中应变时程曲线

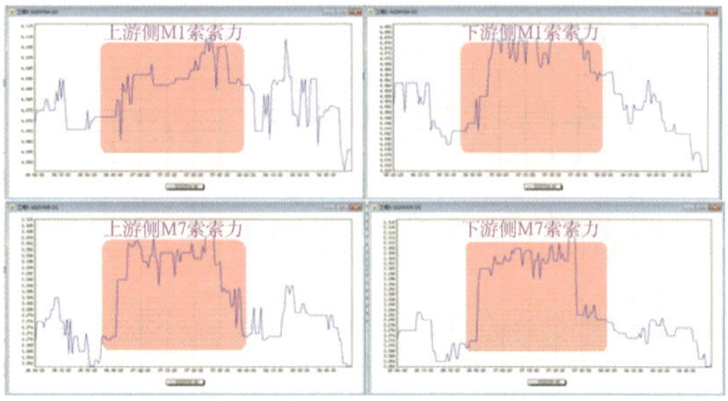

(b) 堵车前后索力时程曲线

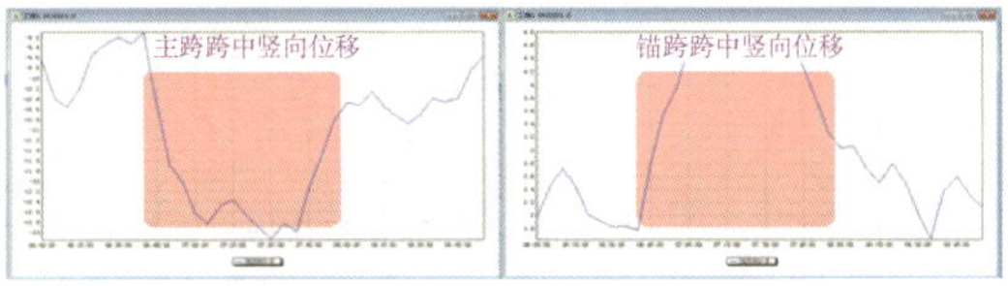

(c) 堵车前后静力水准仪时程曲线

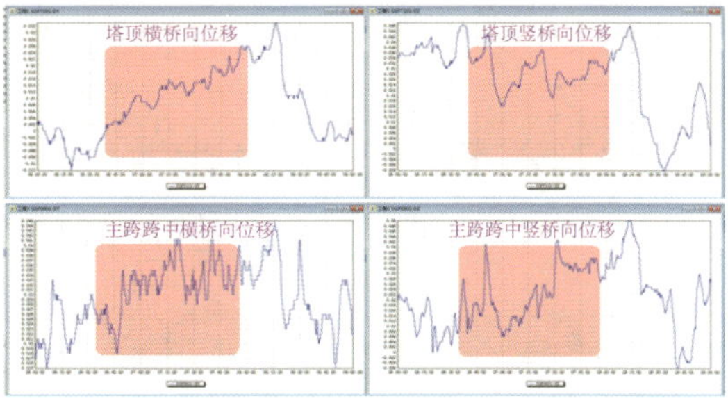

(d) 堵车前后塔、梁GPS时程曲线

图 6-29　堵车前后结构效应时程曲线

此，除了监测其关键的梁端位移的相关指标外，还应对全桥的约束状况进行常规检查，包括：梁端伸缩缝、支座(分主塔下横梁处的横向支座、纵向支座、闵行侧及奉贤侧的过渡墩支座)、限位挡块(分横向限位挡块和纵向限位挡块)的技术状况。结构所有约束构件的位置和编号如图 6-30 所示。

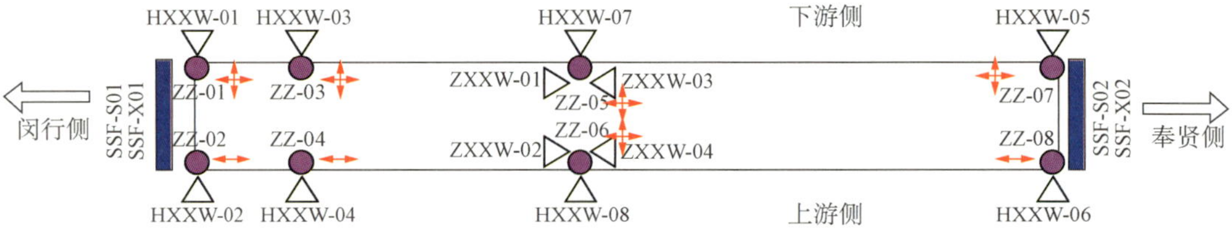

图 6-30　闵浦二桥约束构件编号图

2011 年 7 月巡检时发现主塔上游侧靠近闵行端的纵向限位挡块有挤压痕迹(图 6-31)，发现该处异常后，按规范化处理流程进行处理。

(1) 结合结构监测系统的监测数据进行综合分析，同时收集各方资料，建立索塔结构的精细有限元模型进行理论计算，对主梁位移、索塔变位及受力等进行了全面的分析与安全评估，并会同设计单位一起会诊。

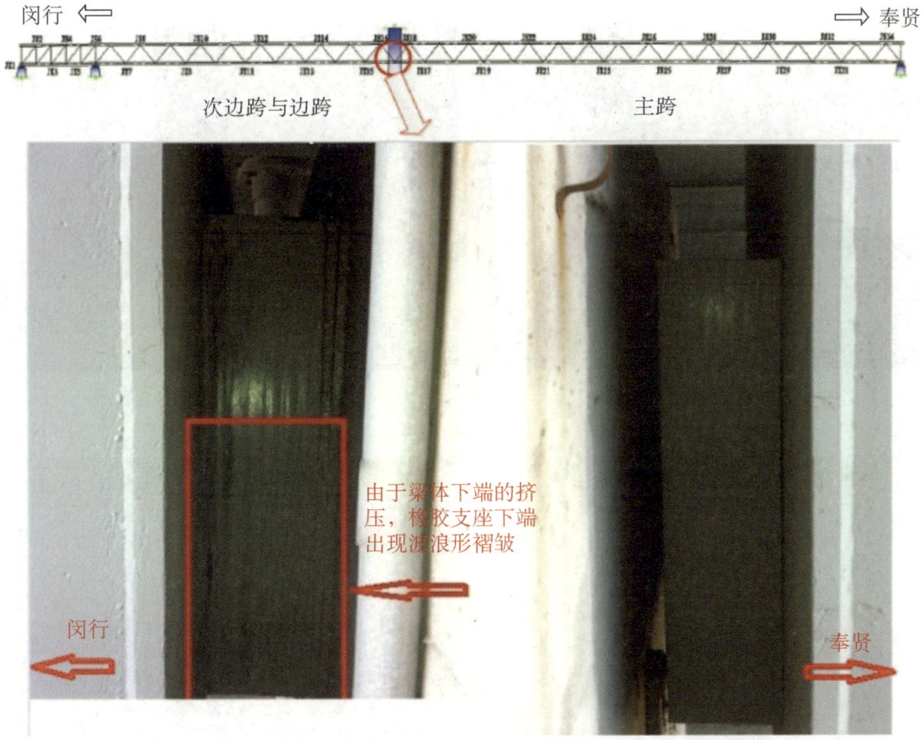

图 6-31　限位挡块异常(2011 年 7 月)

(2) 组织结构安全测评中心的结构工程师，协同养护单位对闵浦二桥梁端位移、索塔处支座、锚跨箱梁、过渡墩支座等状况进行现场踏勘和详细检查，进一步发现了锚跨箱梁的积水，确认锚箱积水是纵向限位挡块产生挤压的主要原因。

(3) 给出相应的结论和养护建议，由养护单位定期实施。

(4) 与养护单位共同将其制定为“结构关注点”，并在后续每年的人工巡检和结构监测中进行跟踪观测。

为有效跟踪“结构关注点”，在结构约束的巡检中采取以下措施使检查工作规范化和可追溯化。

(1) 根据所有约束构件的唯一编号进行检查，记录外观状况及相应的位移数据，并将检查结果录入系统，以便长期跟踪和比对。

(2) 每年巡检都会选择工况相似的时段(每年的 7～11 月)对约束构件进行检查。

典型支座检查照片如图 6-32 所示。

3. 船舶与主塔擦撞

2012 年 10 月 13 日，系统监测发现塔底三向加速度有突变。鉴于闵浦二桥主塔位于黄浦江中心位置且江中船只航行繁忙，初步判断可能是船撞。通过对加速度、位移、索力及应

(a) ZZ1 (索塔闵行侧上游)
纵向限位挡块脱落

(b) ZZ2 (索塔奉贤侧上游)
纵向限位挡块正常

(c) ZZ3 (索塔闵行侧下游)
纵向限位挡块老化开裂

(d) ZZ4 (索塔奉贤侧上游)
纵向限位挡块正常

图 6-32　ZZ1(索塔闵行侧上游)纵向限位挡块脱落

变等数据的分析排查,并配合养护单位组织结构工程师到现场对主塔内外混凝土状况、防撞钢套箱等构件进行人工检查,发现主塔承台外部的防撞钢套箱存在新鲜擦痕,最终确定闵浦二桥主塔发生轻微的船撞事件。

闵浦二桥结构健康监测系统如实记录了事件前后的结构关键响应,如图 6-33 所示,分析如下:

(1) 事件发生时,承台处强震仪有响应,其峰值最大为 2mg,高于平常测值水平,但远小于东海大桥颗珠山斜拉桥在 2007 年 1 月 1 日的船撞加速度峰值(40mg)。

(2) 分析和比较结构健康监测系统在该次事件前后的其他结构响应数据,如索力、GPS、应变等,均未发现明显异常。

(3) 现场检查发现主塔承台防撞钢套箱外侧有碰撞凹陷痕迹(此处在当年夏末涂装过,当时未发现凹痕),位置在靠近奉贤侧的上游方向。

(4) 对主塔底部外侧和内侧均进行详细检查,主体外观良好,仅发现数条竖向裂缝,已做裂缝勾勒，可为后续监测提供基准参考。

(a) 船撞痕迹

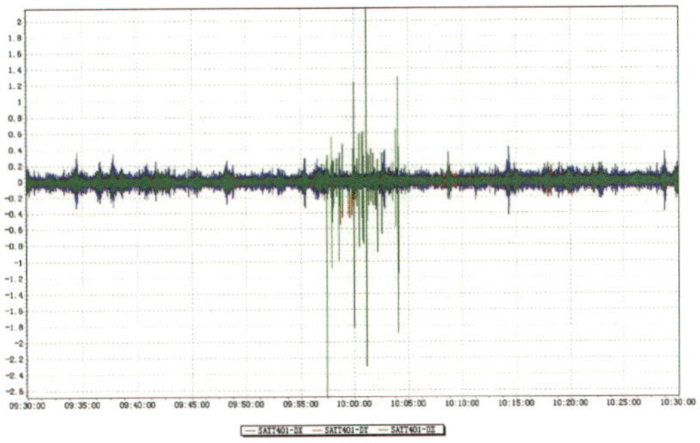

(b) 监测数据分析

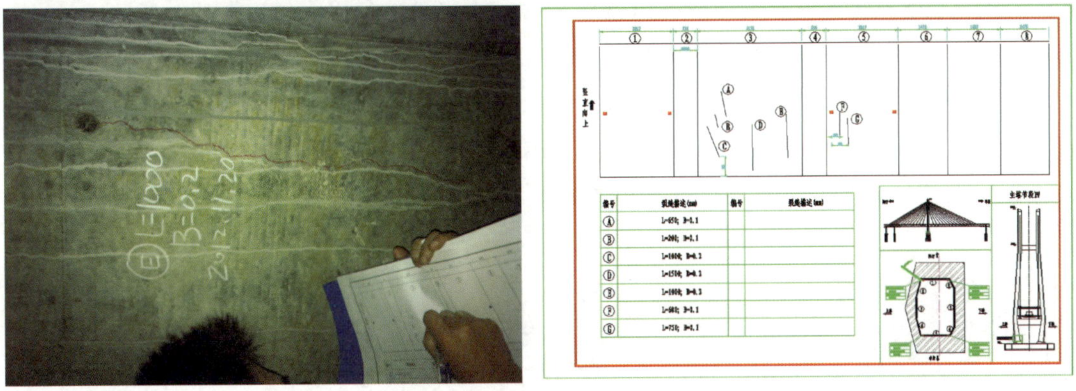

(c) 塔底裂缝检查与记录

图 6-33 船撞监测与检查评估

通过对健康监测系统实时监测数据分析评估及现场检查确认，最终得出如下结论：

(1) 加速度数据跳变由过往船只碰撞造成，但由于主塔承台设置了防撞钢套箱，吸收了部分碰撞能量，因此结构受到的影响不大，主塔结构安全。

(2) 鉴于闵浦二桥主塔位于黄浦江中心，尽管避开了主航道，但繁忙的水运交通仍有可能造成此类船撞事件，可能对主塔结构造成不利影响，建议增加对主墩台的监控摄像设施，并接入现有健康监测系统，便于此类事件的追溯跟踪与管理。

(3) 本次针对主塔外观所做的人工检查发现部分裂缝，建议尽快封闭处理，以增强桥塔的耐久性，并建议以此次现场记录作为日后主塔外观性能监测的比对基础。

4. 台风及强降雨

2021 年第 6 号台风“烟花”于 2021 年 7 月 18 日凌晨 2 时在西北太平洋洋面上生成，中心附近最大风力有 8 级(18 m/s)，中心最低气压为 99.8 kPa。台风“烟花”于 7 月 25 日 12 时 30 分前后登陆舟山普陀区，登陆时强度为台风级，中心气压 96.5 kPa，中心最大风速

38 m/s。7 月 26 日上午 9 时在杭州湾西部减弱为强热带雨风暴，其中心于 7 月 26 日上午 9 时 50 分在浙江省平湖市沿海再次登陆，二次登陆时中心附近最大风力 10 级(强热带风暴，28 m/s)，中心最低气压为 97.8 kPa。由于台风本体水汽含量大，加之大风速配合地形抬升，浙江北部、上海、江苏、安徽南部等地需防范强降雨。

上海中心气象台于 7 月 23 日 7 时解除大风蓝色预警，发布台风蓝色预警信号。7 月 24 日 8 时 40 分发布暴雨黄色预警信号，7 月 24 日 13 时更新台风蓝色预警信号为台风黄色预警信号，7 月 24 日 20 时更新台风黄色预警信号为台风橙色预警信号。7 月 26 日 11 时更新台风橙色预警信号为台风黄色预警信号，7 月 26 日 16 时更新台风黄色预警信号为台风蓝色预警信号，暴雨蓝色预警也依然高挂，22 时 15 分更新暴雨蓝色预警信号为暴雨黄色预警信号。截至 7 月 27 日 10 时，上海市区为台风蓝色预警＋雷电黄色预警＋暴雨蓝色预警。

上海市自 7 月 23 日开始受台风影响，截至 27 日 11 时，台风蓝色预警仍然高挂，但台风“烟花”(热带风暴级)中心位置已过上海同纬度，上海市区天气转为阴有时有阵雨或雷雨，大部地区阵风 6～7 级，沿江沿海地区以及江河湖面阵风 8～9 级。图 6-34 所示为台风“烟花”行进路线图。

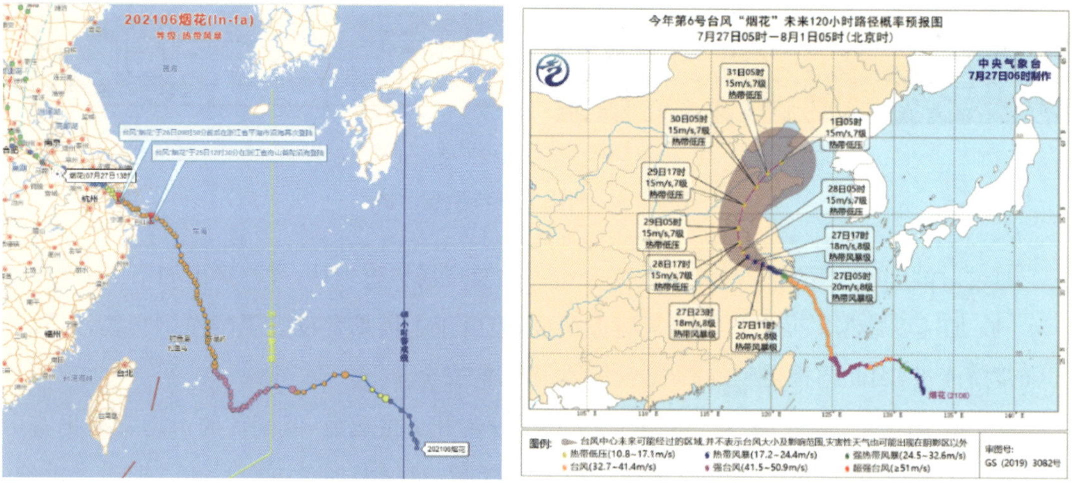

图 6-34　台风“烟花”行进路线图

在闵浦二桥结构健康监测系统中，于上游侧塔顶和主梁主跨跨中分别安装了风速风向仪，实时监测塔顶及桥面的风荷载情况。图 6-35 所示为风速风向仪监测的原始数据和 10 min 均值时程曲线。

从图 6-35 可以看出，在 2021-07-25 06:00—2021-07-26 06:00，桥面风速明显增大，桥面 10 min 平均风速的最大值为 21.8 m/s(2021-07-25 15:20)，相当于 9 级台风，风向为西北方向。台风影响时段结构主要响应指标监测情况如图 6-36 所示。

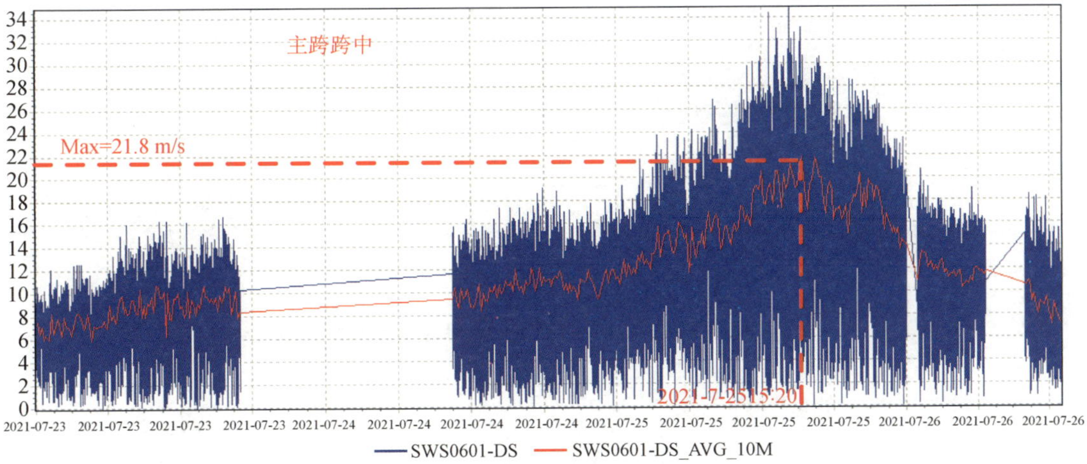

图 6-35　主跨跨中风速时程曲线

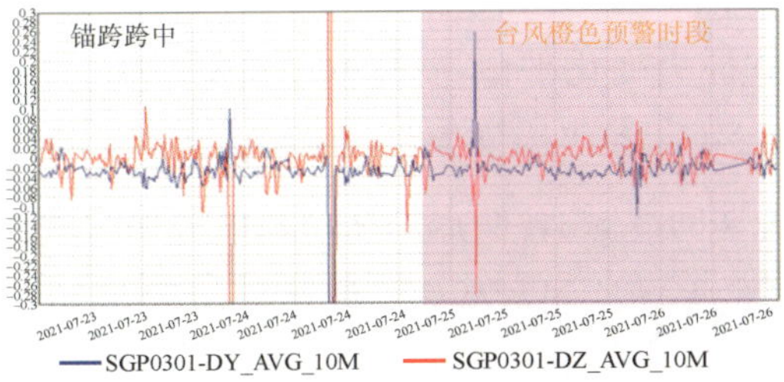

(a) 主梁边跨跨中GPS位移时程曲线
(DY-横桥向，DZ-竖向，单位：m)

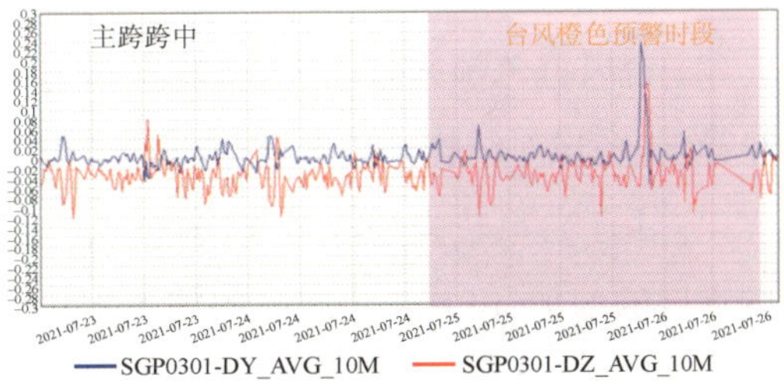

(b) 主梁主跨跨中GPS位移时程曲线
(DY-横桥向，DZ-竖向，单位：m)

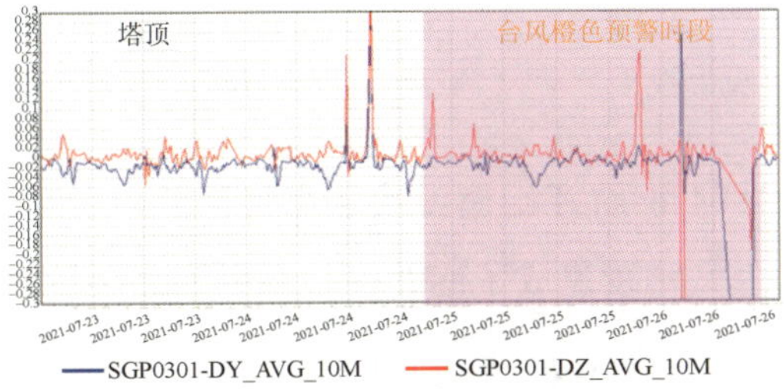

(c) 主塔GPS位移时程曲线
(DY-纵桥向，DZ-横桥向，单位：m)

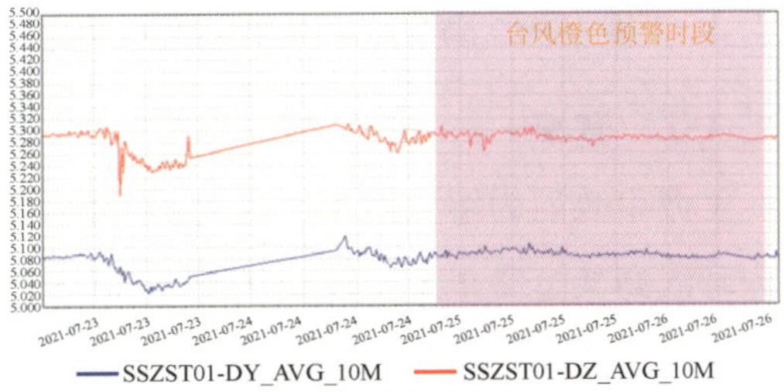

(d) F14索索力变化图
(单位：kN)

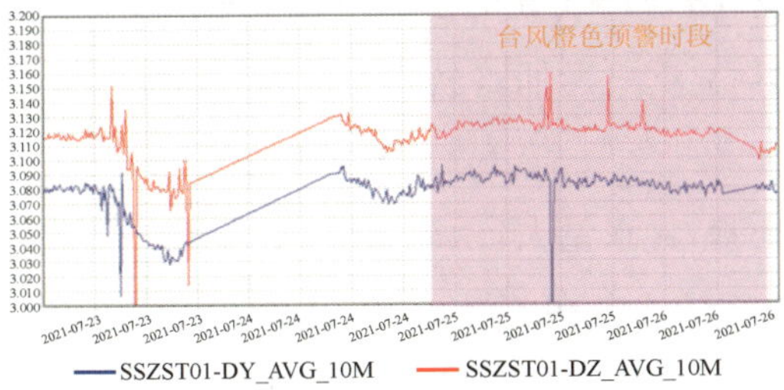

(e) F4索索力变化图
(单位：kN)

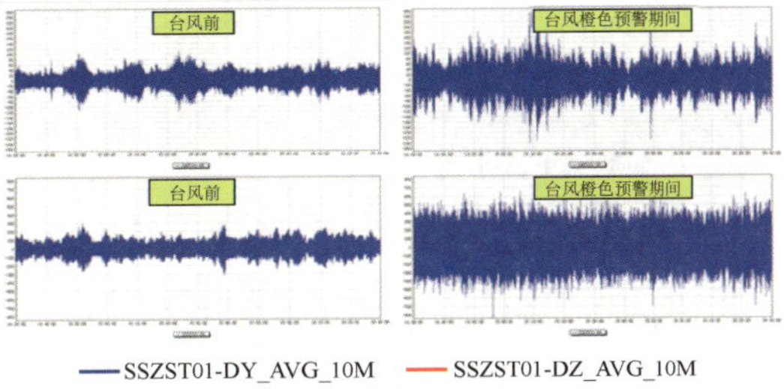

(f) 下游侧塔顶横向加速度、F14号索
(边跨长索) 振动时程曲线对比图 (单位：0.001g)

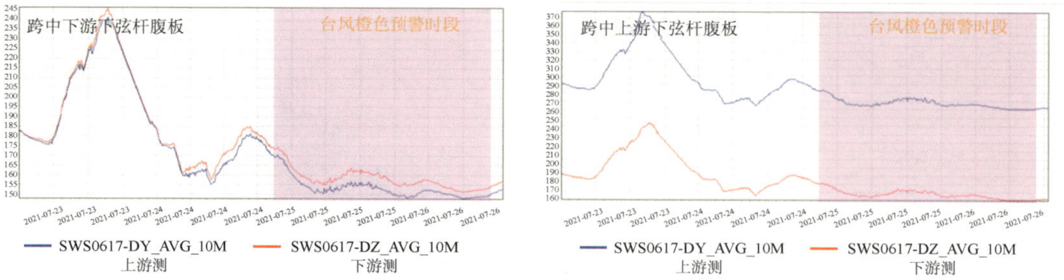

(g) 主梁跨中截面上下游侧下弦杆腹板应变时程曲线图

图 6-36　台风影响时段结构主要响应指标监测情况

通过对上述监测数据分析可知：

(1) 台风影响期间，闵浦二桥桥面 10 min 平均风速的最大值为 21.8 m/s，相当于 9 级台风，风向为西北方向，远小于 10 年重现期值，风荷载处于设计可控荷载范围内。

(2) 在台风橙色预警时段内，结构变形没有明显异常变化，台风对结构变形的影响较小。

(3) 台风橙色预警时段内，斜拉索索力及结构应力变化平稳，变化幅度较平时小，但无明显异常，台风对结构内力变化的影响较小，结构受力主要受温度变化和车辆荷载的影响。

(4) 由于台风较强的紊流作用，台风橙色预警期间，结构各测点的振动幅度较平时均有不同程度的增加，但并未出现超限值情况，说明结构振动性能和整体性能良好，处于良好的弹性工作状态，进一步验证了结构处于安全状态。

6.2.3　“申”字形高架沉降和桥墩倾斜管理

6.2.3.1　概况

上海市政府为解决城市交通繁忙的问题，于 1994 年前开始建设快速高架道路，从第一条内环线高架道路正式开通使用至今 20 余年，其后又陆续建成了南北高架和延安高架等城市主要高架道路，高架道路的建成使用为缓解上海市交通拥堵发挥了很大作用。本项目涉及的工作区域主要包括内环线高架(南浦大桥段—浦西杨浦大桥段)、延安高架(外滩—虹桥机场段)、南北高架(中山南一路鲁班路立交—泰和路外环线立交段)、沪闵高架(内环线立交—莘庄外环段)及逸仙高架道路(内环高架大柏树立交—逸仙路吴淞大桥段)，形成了“申”字形的立体交通网络。

上海市地处长江三角洲，其地质结构为软土地基，含水量大，承载力低，本市现已建成的高架道路基本采用深桩基础。由于不同地段的地质结构存在差异，同时又受到区域地面沉降和周围复杂环境等因素的影响，再加上高架道路本身的荷载、车流量、载重量等诸多因素的综合影响，可能会导致不同程度的差异沉降。另外，独柱独支座桥墩作为高架受力体系的重要组成部分，由于其自身结构的特点，在软土地基上受到受力不均匀的影响，易产生一定的倾斜。高架道路的沉降以及独柱独支座桥墩的倾斜，对高架道路运营的长期性和连续性、对其结构及行车安全性都有着十分重要的影响。

通过开展对上海市高架道路的日常沉降监测和对独柱独支座的倾斜测量工作，可以让管理部门及时了解高架道路的变形特征，对有关部门及时实施准确实用的安全防护措施和提出有效的日常维护保养方法具有指导作用，起到了降低因沉降和桥墩倾斜造成的行车安全及高架结构安全事故的风险，对于风险的防控十分必要。

城市高架沉降和桥墩倾斜管理的具体流程可以分为三个步骤：①作业的前期准备；②测量作业的实施；③基于成果资料分析并提出管理建议及措施。

沉降和倾斜管理的监测频率均为一年一次。前期准备包括监测范围的确定，沉降监测需提前布设高程控制网，倾斜监测需埋设监测点，应分别依据相应的规范进行；关于测量作业的实施，沉降测量作业包括外业测量和线路平差计算，倾斜测量作业包括外业倾斜测量和内业计算，分别按照工程测量的方法完成相关作业；最后根据测量得到的结果资料，进行相应的风险评估，分析高架是否存在潜在风险，若存在风险，则对存在风险的区段进行持续跟踪监测，提高监测频率，及时掌握沉降或倾斜的发展趋势，提出相应的养护建议及措施，便于对风险进行防控。

6.2.3.2 “申”字形高架沉降管理

1. 作业前期准备

高架道路监测工作的高程控制网以上海市地质调查研究院（以下简称“地调院”）的基岩标作为高程起算基准点，基岩标位置信息见表 6-35；利用上海市水准点组成附合水准路线网，如图 6-37 所示；高程系统采用吴淞高程系统。

表 6-35　基岩标位置信息

点号	位置	备注
J1	钦州路、宜山路	小闸镇
J2	牡丹江路、淞宝路	吴淞
J4	霍山路、许昌路	劳动公园
J9	南苏州路、外白渡桥	外滩
J10	万航渡路、华东政法大学	政法大学
J15	双阳路、松花江路	双阳中学
J19	常德路、宜昌路	国棉一厂
J27	宝安公路、电台路	刘行电台
J14A	申昆路、北翟路	华漕

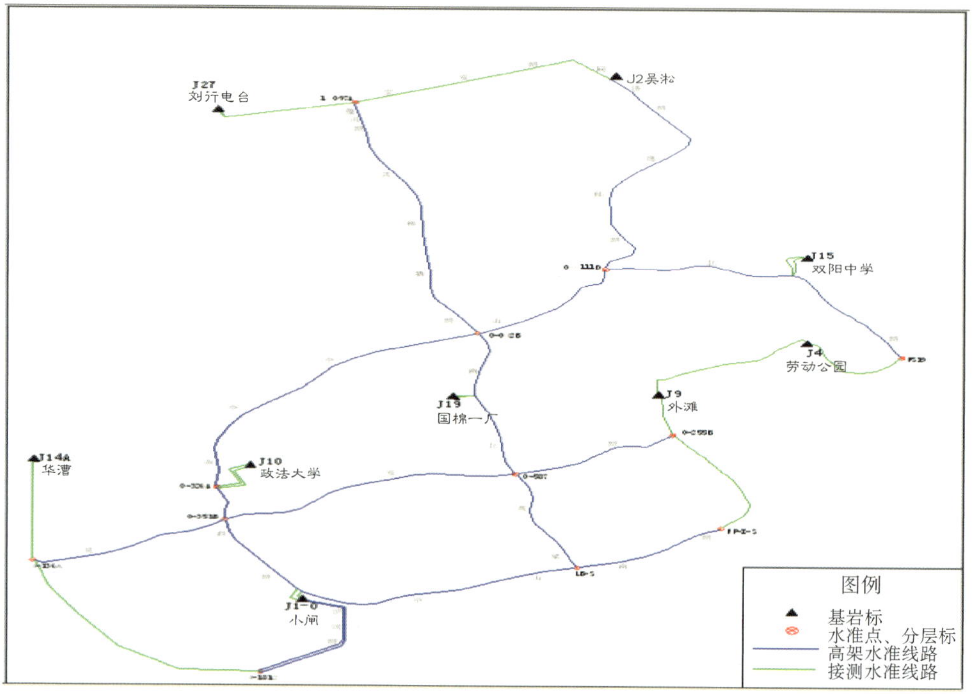

图 6-37　上海市高架沉降监测水准控制线路示意图

2. 测量作业实施

测量作业实施包括外业测量和线路平差计算。外业测量按一等水准测量精度要求进行往返测量，做到人员、时间和仪器三固定。按规范要求，做好测量时仪器温度控制，奇数站和偶数站采用不同的观测顺序，不同监测点分别采用相应的方法进行测量。外业测量完成后，利用水准平差软件 VMPS 对水准路线网进行整体平差，平差计算完毕，按测段内测站数来平差配赋各监测点的高程值。

3. 结果分析及管理措施

1）结果资料分析

（1）高架道路 2020 年度及累计沉降成果分析。

2020 年度的测量结果如图 6-38(a)所示，高架基本处于抬升状态。其中，内环高架本次沉降全线表现为抬升；南北高架、延安高架以及逸仙高架本次测量结果显示总体变化量不大，沉降较为平稳；沪闵高架本次沉降表现为整体抬升。总体上高架道路的本次沉降特征与其沿线附近地面的年度沉降量吻合较好，说明高架的沉降变化与地面沉降联系密切。2003—2020 年的沉降数据表明，5 条高架道路的累计沉降特征已经基本形成，不均匀沉降比较明显，差异沉降更多是渐进式的，从图 6-38(b)中可以看到，在高架道路的结合部，每条高架的沉降特征基本相同，说明高架的沉降与地域关系密切，同时也说明高架沉降监测结果质量的可靠性。

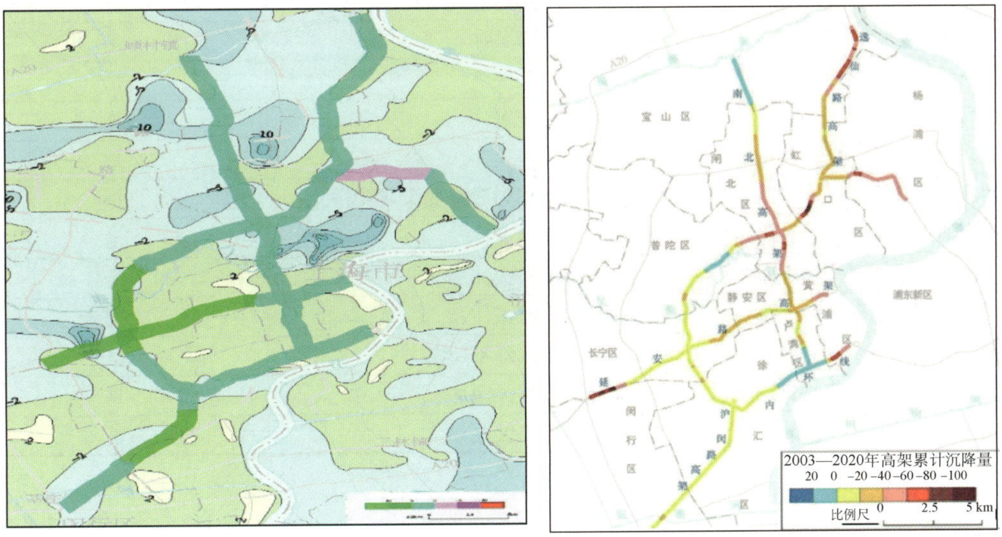

(a) 上海市高架道路2019—2020年度沉降量　　(b) 高架道路的累计沉降示意图(2003—2020)

图 6-38　高架道路沉降情况

（2）重点区域沉降分析。

由于高架周边受地质活动或是地面沉降本身的影响，高架部分路段出现较大累计沉降值和差异沉降，存在潜在风险，需对其重点关注。通过分析历年数据发现，部分重点区域逐渐收敛并平稳，则不再将其列入重点区域。历年重点区域中，2020 年仍需重点关注的区域为南北高架共康路—呼兰路，根据其典型点历年沉降曲线图（图 6-39）可知，2003—2015 年度呈抬升趋势，2015—2019 年抬升趋势收敛并保持平稳，2020 年又有抬升之势，需重点关注。重点区域汇总统计见表 6-36。另外，在监测过程中发现高架附近有正在进行的施工活动，为进一步了解工程施工过程中对该区段高架今后的影响，也对其进行定期沉降观测。

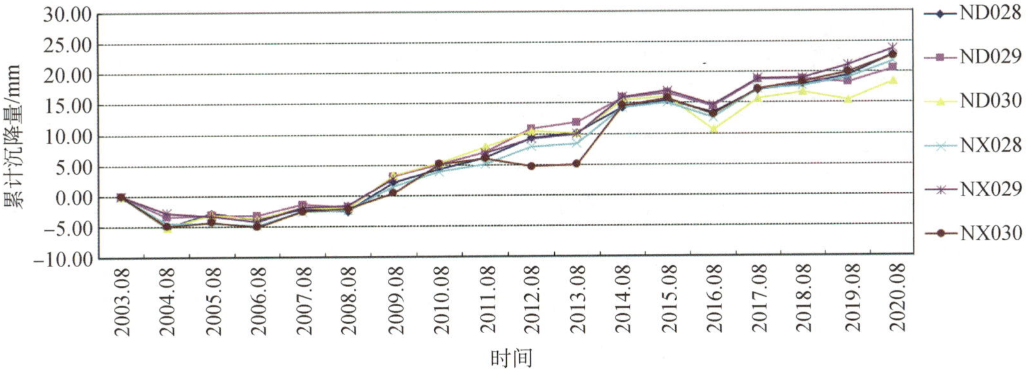

图 6-39　南北高架共康路—呼兰路路段典型点历年沉降曲线

表 6-36　　重点区域情况统计

历年重点关注区域	2020 年重点区域沉降情况	是否列入重点关注区域
南北高架共康路—呼兰路	继续抬升，仍需关注	是
内环高架小木桥路—制造局路	继续抬升，仍需关注	是
内环高架制造局路—局门路	继续抬升，仍需关注	是
内环高架光新路—广新支路	继续抬升，仍需关注	是
逸仙高架长江西路—军工路	沉降趋势，不均匀沉降变大，仍需关注	是
沪闵高架柳州南路—老沪闵路	继续抬升，仍需关注	是
南北高架江场西路—场中路	继续抬升，仍需关注	是
沪闵高架虹漕南路—虹梅路	继续抬升，仍需关注	是
沪闵高架淀浦河	靠近淀浦河，沉降不稳定	是
逸仙高架长江南路路—长逸路	有沉降趋势，需关注	是
南北高架天目路—广中路	继续下沉，仍需关注	是

2）针对高架沉降的风险管控措施

根据《关于建立重大市政工程设施沿线地面沉降监测与安全预警机制的通知》（沪规土资矿〔2014〕589 号），本案例根据上海市高架道路沉降变形量、变形趋势，并结合重点区段情况，将年度变化量、累计变化量等参数作为划分依据，将整个“申”字形高架区域划分为红色预警区域与黄色预警区域，提出如下安全预警信息。

（1）红色预警区域。

① 沉降变形较大区域及施工区域。

东宝兴路—广灵四路累计沉降量最大达到－140.9 mm；逸仙高架军工路—长江路累计沉降量最大达到－97.2 mm；南北高架中华新路附近累计沉降量最大达到－106.4 mm；延安高架程家桥路附近累计沉降量最大达到－176.4 mm。这些区域沉降值比较大，需要加强关注。内环监测点号内环 N0672～N0679、内环 N1075～N1078 和南北高架监测点号南北 N95～N101 有地铁施工，穿越高架，虽然目前对高架影响不大，但需要加大监测频率，时刻了解高架沉降情况，确保高架运行安全。经过与水准测量数据对比发现，高架沉降情况与该区域地面水准点沉降情况有较高相关性，受区域地面沉降情况影响较大。另外，部分路段周边有施工，地质环境的变化也会影响高架道路沉降。

② 预警措施及建议。

建议加强该区段的沉降数据监测，提高监测的频率；扩大重点区段监测范围，将影响区域全部涵盖，保证数据全面准确；联系各相关单位重视该区域的地面沉降情况，做好相关对接及后续研判工作，重视监测数据并及时进行总结分析，如遇突变，应及时启动应急机制；加强有施工区段的巡查，并加密测量，防止随施工进行，量变引起变形的突变。对本次、累计变形量大的区段加强巡查，加密测量，并对养护效果进行评估，为后续养护提供数据支持。

（2）黄色预警区域。

① 沉降变化较大区域。

内环高架南浦大桥—西藏南路累计沉降量在－60 mm 左右，交通路—东宝兴路在点号 NN0868 处累计最大沉降量为－87.4 mm，四平路附近累计沉降量在－60 mm 左右；逸仙高架长江路—军工路累计沉降量在－60 mm 左右；延安高架华山路—古美路呈抬升趋势，抬升量达到＋6 mm 左右；沪闵高架全线呈抬升趋势，最大抬升量在冠生园路—柳州南路之间，抬升量在＋6 mm 左右。出现以上现象的原因，一方面是受上海市地面沉降影响，高架道路跟随沉降，另一方面可能是周边施工或地质环境变化影响高架道路沉降。

② 预警措施及建议。

建议继续跟踪该处监测数据，加大巡查力度，如变化量继续增大，或变形速率发生突变，则应立刻加密观测，保证高架道路的结构稳定，必要时可列入重点区段监测范围，加大监测频率，以对监测数据进行检核，防止黄色预警向红色及更高级别的预警情况转变。

6.2.3.3 “申”字形高架桥墩倾斜管理

1. 作业前期准备

需要进行倾斜测量的高架道路及范围如下：内环线高架（浦西杨浦大桥—南浦大桥段）、南北高架（中山南一路鲁班路立交—外环线立交段）、延安高架（外滩—虹桥机场段）、逸仙高架（内环中山北一路立交—逸仙路吴淞大桥段）、沪闵高架（内环漕溪路立交—莘庄外环线立交段）、中环线（浦西段）的所有高度大于 3 m 的独柱独支座桥墩。

计划进行倾斜观测的独柱独支座桥墩共有 289 座，其中，内环高架 56 个，南北高架 2 个，延安高架 52 个，逸仙高架 13 个，沪闵高架 7 个，中环 159 个。考虑到监测对象是高架道路，因此选择高架道路行车方向和与之垂直的方向上观测桥墩的水平位移，作为观测桥墩倾斜量的两个垂直分量。针对不同的桥墩形状，包括长方形桥墩和圆柱形桥墩，制订了不同的监测点埋设方式，如图 6-40 所示。

(a) 作业人员正在进行埋设

(b) 埋设好的倾斜监测点

图 6-40　监测点埋设

2. 测量作业实施

测量作业实施包括外业倾斜测量和内业计算。在测量时，应尽可能地将测站点位置选在与所测的水平位移方向呈正交的方向线上，测量距离应大于 1.5～2 倍的桥墩高度。考虑到测量环境复杂且本项目重点关注的是独柱独支座桥墩的倾斜变化量，因此，由观测距离造成的测量误差可以在两次测量值相减的过程中得到削弱甚至消除。外业测量完成后，按照水平位移分量和上、下观测点间垂直距离计算得到每个方向上的倾斜度。倾斜度用千分比表示，精确到 0.1‰，将独柱独支座桥墩累计倾斜变化率的警戒值设为 3‰。

3. 成果分析及管理措施

1）成果资料分析

观测工作从 2020 年 11 月开始，至 2020 年 12 月结束，在实际观测中发现，倾斜监测点的破坏情况比较严重。此次共完成对 103 座独柱独支座桥墩的完整观测，共有 186 个立柱未能完成观测，其中 14 个是完成单侧观测，主要原因是监测点被绿化阻挡或监测点被涂抹。测量结果如图 6-41 所示。

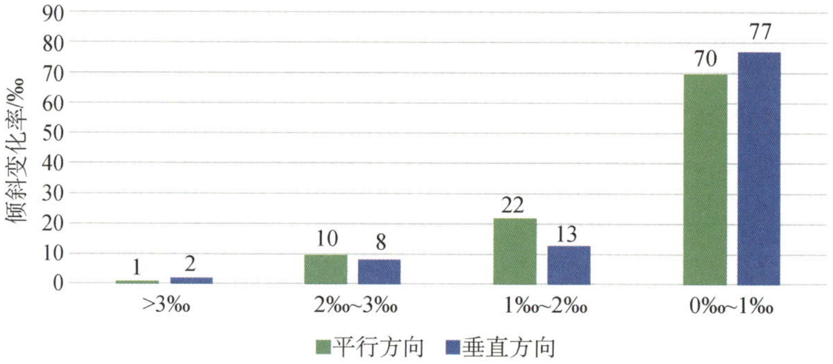

(a) 独柱独支座桥墩2020年度本次倾斜变化率

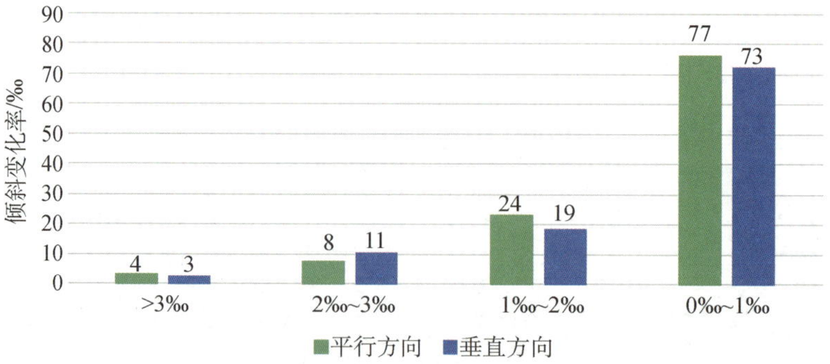

(b) 独柱独支座桥墩累计倾斜变化率

图 6-41　独柱独支座桥墩 2020 年度倾斜率

本次测量结果显示，大部分桥墩比较稳定，行车方向倾斜变化率大于 3‰的只有 1 个（延中 WSWN13）；垂直于行车方向倾斜变化率大于 3‰的有 2 个（延中 NWSW07 和延西 SW04）。从现场情况来看，本次倾斜变化率大于 3‰的桥墩均为底部监测点不牢固，造成测量成果不准确，现已加固。通过计算累计倾斜变化率，大部分桥墩的累计倾斜变化率较小，其中行车方向上倾斜变化率小于 3‰的桥墩有 109 个，占该方向上总桥墩数的 96.5%；垂直方向上倾斜变化率小于 3‰的桥墩有 97 个，占该方向上总桥墩数的 97.0%。

2）针对独柱独支座桥墩倾斜的风险管控措施

表 6-37 为累计倾斜变化率超过 3‰的桥墩明细，延中 NWSW07 和延西 SW04 累计倾斜变化率大于警戒值 3‰是因为监测点破坏造成，其余均为缓慢变化倾斜变化率大于警戒值 3‰，认为其存在潜在风险，在后续测量中需重点关注。

表 6-37 累计倾斜变化率超过 3‰的桥墩

桥墩号	高度/m	2011 年		2020 年		本次变化量		累计变化量	
		位移量/cm	倾斜率/‰	位移量/cm	倾斜率/‰	位移量/cm	倾斜率/‰	位移量/cm	倾斜率/‰
平行于行车方向									
共和 WN05	7.00	2.43	3.47	0.13	0.18	−1.83	−2.61	−2.30	−3.29
南站 HXN18	3.84	−0.98	−2.55	0.20	0.52	0.20	0.52	1.18	3.07
延中 NWSW07	8.11	−1.13	−1.39	−3.66	−4.52	−2.50	−3.09	−2.53	−3.12
延中 NWSW08	7.16	−0.91	−1.27	−3.15	−4.40	−1.99	−2.78	−2.24	−3.13
垂直于行车方向									
延西 SW04	9.27	−0.42	−0.45	3.00	3.24	2.88	3.10	3.42	3.69
延中 NWSW07	8.11	3.63	4.48	1.15	1.41	−2.49	−3.07	−2.48	−3.06
曲阳路西下 017	11.18	0.07	0.06	−3.36	−3.00	−2.70	−2.42	−3.43	−3.06

针对存在潜在风险的桥墩，提出以下几点管控养护建议：其一，独柱独支座倾斜监测点破坏严重，建议与养护单位沟通，加强监测点的保护；其二，从数据可以看出，共和 WN05、南站 HXN18、延中 NWSW08 和曲阳路西下 017 为缓慢变化倾斜变化率大于警戒值 3‰，在后续测量中需重点关注；其三，对于倾斜率在增大的桥墩，要持续关注后续变化情况。

6.2.4 松浦大桥大修工程施工风险管理

6.2.4.1 概况

松浦大桥是松江、奉贤、金山区域内的重要过江通道，为车亭公路（G320）过江段与原铁路金山支线共建的跨越黄浦江的双层公铁两用桥：上层为两车道公路桥，下层为单线铁路桥。2012 年,随着铁路金山支线复线的建设完成,紧邻松浦大桥(下游侧)新建了一座铁路专用桥,既有松浦大桥下层不再承担铁路交通运营的职责。

松浦大桥大修工程范围为松浦大桥段(含地面辅路),上层桥梁实施范围为南北岸引桥起终点,实施长度为 1.858 km,其中主桥长 419.6 m,引桥长约 1 438.8 m;下层实施范围为北岸引水路至南岸横向村道。大修后通过桥梁拼宽,增加上层公路桥面积,改建后设置双向6 车道,桥面宽 24.5 m;下层桥梁作为慢行交通过江专用通道,其中原铁路部分作为双向非机动车道,宽度 6 m,原下层铁路桥两侧检修道宽度增加至 2.5 m,作为行人通道,同时在主桥两岸设置人行梯道及电梯,满足无障碍通行需求。同时,南北两岸的引桥两侧设辅路与联络道,与周边路网顺接。

通过对松浦大桥大修工程进行风险评估可以量化测评施工过程中某一事件或事物带来的影响或损失的可能程度,起到提前掌握施工全过程风险点及其危害程度的作用。根据风险评估进行相应的风险管理可以有效预防、降低风险带来的不良后果,是保障松浦大桥大修工程安全、高效推进的重要基础。

6.2.4.2 桥梁大修工程风险评估方法

近年来,大量桥梁工程建成并投入使用,桥梁维护与管理需求日益扩大,目前国家已有相关风险评估指南。评估过程主要参考《公路桥梁和隧道工程施工安全风险评估指南》(试行)和《高速公路路堑高边坡工程施工安全风险评估指南》(试行),结合《松浦大桥大修工程施工组织设计》以及相关施工规范,对松浦大桥大修工程进行风险评估。

松浦大桥大修工程风险评估采用专家打分法,成立松浦大桥大修工程施工安全风险评估专家小组,专家组成员共 7 人,其中 5 名为长期从事工程管理、桥梁设计、桥梁施工等工作的独立专家,另外 2 名为松浦大桥大修工程的施工总负责人和监理总负责人。专家评估过程主要分为 4 步。

首先,进行风险识别,包括划分专项工程和罗列风险项。从松浦大桥大修工程的全过程入手,划分出主要工程,其中涵盖各重要施工环节和难度较大的施工项目;详细分析、罗列各专项工程在实际施工过程中可能产生的风险项。

其次,进行风险评估,包括严重性、失效可能性评估和单个、分项风险项的风险等级划分。各位专家对每个风险项的严重性和失效可能性进行等级评估,将 7 位专家的平均分代入单个风险项评分公式和分项风险项评分公式中获得相应分值,并进行风险等级划分。

再次,对风险等级划分结果进行评估,若存在不合理的风险项和风险等级,则进行第二轮专家评估会议,对不合理项进行二次评估。由此获得各风险项的可靠风险等级。

最后,总结风险评估结果,并提出相应建议。

松浦大桥大修工程施工安全风险评估流程如图 6-42 所示。

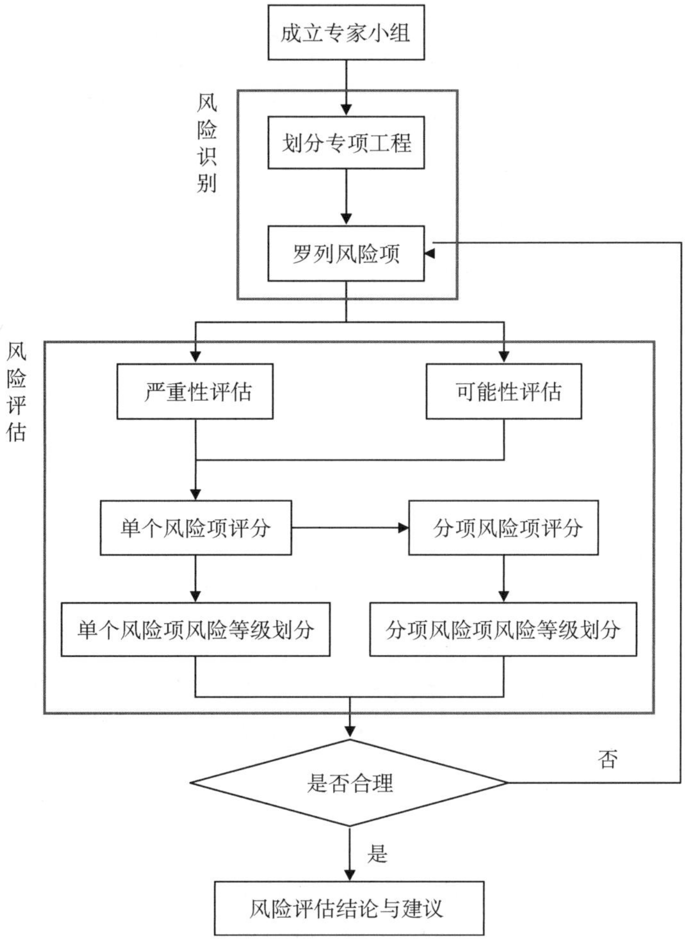

图 6-42　松浦大桥大修工程施工安全风险评估流程

风险识别和评估过程主要包括以下几个步骤：

(1) 详细罗列松浦大桥施工过程中的各风险项，并对各风险项进行深入分析，评估其严重性和失效可能性。

严重性：取值范围 1～3，数字越大越严重。

失效可能性：取值范围 1～4，数字越大，失效可能性越大。

(2) 对单个风险项进行综合评分，综合考虑其严重性、失效可能性、重要性等指标。

单个风险项评分：

$$X_i = R \times \gamma = (\text{严重性平均分} \times \text{失效可能性平均分}) \times \text{权重}$$

式中，权重 $\gamma = \dfrac{2n-2m+1}{n}$；$n$ 为风险项数；m 为该风险项在专项工程中的重要性排序。

（3）根据综合评分对单个风险项和分项风险项进行风险等级评估(表 6-38、表 6-39)。

表 6-38　单个风险项风险等级

风险等级	单个风险项评分 X_i
Ⅰ	≤5
Ⅱ	5＜X≤10
Ⅲ	10＜X≤15
Ⅳ	＞15

表 6-39　分项风险项风险等级

风险等级	分项风险项评分 $F(F=\sum X_i)$
Ⅰ	≤15
Ⅱ	15＜F≤30
Ⅲ	30＜F≤45
Ⅳ	＞45

6.2.4.3　松浦大桥大修工程评估与管理

1．大修工程风险识别

松浦大桥大修工程风险项识别主要依据《松浦大桥大修工程施工组织设计》《上海市松浦大桥大修工程Ⅰ标—主引桥下层拆除专项施工方案》《上海市松浦大桥大修工程Ⅰ标—主桥专项施工方案》中所列施工流程、施工工艺、专项工程施工方案，分别针对施工准备、主桥桥面拆除、下层人行道和非机动车道桥面安装、上层桥面板安装、主桁加固与涂装、钻孔灌注、墩身盖梁施工、T 梁拆除、引桥顶升、附属工程、水环境污染、航道运行风险、铁路运行风险、下层桥面通行风险共 15 个评估项目，结合以往桥梁施工安全事故案例，对松浦大桥大修工程的施工全过程及其对周边道路交通、航道通行和河道污染等方面可能产生的风险进行逐一罗列。同时，邀请桥梁设计、桥梁施工、桥梁风险管理、施工监理等相关领域专家，对所列风险项和风险源逐一探讨，增添遗漏的风险，删除不恰当的风险，确保风险不遗漏、不多余。松浦大桥大修工程部分评估项目的风险识别结果见表 6-40。

表 6-40　松浦大桥风险识别结果

1. 施工准备			
编号	分项	编号	风险项
1.1	吊装运输	1.1.1	吊装部位保护不当导致板件损坏
		1.1.2	吊装部位保护不当导致板件坠落
		1.1.3	起吊时未找准单元重心导致板件坠落
		1.1.4	大风、大浪期间导致浮吊倾覆
1.2	存放	1.2.1	板单元与地面未加垫木楞导致板件损坏
		1.2.2	层与层之间的木楞未垫在同一断面导致板件损坏
		1.2.3	板单元码放规格不一致导致板件损坏

（续表）

编号	分项	编号	风险项
1.3	防护棚搭设	1.3.1	锚固不当导致硬性防护棚脱落
		1.3.2	荷载堆放超标导致硬性防护棚坍塌
		1.3.3	柔性防护网破损
1.4	起重机	1.4.1	地面不平坦造成吊车倾翻
		1.4.2	地面松软造成吊车倾翻
		1.4.3	变幅制动机构失灵造成吊臂坠落
		1.4.4	变幅钢丝绳不符合要求
		1.4.5	起升制动机构失灵造成所吊重物自由下落

2. 主桥桥面拆除

编号	分项	编号	风险项
2.1	下层桥面拆除	2.1.1	电气切割钢轨现场防火措施不当导致火灾
		2.1.2	大风天气物件坠落导致人员伤害
		2.1.3	配件运输专用轨道沿线安全管理缺失导致人员伤害
		2.1.4	倒挂轨道梁安装时梁体坠落
		2.1.5	起重吊装作业时未划定警戒区域，无专人监控导致人员伤害
		2.1.6	高空动火作业安全措施不足导致火灾
		2.1.7	构件未按规定装运、捆绑导致人员、物件伤害
		2.1.8	吊带使用不当导致人员、物体坠落
2.2	上层桥面拆除	2.2.1	沥青铣刨废料落入河道污染环境
		2.2.2	桥面板切割未完全脱离导致板件坠落
		2.2.3	起吊部位不牢固导致板件坠落
		2.2.4	移运过程捆绑不牢固导致板件坠落
		2.2.5	悬臂梁截断后吊耳焊接位置错误导致板件坠落
2.2	上层桥面拆除	2.2.6	人行道和非机动车道正常通行时有高空坠物
		2.2.7	汽吊限位保护器失灵
		2.2.8	汽吊超重超载

3. 下层人行道和非机动车道桥面安装

编号	分项	编号	风险项
3.1	钢桥面板陆上运输	3.1.1	钢梁重心未在车板中间导致板件滑落
		3.1.2	吊运卸车时与周边建筑、物体碰撞
		3.1.3	构件直接与地面接触导致板件损坏
3.2	梁上运输时运梁轨道沿线安全管理缺失导致人员伤害		

（续表）

编号	分项		编号	风险项
3.3	非机动车道钢桥面板安装	3.3.1 电动葫芦安装	3.3.1.1	临时横撑位置未搭设脚手架
			3.3.1.2	临时横撑连接处未安装高强螺栓
			3.3.1.3	临时横撑连接处未作防腐处理
			3.3.1.4	电动葫芦跑出轨道
			3.3.1.5	四台电动葫芦不能同步运行
		3.3.2		钢桥面板提运过程中碰撞桥梁桁架
		3.3.3 钢桥面焊接施工	3.3.3.1	未按要求设防风棚导致物体坠落
			3.3.3.2	使用其他材料充当引弧板、引出板
			3.3.3.3	使用锤击落引弧板和引出板
			3.3.3.4	焊缝长度、宽度、厚度不达标
			3.3.3.5	定位焊焊工未持有相应资质导致焊接质量不达标
			3.3.3.6	定位焊有气孔或裂纹
			3.3.3.7	未进行第三方检验导致未能发现问题焊缝
		3.3.4		高空坠物影响航道运输
3.4	人行道木桥面板安装		3.4.1	吊装车工作区域管理缺失
			3.4.2	木桥面板发生火灾
4. 上层桥面板安装				
编号	分项		编号	风险项
4.1	主桥支座更换时顶升不同步			
4.2	桥面板吊装		4.2.1	提吊速度过快
			4.2.2	人行道和非机动车道板通行高空坠物
4.3	撑杆及横联安装		4.3.1	栓扭工期短导致高强螺栓连接不牢固
			4.3.2	无专人跟踪检查导致高强螺栓连接不牢固
4.4	湿接缝施工		4.4.1	钢模板倾覆、掉落
			4.4.2	混凝土养护周期、质量不达标
4.5	护栏工程		4.5.1	未进行防腐涂装导致锈蚀
			4.5.2	安装顺序错误
			4.5.3	吊具不合格
			4.5.4	缝隙未封闭

2. 风险项评分及等级划分

风险项评分是在风险识别结果的基础上，采用专家打分法，并按照前述评估流程对各风险项的严重性、失效可能性进行评估，综合获得各单个风险项和分项风险项的风险评估值及其风险等级。松浦大桥大修工程风险评估项众多，其中有一些风险项的风险等级较高，在风险管理中占据主要地位。以下将部分评估项目中的主要风险项评分结果以表格形式列出，见表 6-41。

表 6-41　　风险项评分结果表

1. 施工准备									
编号	分项	编号	风险项	严重性平均分	失效可能性平均分	风险项评分	单个风险项风险等级	分项风险评分	分项风险等级
1.4	起重机	1.4.3	变幅制动机构失灵造成吊臂坠落	2.9	1.8	10.5	Ⅲ	29.6	Ⅱ
2. 主桥桥面拆除									
2.2	上层桥面拆除	2.2.1	沥青铣刨废料落入河道污染环境	2.9	2.5	14.2	Ⅲ	47.1	Ⅳ
3. 下层人行道和非机动车道桥面安装									
3.2	梁上运输时运梁轨道沿线安全管理缺失导致人员伤害			2.8	2.2	11.4	Ⅲ	—	—
3.3	非机动车道钢桥面板安装	3.3.2	钢桥面板提运过程中碰撞桥梁桁架	2.6	2.2	10.2	Ⅲ	70.6	Ⅳ
		3.3.3/3.3.4	焊缝长度、宽度、厚度不达标	2.6	2.5	12.5	Ⅲ		
4. 上层桥面板安装									
4.1	主桥支座更换时顶升不同步			2.8	2.1	10.9	Ⅲ		

3. 风险评估结论与管理建议

1）评估结论

通过对松浦大桥大修工程进行风险识别、风险项评分及风险等级划分后，得到松浦大桥大修工程各类施工项目中需要重点关注和预防的风险项，其中四级风险 6 项，三级风险 14 项，并将高风险项目以表格形式列出，见表 6-42。

表 6-42　　评估项目中的高风险项

项目类别	主要风险项（数字为风险编号）	风险等级
施工准备	1.4.3　变幅制动机构失灵造成吊臂坠落	Ⅲ
主桥桥面拆除	2.2.1　沥青铣刨废料落入河道污染环境	Ⅲ

（续表）

项目类别	主要风险项(数字为风险编号)		风险等级
下层人行道、非机动车道桥面安装	3.3.3.4	焊缝长度、宽度、厚度不达标	Ⅲ
	3.2	梁上运输时运梁轨道沿线安全管理缺失导致人员伤害	Ⅲ
	3.3.2	钢桥面板提运过程中碰撞桥梁桁架	Ⅲ
上层桥面板安装	4.1	主桥支座更换时顶升不同步	Ⅲ
钻孔灌注	6.5.1	大风、大浪影响导致桩身、人员伤害	Ⅲ
	6.1.2	骨架摆动碰撞孔壁	Ⅲ
墩身盖梁	7.1.8	未经允许随意拆除或改动脚手架、安全网,导致人员伤亡	Ⅳ
	7.1.7	不按方案规定拆除脚手架,导致脚手架坍塌	Ⅲ
	7.1.1	脚手架未经验收就使用,导致脚手架坍塌	Ⅲ
T梁安装	9.1.8	架梁施工时T梁不稳	Ⅲ
附属工程	11.3.1	污水未经处理排入河道,导致环境污染	Ⅲ
	11.4.1	基坑支护强度不够,导致基坑坍塌	Ⅳ
	11.4.4	边坡堆载距离不符合要求,导致基坑坍塌	Ⅲ
航道运行风险	13.3	浮吊与船只发生碰撞	Ⅳ
	13.4	浮吊翻覆或坠落	Ⅳ
铁路运行风险	14.1	桥头堡拆除时物体散落至铁道	Ⅲ
	14.2	其他散落物掉落至铁道	Ⅳ
下层桥面通行风险	15.1	上层桥面板施工时物体散落导致行人、非机动车伤害	Ⅳ

（1）对四级风险的针对性建议。

在墩身盖梁施工过程中,未经允许随意拆除或改动脚手架、安全网的风险性最大,直接影响施工安全,甚至导致人员伤亡。因此,为了预防该风险,施工人员须严格按照设计要求安装、架设脚手架和安全网,严禁随意拆除或改动。业主、监理等管理人员须监督脚手架及安全网的安装、使用和拆除,一旦发现问题应及时上报并要求复原。

附属工程中,基坑支护强度不够是最高风险等级项,将直接影响基坑安全。因此,施工人员必须严格按照基坑设计要求进行施工。业主、监理等管理人员应对基坑设计方案进行审核,在基坑施工过程中全程监督,检查支护强度是否符合标准。

施工过程中应保障下部航道运行安全,浮吊作业时应按照要求开启警示灯,注意与过往船只保持安全距离。施工人员禁止在恶劣天气下进行浮吊作业。业主、监理等管理人员在浮吊过程中应对浮吊船只和上部构件的安全情况进行巡查,发现不良状况及时提醒。

下层桥面通行时,上层桥面板施工时物体散落导致行人、非机动车伤害的风险最大。因此，施工人员在进行上层桥面板施工时禁止向下抛掷杂物，施工废料应按要求运走。业主、监理等管理人员应加强对现场施工人员的安全教育，定期巡查，发现此类行为及时制止、消除隐患。

(2) 对三级风险的针对性建议。

在施工准备过程中，变幅制动机构失灵造成吊臂坠落风险程度较高，需要业主、监理等管理人员在起重机作业前对起重机的工况进行检查，操作人员在发现问题后应及时上报，平时应注重相关部件的保养和维修，以防意外发生。

在主桥面拆除过程中，应严防沥青铣刨废料落入河道后污染环境。施工人员应按要求处理沥青铣刨废料，业主、监理等管理人员应对废料的处理进行全程跟踪。

安装下层人行道、非机动车道桥面时，焊缝长度、宽度、厚度不达标是重要风险项。施工人员应按焊接指标要求进行焊接和检验，业主、监理等管理人员也应在焊接完成后对长度、宽度和厚度进行检查，对不合格的焊缝应要求补焊或重焊。梁上运输时，运梁轨道沿线安全管理缺失导致人员伤害也是高风险项之一。对此，桥面施工人员应加强安全意识，在运梁轨道工作时远离。安装下层人行道、非机动车道桥面时，钢桥面板提运过程中碰撞桥梁桁架是高风险项。操作人员应注意提运平稳、勿忽快忽慢，操作时应有专人指挥。业主、监理等管理人员在提运过程中应全程监督，发现问题及时提醒。

在上层桥面板安装过程中，主桥支座更换时顶升不同步是主要风险项。施工前应由专业人员进行顶升装置和方案测试，顶升时应时刻关注电子控制系统，出现问题及时调整。业主、监理等管理人员应在顶升过程中掌握顶升动态，发现问题及时提醒或上报。

钻孔灌注时，大风、大浪对其施工的影响较大。在此类情况下，施工人员应停止施工，提前安置相关施工机械和材料。业主、监理等管理人员应提前关注天气情况，提前进行现场巡查和通知。机械设备应按要求安放在指定区域并有防风防汛保护措施。骨架摆动碰撞孔壁的风险同样较大，对此，施工人员在施工过程中应重点关注骨架摆动情况，避免碰撞孔壁。业主、监理等管理人员在骨架放置过程中应安排专人进行跟踪检查，发现问题及时提醒施工人员。

墩身盖梁施工时，不按方案规定拆除脚手架是高风险项。施工人员严禁擅自修改、变更拆除方案。业主、监理等管理人员在拆除脚手架时应检查拆除进度和状态，确保安全。脚手架未经验收就使用也是高风险项。施工人员禁止在脚手架未验收前使用。业主、监理等管理人员和安全专员应及时对竣工的脚手架进行验收，确保安全后方可签字使用。

T 梁安装过程中，架梁施工时 T 梁不稳的风险较高。施工人员在架设过程中应保持架设设备稳固，架设速度稳定，T 梁稳定。业主、监理等管理人员应在施工过程中检查 T 梁稳定情况，发现不稳迹象及时提醒施工人员纠正。

附属工程中，污水未经处理排入河道的风险程度较高。施工人员应遵守施工、生活污水处理要求，严禁直接排入河道。业主、监理等管理人员应巡查污水排放情况，发现问题及时纠正，确保河道水质安全。边坡堆载距离不符合要求的风险程度同样较高。施工人员严禁在边坡和基坑附近堆放杂物和垃圾，如需堆载应按照相关要求保持规定距离。业主、监理等管理人员应巡查边坡和基坑周边情况，发现乱堆乱放的情况应及时提醒、纠正。

铁路运行风险中，桥头堡拆除时物体散落至铁道的风险程度较高。拆除前，施工人员应参加安全培训，了解桥头堡拆除时对铁道运行的影响情况及防范措施。施工时严禁向铁道抛掷杂物。业主、监理等管理人员应巡查施工现场，检查防护网、揽风绳的牢固情况，发现问题及时提醒、纠正或上报。

风险评分及风险等级划分是从严重性和失效可能性两方面来评价的，在评价过程中会出现高严重性项目和失效可能性高的项目，所以风险评估不仅应关注其中的高风险项目，也应注意其中的高严重性项目和失效可能性高的项目。高严重性项目一旦发生便会产生严重的损失，而失效可能性高的项目虽然产生的损失没有高严重性项目大，但发生概率更高，同样需要关注。

(1) 高严重性项目。

通过风险等级评估得到施工过程中的高严重性项目(严重性 3.0)共有 13 项(表 6-43)。针对这 13 项高严重性项目，提出以下建议(其中与高风险项重复的项目不再赘述)。

表 6-43　　评估项目中的高严重性项目

项目类别	主要风险项
施工准备	1.3.2　荷载堆放超标导致硬性防护棚坍塌
	1.4.5　起升制动机构失灵造成所吊重物自由下落
主桥桥面拆除	2.2.7　汽吊限位保护器失灵
墩身盖梁	7.1.1　脚手架未经验收就使用，导致脚手架坍塌
	7.1.3　违反安全技术措施方案，导致脚手架坍塌或人员伤亡
	7.1.6　各杆件搭接不符合规定，导致脚手架坍塌
	7.1.7　不按方案规定拆除脚手架，导致脚手架坍塌
	7.1.8　未经允许随意拆除或改动脚手架、安全网，导致人员伤亡
铁路运行风险	14.1　桥头堡拆除时物体散落至铁道
	14.2　其他散落物掉落至铁道
下层桥面通行风险	15.1　上层桥面板施工时物体散落导致行人、非机动车伤害
	15.2　上层桥面板施工时引起的振动影响下层交通安全通行

施工准备过程中，业主、监理等管理人员应定期巡查硬性防护棚荷载堆放情况，根据硬

性防护棚设计指标规范荷载堆放及人员工作区域。施工人员应按规定堆放物件。禁止在恶劣天气下进入防护棚内施工，并应提前清理荷载，防止掉落。业主、监理等管理人员在操作前检查起升制动机构，不符合要求应及时停止施工。施工人员发现相关机构运作不佳时应及时上报。定期确认起重机部件性能安全可靠，及时替换工况不良设备。禁止在恶劣天气下进行起吊作业。

主桥桥面拆除过程中，业主、监理等管理人员及施工人员在操作前均需检查保护器情况。汽吊设备应定期检查，发现问题及时更换。

墩身盖梁施工过程中，业主、监理等管理人员应定期跟踪脚手架的架设情况，提前了解脚手架完工日期，及时验收。施工人员在完成脚手架搭设后应及时上报，禁止擅自使用。禁止在恶劣天气下验收及使用脚手架。业主、监理等管理人员应在脚手架搭设、投入使用前检查其安全配套措施是否到位，使用过程中定期检查脚手架的安全使用保障措施是否到位。施工人员应严格按照相关设计要求和安全技术措施搭设、使用脚手架。施工过程中应全程配备符合相关要求的安全保障设备和相关技术措施。业主、监理等管理人员应在脚手架投入使用前检查各杆件的搭接方式和牢固程度是否符合规定，对不符合要求的应要求整改。施工人员应严格按照设计要求连接各杆件，发现问题及时整改。

铁路运行风险中，上层桥面板施工时引起的振动影响下层交通安全通行的风险严重性高。监理人员应检查施工程序，监督有影响的振源设备错开使用，并选择动平衡性能好的设备，定期维修或更换，必要时在振源设备附近设置防振沟。

（2）失效可能性高的项目。

通过风险等级评估得到施工过程中失效可能性较高的项目共有 10 项，见表 6-44。针对这 10 项失效可能性较高的项目，提出以下针对性建议（其中与高风险项目和高严重性项目重复的项目不再赘述）。

表 6-44　评估项目中的高失效可能性项目

项目类别	主要风险项	
墩身盖梁	7.1.8	未经允许随意拆除或改动脚手架、安全网，导致人员伤亡
附属工程	11.4.1	基坑支护强度不够，导致基坑坍塌
航道运行风险	13.1	施工坠物砸中正在行驶的船只
	13.2	浮吊与桥墩/码头发生碰撞
	13.3	浮吊与船只发生碰撞
	13.4	浮吊翻覆或坠落
铁路运行风险	14.1	桥头堡拆除时物体散落至铁道
	14.2	其他散落物掉落至铁道

（续表）

项目类别	主要风险项	
下层桥面通行风险	15.1	上层桥面板施工时物体散落导致行人、非机动车伤害
	15.2	上层桥面板施工时引起的振动影响下层交通安全通行

施工对航道运行的影响中，施工坠物砸中正在行驶的船只的失效可能性较高。业主、监理等管理人员在施工作业或活动期间应指派专人警戒。施工人员应在安全作业区外围界线设置相应的施工临时警戒标志，设置安全防护网，在现场作业船舶或警戒船上配备有效的通信设备。在主桥施工区域航道上方安置夜间通行警示灯和具有夜间反光功能的警示设施，确保船舶的通行安全。此外，浮吊与桥墩/码头发生碰撞的失效可能性同样较高。业主、监理等管理人员对施工船舶进行安全准入—安全检查—教育培训—考核评估的全程监管。对桥墩、码头设置安全警示标志，夜间施工配备足够的照明。施工人员严禁在恶劣天气下进行浮吊作业，浮吊作业时应按照要求开启警示灯。

2）松浦大桥大修工程风险管理建议

根据以上风险分析，分别从业主及监管单位、施工人员、设备材料和作业环境四个方面提出了风险管理建议。

（1）业主及监管单位。

首先，业主及监管单位必须按照国家相关法律、法规和规范进行设计和监管。项目经理、业主、监理等管理人员以及施工现场管理人员应持证上岗。监管单位应审核项目施工组织设计、安全专项施工方案，并监督工程项目部按照施工组织设计、专项施工方案组织实施。安全技术交底应按施工工序、施工部位分部分项进行，应结合施工作业场所状况、特点、工序，对危险因素、施工方案、规范标准、操作规程和应急措施进行交底。安全技术交底应由交底人、被交底人、专职安全员进行签字确认。

其次，施工启动前应建立安全教育培训制度，注意施工人员的身体状况是否良好，检查现场施工人员是否佩戴安全帽。项目负责人组织定期安全检查，由专职安全员及相关专业人员参加，并填写检查记录，对检查中发现的风险项应定人、定时间、定措施进行整改。重大风险项整改后，应由相关部门组织复查。

最后，监管单位应结合松浦大桥大修工程特点制订以防触电、防坍塌、防高处坠落、防起重及机械伤害、防火灾、防物体打击等为主要内容的专项应急救援预案，并对施工现场易发生重大安全事故的部位、环节进行监控；应建立应急救援组织，培训、配备应急救援人员，定期组织员工进行应急救援演练；依法为施工作业人员办理保险。

（2）施工人员。

施工人员必须按照国家相关法律、法规和规范进行施工；施工负责人、专职安全员和特种作业人员应持证上岗；施工人员应确保上岗时自身身体状况良好，戴好安全帽；施工负责人在分派生产任务时，应对相关管理人员、施工作业人员进行书面安全技术交底；施工人员入场时需接受以国家安全法律法规、企业安全制度、施工现场安全管理规定及各工种安全技术操作规程为主要内容的三级安全教育培训和考核，通过后方可上岗；变换工种或采用新技术、新工艺、新设备、新材料施工时，施工人员应接受安全教育培训；按工种及施工要求穿戴防滑、防触电、防雷击、救生衣等装备；禁止在恶劣天气下进行现场作业；当施工现场发生生产安全事故时，施工人员应按规定及时报告。

(3) 设备材料。

设备材料的选型必须遵照国家相关法律、法规和规范，满足相关质保要求。施工现场入口处及主要施工区域、危险部位应设置相应的安全警示标志牌。施工现场应绘制安全标志布置图。应根据工程部位和现场设施的变化，调整安全标志牌设置。施工现场应设置重大危险源公示牌。建筑材料、构件、料具应按总平面布局进行码放。材料应码放整齐，并应标明名称、规格等。施工现场材料码放应采取防火、防锈蚀、防雨等措施。建筑物内施工垃圾的清运，应采用器具或管道运输，严禁随意抛掷。易燃易爆物品应分类储藏在专用库房内，并应制订防火措施。施工作业、材料存放区与办公、生活区应划分清晰，并应采取相应的隔离措施。在施工工程、伙房、库房不得兼作宿舍。

(4) 作业环境。

施工现场应有防止扬尘措施。施工现场应设置排水设施，且排水通畅无积水。施工现场应防止泥浆、污水、废水、电焊废料、涂装废料、沥青刨铣废料等落入江中污染环境。施工现场应设置专门的吸烟处，严禁随意吸烟。恶劣天气情况下(包括台风、大浪、雷雨、冰雹、高温等)禁止一切现场施工，并应提前妥善安放、捆绑好设备材料。施工现场应做好防滑、除油污工作，避免出现施工意外。

6.3 城市隧道运行风险监测、评估与防控

6.3.1 基于全生命周期养护理念的隧道运行风险管理

上海某隧道设东线、西线双向四车道，其中东线隧道总长 2 565.88 m，西线隧道总长 2 548.40 m(连路面接线段)。隧道设计车速为 60 km/h，转弯车速为 40 km/h。该隧道开通后，大大缓解了黄浦江两岸的交通压力，对加强黄浦江两岸的经济往来和周边地区的经济发展起到了积极作用。

全生命周期风险管理理念，即综合考虑规划、投资、设计、建造、运维等环节，以数据采集和评价为核心，抓住设施运维风险、设施健康状况、运营服务性能等关键指标，实现全生命周

期综合效益最大化的基础设施管理。全生命周期风险管理的关键要素是数据，通过数据把各个环节连接起来，核心是过去可追溯、现在可管控、将来可预测，目标是实现设施服役期延长、服役性能提升、通行能力提升、安全性能提升。

6.3.1.1 “五全”运维模式

该隧道在实际运营过程中基于全生命周期风险管理理念，依托隧道全生命周期管养平台，以平台为载体探索运维新模式。

1. 生产要素全覆盖

通过平台集成人员、车辆、设施、设备等关键生产要素的基本信息。以 BIM 为载体，集成所有设施、设备整个生命周期内的各项数据，包括设计图纸、施工期盾构掘进数据、运维期养护计划和缺陷病害等数据。基于全生命周期管养平台，实现所有设施设备精细化划分、数字化管理。

2. 生产业务全过程

建立标准化运维业务流程，实现养护、运营、应急等关键生产业务的全过程管理。计划、资源配置、安全交底、执行、验收、归档等环节的标准化建设；针对检查、运维养护管理，标准化缺陷分类及定义，形成发现缺陷上报、确认、执行、复查、制定运维养护策略的循环。基于全生命周期管养平台，实现生产业务的风险全过程管理。

3. 运营状态全感知

建立基于土建结构、运行环境、机电设备等全方位感知的设施健康监测系统。应用智能传感设备等一系列智能化数据采集手段，通过人工智能算法自动识别渗漏水、破损、裂缝等设施常见病害，找到风险源。主动感知土建结构、运营环境、机电设备的实时状态，实现隧道运营状态全感知。

4. 技术状况全评价

结合多年实践管养经验和全生命周期风险管理探索应用，对隧道的技术性能进行实时评价，基于隧道技术状况风险全评价的结果，为运维决策方案提供客观的数据支撑。

5. 数据资产全周期

基于全生命周期管养平台集成设施规划、投资、设计、建造、运维期的数据，通过人工智能等算法对数据资产进行深入分析挖掘。让数据赋能精细化养护的同时，反哺规划、投资、设计、施工、运维等阶段，发挥数据资产价值，实现数据资产全周期闭环管理，最终实现全生命周期资金成本最优、综合效益最大。

6.3.1.2 设施评价分类标准

实时评价建立在评价体系的基础上，全方位评价体系的建设遵循客观、科学和高效的原则，积极采用先进的检查监测手段，保证风险评价结果准确合理。评价体系从“全生命周期风险管理”的理念出发，旨在指导隧道设施的运营管理和维护服务，提高隧道管养水平和服务质量。从设施、设备、环境和服务角度，把评价对象划分为土建结构、机电系统、附属设施和运营服务四类。从全生命周期成本控制和运营维护决策需求出发，根据评价对象对实际运行风险的影响程度，把评价对象划分为 A、B、C 三个重要度。

1. 标准化分类设计

隧道内设施设备种类繁杂，从安全、资产、成本的不同角度进行统计分析时，其分类要求往往都不同；不同的设计、施工和运营规范里，这些划分的不同，严重影响了各类数据的共享，也不利于全生命周期管理模式的推广。因此，全生命周期运维的第一步，就是对土建结构、机电系统、附属设施等评价体系中的评价对象进行分类标准化研究。

土建结构根据结构属性不同分为主体结构和附属结构，各部分结构属性中包括不同的结构类别，主体结构包括盾构衬砌、道路结构、矩形段结构、敞开段结构、工作井结构和连接结构等，附属结构包括通风结构和连接通道等。

机电设备分为综合监控分系统、通信分系统、消防和火灾报警分系统、通风分系统、排水分系统、供配电和照明分系统六个分系统，各分系统又可以进一步划分为若干子系统。

附属设施是为确保交通安全和顺适而设置的非结构性设施，包括逃生通道、装饰层、防撞设施、排水设施、光过渡建筑、消防设施、管理用房、设备用房、道口设施及其他 10 个设施类型，这些设施类型又包含若干子设施。

2. 重要度分类设计

首次在基础设施领域提出了重要度分类的概念。从全生命周期成本控制和运营维护决策需求出发，根据评价对象对实际运营的影响程度，把评价对象划分为 A、B、C 三个重要度。

重要度 A：表示对隧道安全运营有直接影响。

重要度 B：表示对隧道运营安全和质量有一定影响。

重要度 C：表示对隧道安全或运营质量影响轻微或不显著。

不同的重要度设备和设施在监测检测方式、评价系统中的作用以及维修决策方案都是不同的。A 类设施设备是重点管理和维修的对象，应尽可能实施状态监测，采用预防性维修，防患于未然。A 类设备因其重要度高，在总体评价中按照最不利原则处理，总体评价值和 A 类评价值中，取最差值，确保隧道运营安全和质量。B 类设施设备应实施预测性维修，一旦发现隐患或预测可能出现病害或故障便及时处理。C 类设备考虑到维修的经济性，实施事后维修。不同重要程度的设施设备对维修响应的要求不同，根据设施设备重要度采取不同的运维决策。

6.3.1.3 设施检查检测指标体系

1. 土建结构指标

土建结构病害检测指标主要有渗漏、混凝土裂缝、混凝土破损、接缝张开、接缝错台、横断面变形、纵断面沉降及钢结构锈蚀八类。

2. 路面指标

路面指标包括摆值、弯沉值、平整度以及损坏类型、面积、程度。其检测方法参考相关道路规范，损坏类型及程度按照表 6-45 进行计量。

表 6-45　　沥青路面损坏类型对应计量标准

损坏类型		定义	计量标准
裂缝类	线裂	单根/条裂缝，包括横缝、纵缝以及斜缝等	裂缝长度等于或大于 1 m，缝宽等于或大于 3 mm。按裂缝长(m)×0.2(m)计量
	网裂	交错裂缝，把路面分割成近似矩形的块状，网块直径小于 3 m	按一边平行于道路中心线的外接矩形面积计量
	碎裂	裂缝成片出现，缝间路面已裂成碎块，碎块直径小于 300 mm，包括井边碎裂	开裂成网格状，外围面积小于或等于 1 m^2 不计，井框面积不计。按其外边界长(m)×宽(m)计量
变形类	车辙	在行车作用下车轮带形成的相对于两侧的凹槽	以 3 m 直尺横向测量。凹槽深大于 30 mm 时，按车辙长度(m)×车道(轮迹)全宽(m)计量
	沉陷	路面局部下沉	在 3 m 直尺范围内沉陷深度大于 5 mm，按长(m)×宽(m)计量
	拥包	路面面层材料在车辆推挤作用下形成的路面局部拱起	路面局部隆起，在 1 m 范围内隆起不小于 15 mm，按长(m)×宽(m)计量
松散类	剥落	面层细料散失	面层材料散失深度不大于 20 mm。外围面积小于 1 m^2 不计。按散失范围长(m)×宽(m)计量
	坑槽	路面材料散失后形成的凹坑	路面材料散失形成坑洞，凹坑深度大于或等于 20 mm，按长(m)×宽(m)计量
	啃边	行车荷载作用致使路面边缘出现损坏	路面边缘材料剥落损坏或形成坑洞，凸凹差不小于 5 mm，按宽(m)×长(m)计量
其他类	路框差	路表与检查井框顶面的相对高差(高或低)	路面与路框差等于或大于 15 mm，按路框差病害出现的次数×1 m^2 计量
	修补	路面在修补位置产生的损坏	按修补后的损坏面积计量

3. 机电设备指标

隧道机电设备检测频次及检测要求应按照相应规范执行，保障数据采集的周期性、连续性。

4. 附属设施指标

附属设施各分项应根据设施完好程度、损坏发展趋势、设施使用正常程度等进行检查。

5. 运营服务指标

隧道运营服务状况评估包括交通服务、安全服务、用户服务等指标。

6.3.1.4 隧道主体结构风险评估

土建结构技术状况评定应根据定期检查资料,综合考虑各分项的影响,确定隧道的技术状况等级。评定应从隧道结构的材料、连接、变形、渗漏及耐久性等方面考虑(图 6-43)。

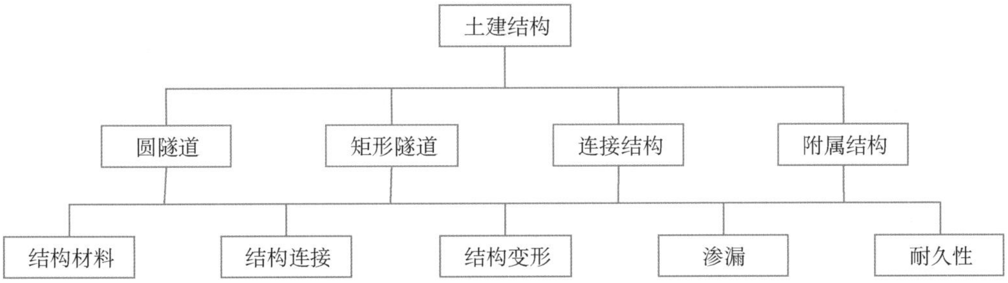

图 6-43 土建结构评估

1. 结构材料评估

结构材料主要包括混凝土、钢筋及钢材。其力学性能主要从材料强度、弹性模量、极限应变、延伸率等方面进行检测,还须检查材料的碳化和锈蚀程度。

2. 结构连接评估

结构连接主要包括结构连接构造和连接件。圆隧道段:主要检查环缝和纵缝的张开量,环与环之间的错台,连接螺栓的受损与锈蚀检测。矩形隧道段:主要检查变形缝的张开量,缝两侧的错台(差异沉降)。

3. 结构变形评估

结构变形包括隧道线形高程和隧道横断面变形。隧道线形高程主要测量隧道中心线位置。隧道横断面变形:圆隧道段主要测量隧道直径及收敛量;矩形隧道段主要测量断面形状(构件扰度)。

4. 渗漏水评估

渗漏主要从渗漏的位置、渗漏水量及渗漏水水质三方面检查,检查的方法按《地下防水工程质量验收规范》(GB 50208—2011)执行。

5. 耐久性评估

耐久性主要从混凝土的剥落及开裂、钢结构的锈蚀、防水材料的老化等方面考虑。其中，混凝土剥落主要检测剥落的位置、面积及深度；混凝土裂缝需要检测裂缝的位置、形态、宽度、长度、深度；钢结构锈蚀主要检测结构面的生锈、脱皮、坑蚀、焊缝及受损状态。

为了方便隧道结构技术状况评价，将隧道结构从整体到区段、从区段到构件、从构件到子构件进行划分，对隧道结构技术状况评价由构件开始，到构件组、区段，直至整个隧道结构。

6.3.1.5 其他设施评估

1. 路面面层评估

道路面层检测应分区段有序进行，区段划分应考虑结构分段、病害严重程度和是否为多发地段等因素，区段划分长度一般取 100 m 左右。

道路面层结构服役性能检测主要内容包括路面状况、路面平整度、路面抗滑三项。检测方法应满足以下要求：

(1) 路面状况检测应以自动化快速检测设备和人工调查相结合的方式进行。

(2) 路面平整度宜以车载式激光平整仪或 3 m 直尺测定路面 IRI。

(3) 路面抗滑性能宜用摆式仪来测定路面抗滑值或用横向力系数测试车测定横向力系数。

2. 机电系统评估

机电系统种类繁多，故障机理都不相同。因此，机电系统的评估采用完好率的指标统一进行。各设备在评价中所占的比重，取决于其在本身子系统中的重要度和子系统在整个运营过程中的重要度。

3. 附属设施评估

隧道附属设施技术状况评价采用由分项到总体的评价方法，首先根据附属设施清单选择各分项状况评价的计算方法，确定各分项状况值，再根据各分项占附属设施总体的权重计算附属设施总体技术状况评价值并确定评价等级。

6.3.2 某隧道机电系统运行风险管理

某隧道设施盾构段 6 426 m、主线敞开段 194 m、暗埋段 1 079 m，圆隧道段结构外径 15 m、内径 13.7 m，为城市主干路，双向 6 车道(连续 4 车道＋两侧集散车道或停车带)，设计时速 60 km/h，共 4 对出入口匝道。

隧道机电系统运行风险管理，需要围绕隧道各系统维护需求，对各系统机电设备需求进行分析，初步形成设备重要度分类，同时基于对存量设施机电设备养护数据的分析，初步筛选出需重点关注的设备。通过每日的巡视检查及周期性的养护工作，尽早发现问题隐患。对于高压供配电系统、排水潜水泵、消防报警系统、射流风机等重要设备，提前进行强制性检验和返厂拆检，确保设备运行安全稳定。

6.3.2.1 机电设备重要度分级管理

1. 确定设施重要设备清单

根据不同隧道在2019—2020年间不同时间段的机电设备故障维修数据，进行隧道内设备特点分析。根据隧道内设备故障情况，计算设备故障率，结合设备等级计算子系统设备完好率，进行单个隧道分系统和整个机电系统的技术状况评价。根据单个隧道风险评价结果，逐层进行隧道间横向对比分析。基于对存量设施机电设备养护数据的分析，确定了20种重点关注设备清单，见表6-46。

表6-46 重要机电设备清单

序号	设备名称	设备等级	序号	设备名称	设备等级
1	水泵控制箱	A	11	话务台	A
2	排水泵	A	12	UPS	A
3	轴流风机	A	13	可编程控制器PLC	A
4	混流风机	A	14	区域模块控制器	A
5	变压器	A	15	直流屏	A
6	EPS	A	16	分路馈电开关	A
7	拼接显示屏、地图屏	A	17	消防泡沫泵组	A
8	现场控制机柜	A	18	工作站	A
9	照明控制箱	A	19	火灾报警控制器	A
10	风机控制柜、箱	A	20	服务器	A

2. 机电设备分类养护保养方案

1）A类机电设备

由于A类设备是机电系统各个子系统中的关键设备，直接关系到各个系统的正常运行与否，关系到隧道的正常运行，风险较大。对A类设备可通过软、硬件等各种途径，尽量实现对设备状态的实时监测，在故障发生初期及时发现，及时采取应对措施，保证系统正常运行。避免由于关键设备发生故障，影响整个系统正常运行，进而影响到隧道的安全运行。

对于综合监控系统中的服务器，按照常规检查频率，以一个月一次的频率使用系统指令或监控软件查看系统健康状态；对于综合监控系统中的硬盘，可安装专用系统健康监测软件，对可使用空间、CPU、内在占用率、硬盘温度、风扇转速、硬盘健康状态等关系设备健康状态的指标进行实时监测，在设备发生异常状态的早期进行报警，提前采取相应应对措施进行维护，避免设备发生故障影响整个监控系统运行。

2）B类机电设备

对于B类设备，按照设备类型、所处环境等具体情况，除日常养护外制定具体的、有针对性的控制风险的预养护方案，延长设备的使用寿命。

对于安装在隧道内的摄像机，可按照日常养护标准进行检查、保洁工作。对于安装在隧道外的少部分摄像机，可在暴雨等恶劣天气后进行额外的检查，及时发现外壳密封问题引起的渗漏水进入设备造成短路等问题，杜绝设备安全隐患，降低发生事故的风险概率，延长设备的使用寿命。

通信系统的光端机安装位置分外场和内场。由于内场光端机安装位置洁净程度较高，只需按常规频次保养即可。对于外场光端机，由于隧道内汽车尾气颗粒及路面扬尘较多且扩散条件较差，容易在机电设备内部积聚，随着设备运行时间增加，设备发生短路的风险也随之增加。建议针对外场光端机较内场光端机增加保洁、除尘频次，并检查设备所安装的设备箱的开孔或箱门处的密封措施是否完好，减少污染物的进入，降低设备发生故障的概率，延长设备的使用寿命。

3）C类机电设备

为了使有限的运维养护资源发挥最大的效益，降低发生事故风险的概率，对C类设备采取常规例行养护措施，通过日常检查、检测发现设备是否发生故障，并进行相应维修。

6.3.2.2 机电系统检查与维护

1. 监控系统

监控系统主要对中央计算机、交通监控、设备监控、通信系统、CCTV系统、火灾报警系统和中央控制室系统等进行集成、协调管理。

（1）基本要求：外观整洁；设备运行正常；图像、声音、通信清晰；信息传输正确。

（2）主要缺陷：操作系统瘫痪；网络通信中断；信息传递故障；图像模糊、黑屏；火灾报警误报等。

（3）通过日常巡视，定期检查、保洁、维修，确保监控系统完好。

（4）采用软件升级、元器件更换、故障排除等技术措施，确保监控系统正常运行。中央计算机系统维护维修要求见表6-47、表6-48。

表 6-47　　硬件维护维修要求

序号	维护项目	维护要求	维护周期
1	中控室机房环境检查		
1.1	机房洁净情况	定期对机房地板、过道、门窗和箱体表面进行清扫、除尘，保持外观整洁	季
1.2	机房空调运行情况	清除空调滤网积尘，并保养、调试	季
1.3	机房温、湿度信息	机房温度应保持在 21℃±2℃，湿度保持在 45%～65%	日
1.4	机房火灾报警器检测	检查、试验	半年
1.5	机房防雷设施和接地电阻检测	定期检查避雷针、引下线，保持其完好，并检测接地电阻。雷雨季节时，应加强防雷器的巡查，发现异常及时处置。 接地电阻应符合下列要求：工作接地电阻≤4 Ω；保护接地电阻≤4 Ω；联合接地电阻≤1 Ω	年
1.6	机房其他设施	定期检查机房防火、防潮、防尘、防盗、防磁、防小动物等设施；定期检查机房消防设施、应急照明装置和中控室门禁装置	半年
2	主机		
2.1	指示灯状态检查	查看电源指示灯状态，绿灯表示正常，红灯表示有警告信息； 查看内部状态报警灯，绿灯表示正常，红灯表示有警告信息	月
2.2	处理器负荷率	主机处理器负荷率：正常状态，30 min 内<30%；突发任务，10 s 内<60%	月
2.3	内存使用情况	主机内存最大使用率(平均)≤50%，每月月末对通信机进行重启，释放内存空间	月
2.4	硬盘自由空间情况	检查磁盘空间，要求存放日志的硬盘保留至少 500 MB 的自由空间，否则预处理程序会由于无法写进日志而停止运行	月
2.5	主机运行更替	每季度对主机和备机轮换上线运行	季
2.6	服务进程运行情况	检查每台主机进程运行情况，有无假运行的进程或程序，并及时清理无关进程	月
2.7	用户连接数检查	要求用户连接数不能达到饱和	月
2.8	日志检查	检查并适时清理系统日志中报警记录。查看网管软件中是否有严重报警出现，查看其中 Critical 报警信息，如有，则解读信息内容并立刻修复	月
3	存储设备		
3.1	面板指示灯状态	观察、检查	月

（续表）

序号	维护项目	维护要求	维护周期
3.2	风扇运转情况	定期对风扇及滤网除尘，达到风扇运转平稳，无杂音	季
3.3	每块盘阵清洁情况	仔细小心地对每块盘表面做保洁工作	年
3.4	磁盘空间情况	检查磁盘总空间，要求磁盘保留至少 500 MB 自由空间	月
4	终端设备		
4.1	终端设备保洁	清除机箱表面积尘，清除风扇和滤网积尘，确保机体外观清洁，风扇运转正常，无异常噪声	季
4.2	风扇运转情况	定期对风扇及滤网除尘，确保风扇运转平稳，无杂音	季
4.3	系统日志中是否有严重报警记录	检查并适时清理	周
4.4	内存使用情况	计算机内存最大使用率（平均）≤50%，每月月末对通信机进行重启，释放内存空间	月
4.5	硬盘自由空间情况	检查磁盘空间，要求存放日志的硬盘保留至少 500 MB 的自由空间，否则预处理程序会由于无法写进日志而停止运行	周
4.6	服务进程运行情况	检查每台服务器进程运行情况，有无假运行的进程或程序	日
4.7	日志检查	查看网管软件中是否有严重报警出现，查看其中 Critical 报警信息，如有，则解读信息内容并立刻修复	周
5	网络设备		
5.1	面板指示灯状态	观察、检查面板指示灯颜色是否正常	月
5.2	风扇运转情况	定期对风扇及滤网除尘，确保风扇运转平稳，无杂音	季
5.3	VLAN 表和端口流量情况	检查、分析	月
5.4	网络访问列表情况	检查、分析	月
5.5	网络负荷率	正常状态，30 min 内＜10%；突发任务，10 s 内＜30%	月
5.6	IP 地址管理	定期进行 IP 地址测试，检测非法用户	月
5.7	日志检查	查看网管软件中是否有严重报警信息	月
6	网络安全设备		
6.1	面板指示灯状态及液晶面板状态	观察、检查	月

（续表）

序号	维护项目	维护要求	维护周期
6.2	风扇运转情况	定期对风扇及滤网除尘，确保风扇运转平稳，无杂音	季
6.3	检测系统运行状态	登录防火墙系统或入侵检测系统，监测系统运行状态是否正常	月
6.4	安全规则配置信息	检查防火墙或入侵检测引擎当前的规则配置情况是否与所记录的规则配置情况相符，对应的报警及响应方式是否正常	月
6.5	日志检查	查看防火墙或入侵检测系统当天的日志信息，对报警信息进行分析，对异常情况及时报告并跟踪处理	月
6.6	联网设备布局变化情况	有变化及时通知招标人并更新文档	有变动时
6.7	网络 TOP 协议与激活状况	检查、测试网络 TOP 协议与激活状况	季
7	路由器		
7.1	面板指示灯状态	观察、检查	月
7.2	风扇运转情况	定期对风扇及滤网除尘，确保风扇运转平稳，无杂音	季
7.3	路由表和端口流量	检查、分析	月
7.4	CPU 负荷、端口状态和占用率	检查、分析	月
8	机房 UPS		
8.1	面板指示灯状态	观察、检查指示灯和故障报警装置	季
8.2	机柜清洁	对 UPS 机柜、电池柜清洁，对风扇及滤网除尘，确保风扇运转平稳，无杂音	季
8.3	检查和校验蓄电池、逆变器输出电压和频率	测量和记录蓄电池、逆变器输出电压和频率	季
8.4	查看一些参数，如温度，输入、输出电压情况	检查机房专用供电线路，并观察、测试相关参数	季
8.5	供电切换情况	对市电和 UPS 电池供电进行切换试验	季
8.6	是否有缺相情况	检查、核实缺相情况	季
8.7	网管软件中是否有 UPS 严重报警记录	查阅网管软件中是否有 UPS 严重报警记录	季
8.8	UPS 蓄电池定期维护	每季度对 UPS 蓄电池维护	季
8.9	UPS 负载百分比情况	检查和记录 UPS 负载百分比情况	季
9	统一授时系统		
9.1	校准时钟	检查并核实所有设备是否采用统一授时系统。若中控室没有配置统一授时系统，可联网采用城市快速路监控中心的统一授时系统	月

（续表）

序号	维护项目	维护要求	维护周期
10	机房火灾报警系统		
10.1	机房火灾报警设施的检查	检查设备面板指示灯状态、核查配置信息	半年
10.2	机房消防气体的检查	检查消防气体贮存情况	半年
11	各类线缆		
11.1	网络线缆的检查	用网络线缆测试仪检查网络线，线缆无折痕，无破损，确保每对网络线缆接触良好	半年
11.2	单模、多模光纤的检查	光纤应无折痕、无破损等现象	半年
11.3	控制(串口通信)线缆的检查	用万用表检查串口线通断情况，线缆无折痕，无破损。对疑有表面氧化的插头用除氧化剂进行处理或更换，确保每对每根线缆接触良好	半年
11.4	电源线缆的检查	检查电源线及接线插座安全可靠情况。电源插头、插座应感觉无明显温升、塑料熔化、松动等现象	半年
11.5	电源插头、插座的检查	应感觉无明显温升、塑料熔化、松动等现象	半年
12	与城市快速路监控中心的信息互联情况		
12.1	检查隧道中控室与城市快速路监控中心的数据、事件、视频的互联和同步情况，IP 电话通信情况		日
13	中控室应急演习		
13.1	每年按“中控室网络与信息安全事件专项应急预案”组织一次应急演习，并提交演习总结报告。若在演习过程中发现较严重的问题，一并提交整改方案和实施计划		年

表 6-48　　系统软件和应用软件维护要求

序号	维护项目	维护要求	维护频次
1	系统安全性检查	定期更换系统密码，定期核准用户权限，防止系统出现越权访问。定期进行 IP 地址测试，检测非法用户，防止非法用户入侵	季
2	软件运行状态检查	要求所有服务器端和客户端的软件运行稳定，软件无卡机和假运行现象	日
3	数据库系统运行状态检查	要求数据库连接数不超过 80%	天
		定期查看与分析数据库日志，定期汇报数据库运行状况	月
		要求数据库表占用空间不超过 90%	月
		查看数据库资源，检查表空间是否写满	月
4	软件变更	软件的变更(增加、修改、删除、调整优化)应按软件工程规范实施，并填写“软件变更审核流转单”逐级审核	软件变更时
5	软件和数据备份管理	每半年对应用软件进行备份，在软件变更时，应及时同步更新备份。每半年对数据库基础数据和业务数据进行备份。每半年对配置信息进行备份，当配置升级时及时更新备份。每半年检查备份数据是否安全可用	半年

（续表）

序号	维护项目	维护要求	维护频次
6	软件故障恢复管理	软件（如操作系统、数据库系统、应用软件、重要设备配置信息等）能够自动或在人工干预下从故障状态恢复到正常状态而不致造成系统混乱和数据丢失	发生故障时
7	对病毒的监控、查杀及病毒防范软件的升级	每月对病毒库进行升级，当有新病毒出现时，随时升级。严禁发生病毒侵入或带入内部网络事件，并做好记录工作	月
8	服务器状况检查	定期检查服务器运行状况，对服务器系统安全进行监控和安全状况评估	季
9	网络状况检查	检查网络运行状况，对网络安全进行监控和安全状况评估，杜绝网络中断事件的发生	季
10	防火墙软件管理	检查防火墙的有效性，对其配置信息进行管理和备份	季
11	日志管理	备份并清理过期日志记录，避免发生磁盘空间溢出	半年

2. 通风系统

通风系统由CO/VI/NO_x分析仪、射流风机、集中排风机、混流风机、计算机系统及对应的电控柜等组成。利用射流风机实现主体隧道通风，通过CO/VI/NO_x分析仪检测，由计算机系统监视，并自动调节控制射流风机和集中排风机的开、闭信号。

（1）基本要求：设备运行工况正常；信号传输正确；供电、控制系统完好；外观整洁。

（2）常见缺陷：风机异声、喘振，风机辅助装置运行异常；信号传输不正确；供电异常；控制失灵等。

（3）通过日常巡视，定期检查、保洁、维修，确保通风系统完好，外观整洁。

（4）采用外观保洁、涂刷油漆，机械装置润滑，吊装螺栓紧固，进出风口检查、清理，易损部件更换，传输信号校对等技术措施，确保通风系统正常运行。

3. 给排水系统

给排水系统主要包括生产给水系统、消防系统及雨污水排水系统。

（1）基本要求：设备运转正常；管道表面无锈蚀；闸阀开启灵活；供电、控制系统完好；集水池无淤泥；等等。

（2）常见缺陷：供电异常、控制失灵；集水池淤积；管道渗漏；闸阀失灵；等等。

（3）通过日常巡视，定期检查、保洁、维修，确保给排水系统完好。

（4）采用外观保洁、涂刷油漆，机械装置润滑，螺栓紧固，管道、阀门检查，水池清理，易损部件更换等技术措施，确保给排水系统正常运行。

4. 消防系统

消防系统包括消火栓系统、自动泡沫雨喷淋系统、灭火器、消防报警系统等。

(1) 基本要求：外观整洁；设备运转正常；消防给水、泡沫管道表面无锈蚀渗漏；闸阀、蝶阀、雨淋阀、电磁阀启闭灵活，水位控制器正常；供电、控制系统工作正常，消防报警系统信号传输正常；泡沫无漏液；灭火器压力正常；等等。

(2) 常见缺陷：供电异常，双电源控制器失灵，控制失灵，消火栓远程控制按钮失灵；管道锈蚀渗漏；闸阀、蝶阀、雨淋阀、电接点压力表失灵，水位控制器失灵，电磁阀失灵；消防泵异常；灭火器过期、失压；泡沫管接口漏液；等等。

(3) 通过日常巡视，定期检查、保洁、维修，确保消防系统完好。

(4) 采用外观保洁、涂刷油漆，机械装置润滑，螺栓紧固，管道、阀门检查，易损部件更换等技术措施，确保消防系统正常运行。

5. 照明系统

(1) 基本要求：外观整洁；照度、完好率达标；供电、控制箱工作正常；等等。

(2) 常见缺陷：灯具破损；进水短路；光照衰减；灯管整流器故障；电源控制板故障；供电异常、控制失灵；等等。

(3) 通过日常巡视，定期检查、保洁、维修，确保照明系统完好。

(4) 采用外观保洁，照度检测，灯管、损坏元器件更换，灯具维修，供电、控制系统维修等技术措施，确保照明系统正常运行。

6. 供配电系统

(1) 基本要求：外观整洁；设备工作正常；信号传输正确；控制良好。

(2) 常见缺陷：短路；跳闸；继电保护控制失灵；高低压柜机械故障；等等。

(3) 通过日常巡视，定期检查、保洁、维修，电气预防性试验和继电器保护定值校验，确保供配电系统完好。

(4) 采用外观保洁，高低压柜清扫，损坏元器件更换维修等技术措施，确保供配电系统正常运行。

7. 通信系统

1) 一般检查要求

(1) 每只单模光缆固定接头的平均衰耗应不大于 0.12 dB(双向测，取平均值核对)。

(2) 电缆 a、b 芯线间及芯线与地间的绝缘电阻不应大于 3 000 MΩ · km。

(3) 程控交换机的标称直流工作电压为 −48 V，电压允许变化范围为 −57～−40 V。

(4) 程控电话通话音量、清晰度应符合设计要求。

(5) 基地台与手持台的通信应正常,话音应清晰。

(6) 基地台防雷接地电阻不大于 4 Ω。

2) 维修保养方案

(1) 每月巡检沿线手孔、人孔、管道设施清洁度和安全性。

(2) 每半年检查人井、手井、电缆、管箱等并清理其内部的杂物。

(3) 每半年对人井内的积水抽排一次。

(4) 每年检查一次电缆的标识、人井内的设施,及时更新标识,固定好子管堵头与品字架,电缆支架托架应齐全完好。

(5) 清洁基地台外部灰尘,保持无线通信系统监控中心设备及机房整洁。

(6) 每周巡检一次基地台,主要检查机箱内是否有虫鼠害、密封性能、外壳接地是否牢靠、门锁及按键是否完好。

(7) 电话由专人负责,每天检查、维护,发现问题立刻解决。

(8) 检查电缆接头部分和接线盒,保证电缆连接固定牢靠,外观无破损,发现问题及时处理。

(9) 每季度必须对数字程控调度机按产品使用说明书的要求进行全面检查,并对地线进行测试。其他设备按使用说明书要求定期检查和隐患排除,使各项指标符合规定。

(10) 通信联络系统使用过程中应保持电话清洁,确保电话正常运行,严禁非工作人员擅自调校和拆开仪器。

6.3.3 延安东路隧道大修工程风险管理

6.3.3.1 工程概况

1. 基本情况

延安东路隧道分北线、南线先后建设。北线隧道始建于 1982 年,于 1988 年通车。南线(复线)隧道开工建设于 1995 年,于 1996 年底竣工。2007 年 6 月,东西通道完成项目建议书编制和工程可行性研究工作,东西通道西起延安路隧道原浦东洞口,沿浦东大道走向,东至浦东金桥路。东西通道工程于 2008 年 1 月全线正式开工,为配合东西通道主线施工建设,延安东路隧道浦东进出口改建成地下结构,与东西通道主线对接,并在延安东路隧道原浦东敞开段两侧设置了一对平行匝道。匝道内设有基本的设备系统,浦东的进出交通由新建匝道承担。匝道段在 2009 年改建完工并通车,东西通道仍在建设中。延安东路隧道工程总平面布置如图 6-44 所示。

由于建设时期较早,延安东路隧道内机电工程整体状况较差,设备系统已基本达到使用

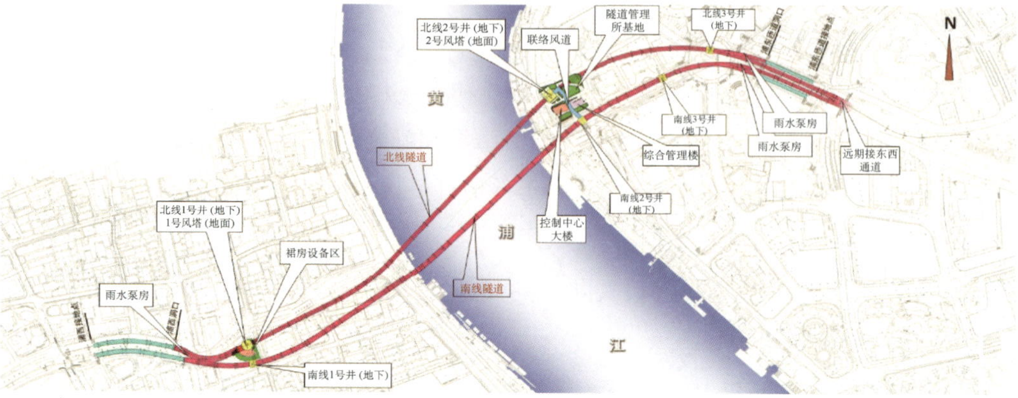

图 6-44　延安东路隧道工程总平面布置图

寿命，技术陈旧，部分功能缺失；部分设备老化严重，遥控功能缺失，存在明显功能障碍。特别是隧道消防系统，风险较大，已经难以确保隧道的安全运营。延安东路隧道结构整体状况基本良好，虽存在一定的渗漏水现象，但处于可接受范围，现阶段对车辆通行不会有影响。从 2009—2014 年的日常隧道沉降监测数据来看，延安东路隧道南、北线均趋于稳定，没有明显的差异沉降。

出于对隧道安全运营方面的考虑，上海市路政局提出对延安东路隧道进行大修，对延安东路隧道内使用的设备系统进行全面升级、重新设计，并对隧道内出现的风险源如结构病害一并整治。本次大修工程能降低隧道运行过程中发生事故的风险概率，确保今后隧道能够继续安全运营。

2. 设计范围

东西通道改建后，北线隧道全长约 2 165 m，其中圆形隧道长约 1 476 m（以工作井中心里程计），浦东矩形隧道长约 146 m，浦西矩形隧道长约 205 m。南线（复线）隧道全长约 2 112 m，其中圆形隧道长约 1 310 m（以工作井中心里程计），浦东矩形隧道长约 264 m，浦西矩形隧道长约 180 m，如图 6-45 所示。

东西通道的改造范围为原延安东路隧道浦东洞口向东的范围，2009 年建成，设有水电等设备系统，但东西通道整个工程还未完工，此范围内的土建及机电工程也并未验收移交。延安东路隧道大修工程本意出于机电设施的老旧，对全线的机电设施从系统上进行升级更新，也为今后接入东西通道预留接口，机电工程需全线统一考虑，故也包括东西通道建成的两条匝道的范围。另外，隧道内的装饰工程也需全线统一，经与东西通道建设方沟通，匝道敞开段的侧墙装饰由本次大修代为实施，匝道暗埋段部分的装饰由大修工程统一实施。

综上所述，本次大修工程的设计范围如下：

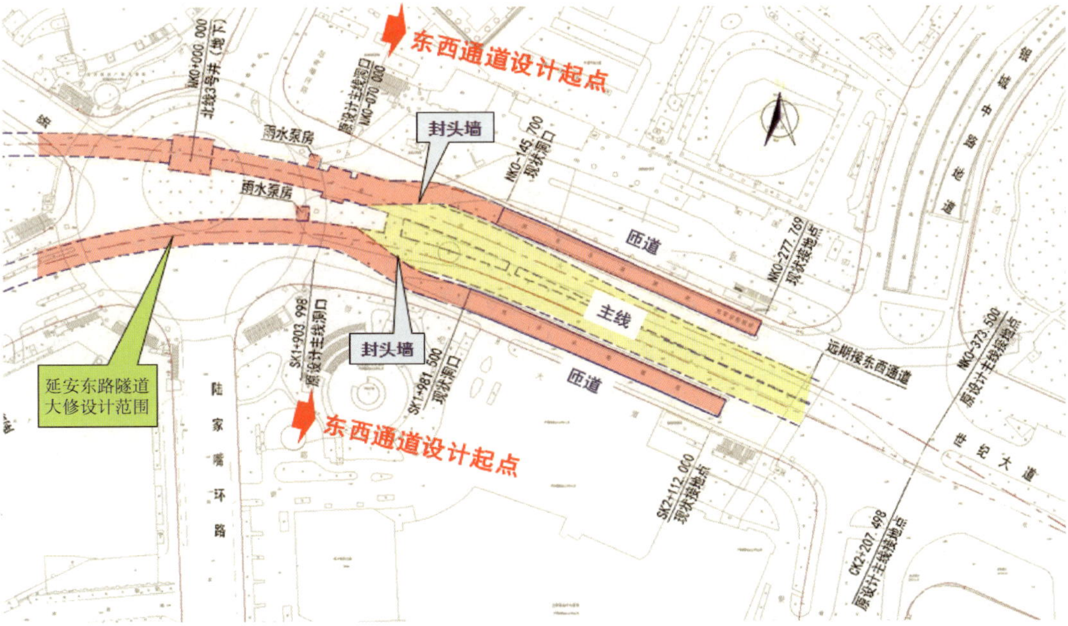

图 6-45　东西通道匝道段设计范围

土建工程——南、北线浦西接地点至东西通道改造前的延安东路隧道浦东洞口处。

机电工程——南、北线浦西接地点至浦东匝道接地点。

装饰工程——南、北线浦西接地点至浦东匝道接地点。

以上大修工程设计范围均不含东西通道主线封闭段。

3. 大修总体目标

整治隧道安全风险隐患，完善基础设施，提升隧道安全运行、管理水平，具体有：①提升土建结构安全水平；②完善机电和附属设施；③提升隧道应急处理能力；④改善隧道运行条件，确保隧道安全运行。

6.3.3.2　大修工期及费用

本次延安东路隧道大修工程采用封闭单孔、另一孔正常运营的施工模式。北线隧道自2015年3月14日开始封闭交通，南线维持正常运营，在经历了5个月的大修施工后于2015年8月15日开通运营。北线通车后，即刻对南线隧道进行封闭施工，于2015年12月18日恢复西向东交通。南线开通后，对北线隧道须再次进行短暂的交通封闭，使得北线隧道由施工期间的西向东运营模式调整为正常运营的东向西运营模式。延安东路隧道于2015年12月25日实现双线正常运营通车。

北线通车和南线通车前均采用通车验收的形式，使隧道及时开放，服务于社会。隧道通车后，不影响隧道通车的区域及地面附属楼，仍存在一定大修工作需要继续完善。至2016年7月，延安东路隧道大修工程的所有工作完成。

延安东路大修工程决算费用约为2.6亿元。

6.3.3.3 大修设计内容

1. 隧道线路平面及纵剖面

隧道线路平面及纵剖面维持现状。

2. 隧道总体布局

本次大修对隧道的总体布局变动较少，仅对供电系统和消防系统的设备用房布置进行了调整，具体方案如下：

(1) 北线隧道的通风模式虽然由横向通风改为纵向通风，但主要通风机房仍维持在1号和2号风塔内，仅轴流风机数量减少。

(2) 供电系统由原来的浦西1路供电调整为2路供电，且对南北线的高低压进行整合，便于运营管理。大修设计取消了北线3号井内的跟随变，全线共设置2处变电所，分别利用浦西裙房和浦东控制中心大楼内原有的变电所用房。

(3) 隧道照明由荧光灯光源改为高效节能的LED隧道灯，对南北线照明配电柜进行整合，便于运营管理。照明配电间仍设置于浦西裙房和控制中心大楼内。

(4) 大修设计的消防系统由消火栓＋泡沫水喷雾＋灭火器系统组成，全面提升了隧道消防的能力。浦西消防泵房安置于原位，取消了消防水池。浦东消防泵房由南线3号井内搬迁至2号风塔的裙房内。

(5) 排水泵房均按原位设置，大修仅对北线江中废水泵房进行扩容。

(6) 隧道监控中心仍在浦东控制中心大楼内原位设置。

3. 道路工程

对现状道路进行全面铣刨，加罩沥青；翻挖水泥混凝土铺装层碎裂处，清理并修补裂缝；重新浇筑路面伸缩缝，并对路面伸缩缝处有明显湿迹的部位，在其下部设置引流槽；整修路面横截沟和窨井，对破损较为严重的横截沟及井盖进行更换。

4. 结构与防水工程

隧道主体结构维持现状；根据各设备系统的需求，对隧道土建内部结构局部进行改造。主要工作有：北线1号、2号井内风道与车道上部结构板的改造；北线圆隧道段上部排风道的拆除(图6-46)；南线2号井车道层增设人行通道至楼梯间；车道两侧侧墙箱孔的开凿与管线孔洞的开凿等。

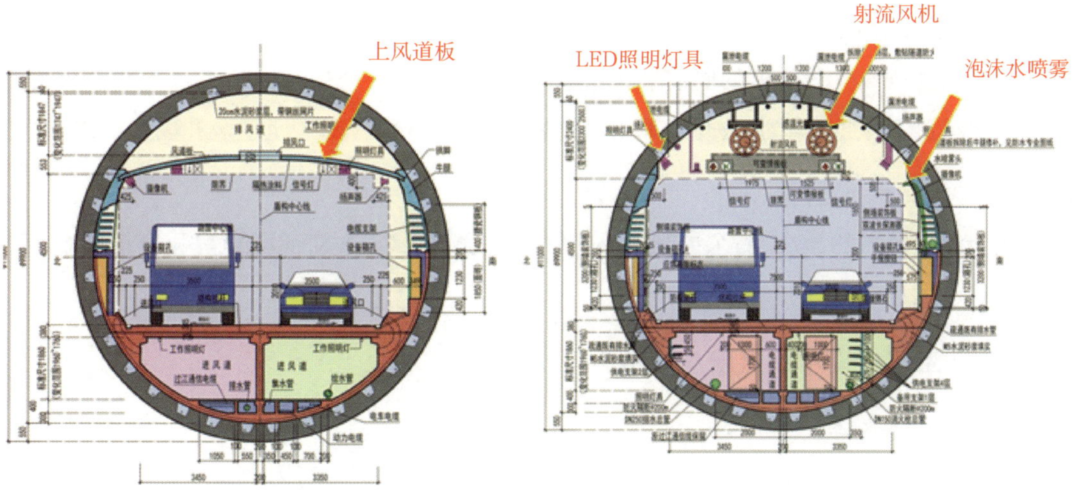

(a) 北线圆断面(现状)　　(b) 北线圆断面(大修)

图 6-46 北线圆隧道大修前后断面示意图

防水采用突出重点、疏堵结合、区别对待的治理措施。隧道内装修拆除后，摸排结构性病害(包括渗漏点)，并进行针对性的堵漏和加固措施。对特殊点位设置隧道永久健康监测。

5. 通风系统

重新设计隧道通风系统，北线通风模式由全横向通风改为纵向通风、纵向排烟模式，南线维持纵向排风、排烟模式。根据设计图纸重新配置射流风机及轴流风机台数。

6. 给排水与消防

重新设计给排水与消防系统，全线新增泡沫-水喷雾联用灭火系统，更新隧道的消火栓系统和相应消防设备；更新排水设备及相应管道；在确保城市供水的前提下，取消消防水池；隧道浦西、浦东各两路进水。

7. 动力、照明

重新设计供电、照明系统，更换设备，浦西、浦东各两路供电，南、北线隧道高、低压整合；隧道基本照明采用节能型 LED 光源。

8. 监控

按照新标准对监控设备重新设计，整体改造，更新系统架构，完善监控设备及功能配置，由交通监控、设备监控、视频监控、通信、火灾报警和中央控制管理系统构成监控系统，通过统一监控平台，实现智能化操作和管理。对位于浦东隧道管理所控制中心大楼内的监控中心整体改造升级，并预留东西通道接入条件。

9. 建筑装修

采用搪瓷钢板作为隧道的侧墙装饰板，范围自浦西洞口至浦东匝道洞口。隧道顶部采用防火涂料进行保护。隧道敞开段采用干挂烧毛花岗岩(包含浦东匝道敞开段)。

10. 附属工程

更新浦西风塔的裙房、浦东控制中心大楼内的设备系统，并对浦西裙房和浦东控制中心大楼进行了内、外装修的翻新工作。

6.3.3.4 工程建设中的风险应对措施

1. 施工总体筹划

为配合交通封闭方案，考虑到北线隧道的机电系统复杂，用房内的配电柜较多，只有拆除了北线的旧设备后，新的设备机柜才能在旧址上重新设置，新设备按南、北线隧道统筹考虑，故施工筹划时分为两阶段：第一阶段封闭北线隧道，南线隧道维持运营；第二阶段，待北线修缮完毕开放运营后，封闭南线隧道进行修缮。根据隧道所需大修内容，原计划半封闭交通所需时间约为 12 个月，经施工工艺优化及多方共同努力，北线隧道封闭交通 5 个月，南线隧道封闭交通约 4 个月，全线恢复交通仅用了 9 个月，比原计划提前 3 个月。

2. 统一指挥，进行技术导改，为半封闭交通施工创造条件

半封闭交通模式下供电、监控、给水、消防系统是确保运营安全的前提条件，故对这几方面内容事先做了周全考虑，为半封闭交通模式创造条件。

1) 既有供配电和新设供配电系统合理切换

由于既有延安东路隧道南北线供电系统相对独立，大修过程中并没有设置临时供配电系统(包括施工用电)，仅利用既有供配电和新设供配电系统的合理切换来完成整个大修工程，确保一孔隧道的安全运营。

另外，隧道封闭交通之前，提前设置好隧道临时控制室，将原来隧道中控室的功能切换至临时控制室，北线封闭交通大修过程中，隧道中控室同时升级大修，北线完成大修后可直接接入修复后的中控室。

2) 隧道消防系统改造

隧道大修过程中，隧道消防系统的改造过程如下(图 6-47)：北线大修的同时对浦西消防泵房进行改造，并在浦东新增消防泵房，为保障南线隧道的安全运营，消火栓系统需由 3 号井内消防泵房单路供水。但由于 3 号井内消火栓泵组扬程偏低，无法供到浦西侧，故在浦西消防泵房停用之前，利用 3 号井内原水喷雾泵组替换消火栓泵组，可保证南线隧道消火栓系统由单个泵房供水的需求。浦西消防泵房改建和新增浦东消防泵房与北线大修同步实施，

待两泵房实施完毕后，接入南、北线隧道，再废除 3 号井消防泵房。

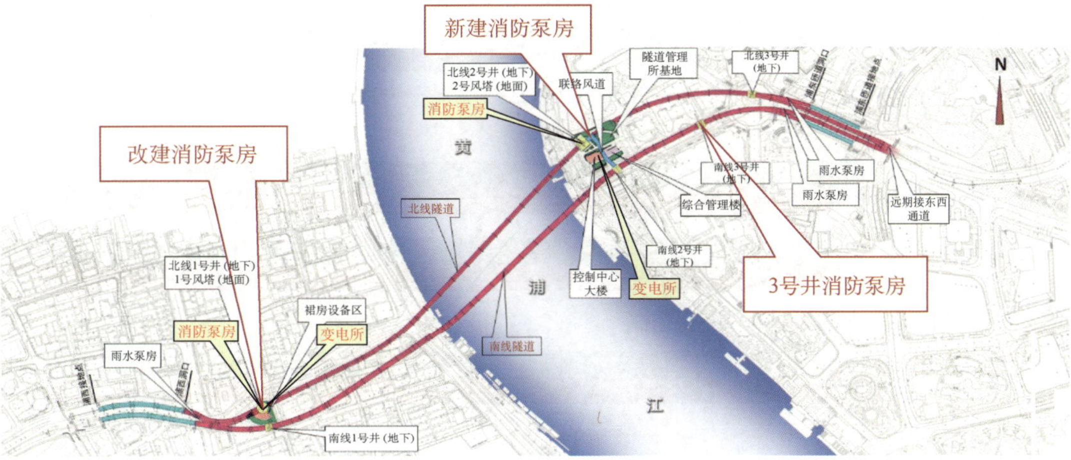

图 6-47　改建消防泵房示意图

3. 关键施工工艺的试验研究及新型适用设备的研制

隧道大修不同于新隧道的建设，它必须在既有隧道狭长的空间内、在限定的短时间内对隧道主体结构、机电设施等进行针对性的快速修复、治理，基于此，隧道大修必然会存在一定的边设计边施工、常规机具设备不适用、施工作业环境保护不易等情况，所以隧道大修施工准备阶段的首要任务就是根据隧道大修施工的特殊性，确立精细化、快速化、标准化的隧道大修管理理念，创新隧道大修标准化施工技术，研制适用机具设备。

1）精细化

为确保大修工程能在计划工期内恢复交通，在大修管理理念上必须将精细化管理、创新和协调能力共同提升。在延安东路隧道大修工程中，编制了相应的施工计划表，此施工计划表精确到天，包括平面位置、里程、时间、作业内容四维信息，即 4D 进度展开图(图 6-48)，以此实现精细化施工。

2）快速化

隧道大修施工多是在中断隧道交通的情况下进行的，工期要求特紧，所以采取了以下技术措施进行快速化施工。

(1) 施工准备期事项的落实。

根据隧道大修前服役性能检测评估专项报告，详细落实施工准备期各项工作，并以矩阵任务图的形式将准备期任务落实到具体责任人，并给出相应节点要求。

(2) 基于 BIM 的施工总体筹划。

采用 BIM 技术辅助施工总体筹划，并对整个施工过程进行预演，从而完善并细化施工

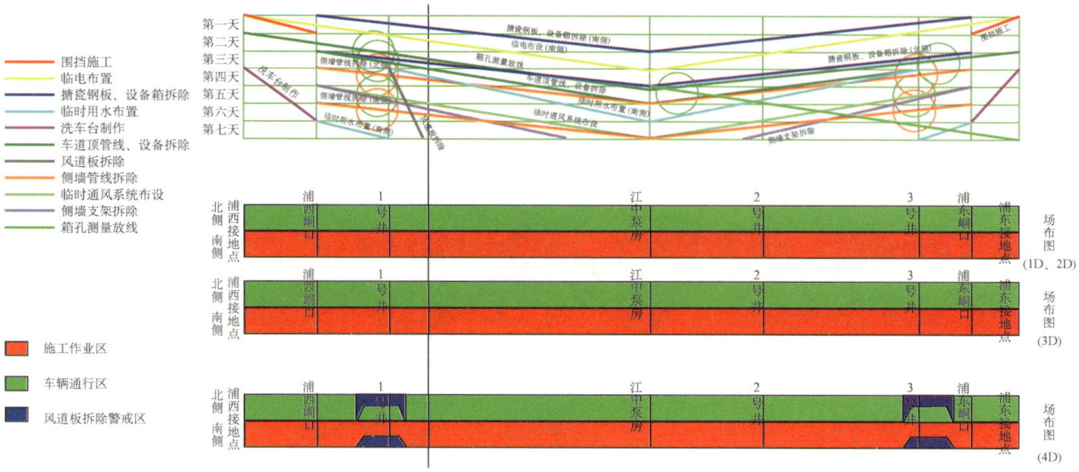

图 6-48　4D 进度展开图

总体筹划，达到指导施工的目的。

延安东路隧道大修施工筹划在横断面上将施工分为 3 个作业区(图 6-49)：上风道作业区、车道层作业区及下风道作业区，各专业施工采取流水的形式开展。传统的施工筹划利用 Project 等软件编排出各专业在时间上的安排，配合施工平面布置图反映作业点的变化。但在时间和空间的 4D 施工筹划上很难发现冲突，基于 BIM 的施工筹划模拟很好地解决了这个难题，从实际应用的成果来说，既满足了施工需求，也进一步优化了施工安排。

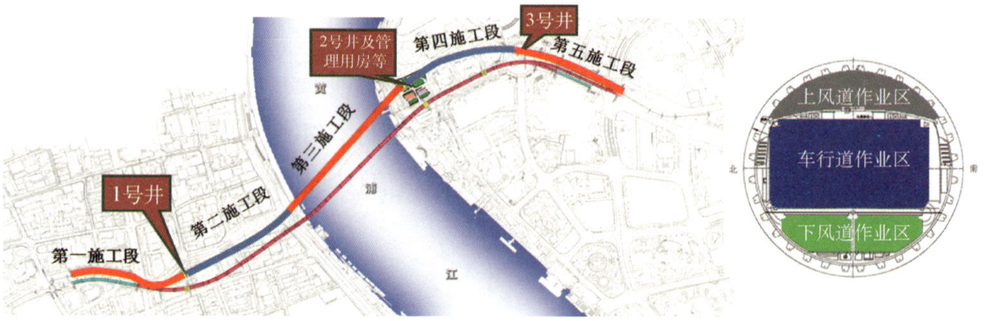

图 6-49　施工作业分区、分段

(3) 机械化应用。

隧道大修往往涉及大量拆除工程，拆除的快慢关系到整个工程进度。隧道内因净空限制，传统的人工拆除工期较长，故必须寻求合适的机械化方式。在延安东路隧道大修工程中，研制出了一套快速化低净空拆除设备(图 6-50)，缩短了 50%的拆除工期。该拆除设备不仅可以应用于延安东路隧道，在以后类似隧道大修项目中也可应用。

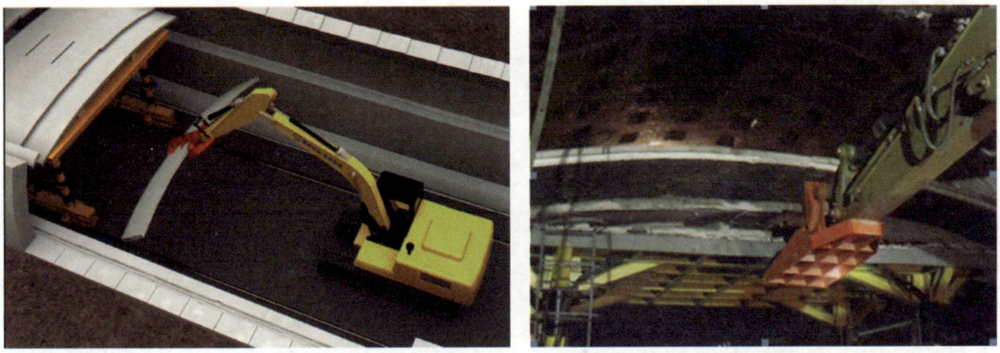

(a) BIM模拟　　　　(b) 现场实际工况

图 6-50　快速化拆除工艺 BIM 模拟及现场实际工况

3）标准化

隧道大修标准化包括环保设施标准化、安全文明设施标准化、场内交通标准化、质量和进度管理标准化等。以环保设施标准化为例，延安东路隧道大修工程通过三级降尘系统（作业点采用水桶除尘器，在粉尘的传播路径上进行降尘，对重点对象实施降尘保护）的建立，确保了隧道大修施工的绿色、环保和职业健康。

6.3.4　上海外滩隧道沉降观测案例分析

外滩隧道是位于上海外滩地下的城市快速路，全长约 3 315 m，主线隧道为双层双向 6 车道，于 2010 年 3 月建成通车。外滩隧道以福州路为界，分为南北两段。福州路向北为北段工程，在福州路和天潼路各设一个工作井，其间为盾构圆形隧道段，隧道外径 13.95 m，北段其他区域工程均采用明挖法施工；福州路向南为南段工程，主要采用明挖结合盖挖施工工艺，全长约 1 400 m。外滩隧道线路如图 6-51 所示，盾构段横截面如图 6-52 所示。

外滩隧道盾构段起始于天潼路南侧 53 m 处盾构工作井，沿大名路自北向南，穿越吴淞江防汛墙桩基和外白渡桥桥墩，至黄浦公园沿中山东一路，穿越吴淞路闸桥引道及北京东路人行道，上跨地铁 2 号线，下穿南京东路人行地道至福州路南侧 42 m 处盾构接收井。圆隧道全长 1 098 m，隧道主线最大纵坡为 5.0%。出洞处隧道顶部覆土厚度约为 9.44 m，沿轴线覆土厚度逐渐增加，出洞段最大埋深约为 17.5 m。盾构出洞后穿越浦江饭店（距离隧道边线最近仅 2.7 m）、福德路民房（距离隧道顶约 9 m）和上海大厦。

图 6-51　外滩隧道线路

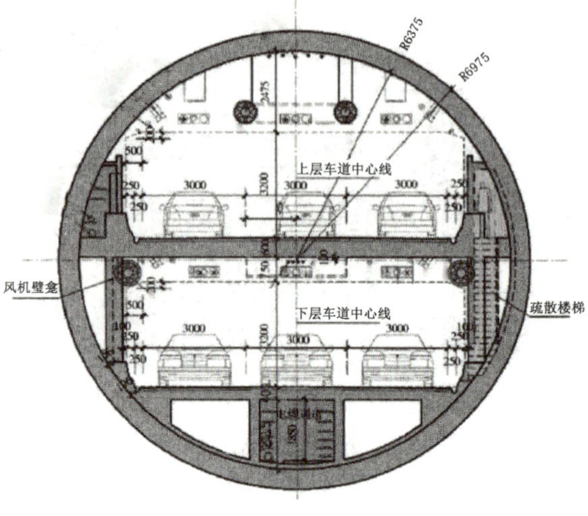

图 6-52　盾构段横断面

6.3.4.1　监测内容

根据上海市《隧道养护技术规程》(DG/TJ 08—2175—2015)的规定及相关单位的具体要求，对外滩隧道开展长期变形监测，变形监测内容主要为隧道沉降监测和圆形隧道管片收敛变形监测。沉降监测点共布设 1 025 个，盾构段管径收敛监测点共布设 12 个，管径收敛包括横向和竖向收敛变形。盾构段沉降监测点和收敛断面监测点如图 6-53 所示。

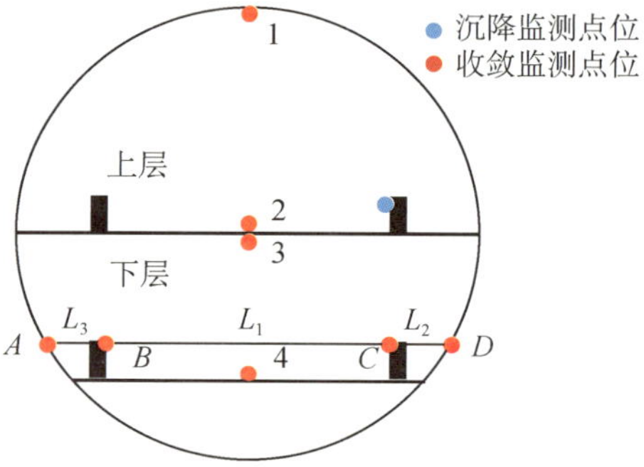

图 6-53　盾构段变形监测点示意图

6.3.4.2　监测方法

1. 沉降监测

为保证测量数据的可靠性和稳定性，分别在隧道两端各埋设一个深埋水准点，同时在隧道两端附近高架桥墩选取三个稳定的点和轨道交通长期沉降测量基岩标联测，形成一个闭合的二等水准路线，利用上海市地质调查院提供的基岩标数据作为起算数据，建立一个首级基准网，在此基准网下再布设一个节点水准网，其中，在隧道两端洞口各设一个水准节点，有条件的在隧道内部布设节点，提高水准网精度；上、下两条水准路线附合于节点，构成每区间上、下层的水准环，形成立体空间上的水准网，如图 6-54 所示。

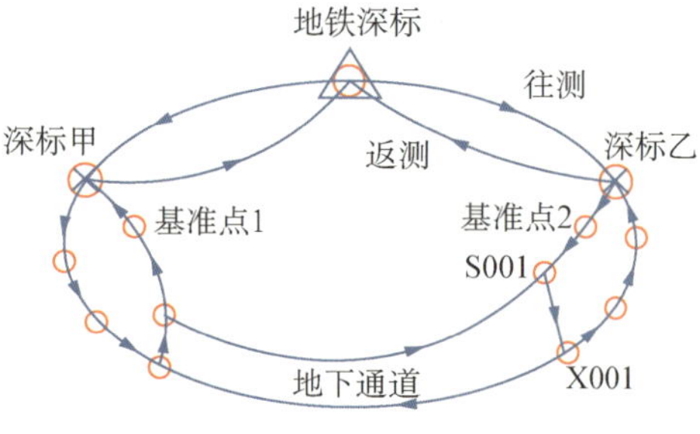

图 6-54　沉降测量基准网

沉降测量参照《国家一、二等水准测量规范》(GB/T 12897—2006)二等水准测量要求进行。隧道内沉降点的测量采用在水准路线测量的同时对中间点进行中视测量的方法进行。观测采用 Leica DNA03/Trimble Dini03 电子水准仪，其作业要求见表 6-49，观测限差见表 6-50。

表 6-49 作业要求

等级	视距	前后视距差	前后视距累积差	检测间歇点高差之差	水准路线测段往返高差不符值
二等	≥3 且≤50 m	≤1.5 m	≤6.0 m	≤1.0 mm	$\leqslant \pm 4.0\sqrt{k}$

注：1. 表中前后视距累积差是指由测段开始至每测站的前后视距累积差。
2. 表中的 k 为水准路线或测段的长度，以 km 为单位。

表 6-50 精度要求

等级	每千米水准测量高差中数中误差/mm		不符值、闭合差限差/mm		
	偶然中误差 M_{Δ}	全中误差 M_{W}	往返测高差不符值	附合路线、环线闭合差	检测已测测段高差之差
二等	±1.0	±2.0	$\leqslant \pm 4.0\sqrt{R}$	$\leqslant \pm 4.0\sqrt{L}$	$\leqslant \pm 6.0\sqrt{k}$

注：表中 R 为测段的长度，L 为附合路线或环线的长度，k 为已测测段的长度，均以 km 为单位。

采用式(6-1)、式(6-2)计算水准测量的偶然中误差、全中误差：

$$M_{\Delta}=\sqrt{\frac{1}{4n}\left[\frac{\Delta\Delta}{L}\right]} \tag{6-1}$$

$$M_{W}=\sqrt{\frac{1}{N}\left[\frac{WW}{L}\right]} \tag{6-2}$$

式中，M_{Δ} 为偶然中误差(mm)；Δ 为测段往返高差不符值(mm)；L 为测段长度(km)；n 为测段数；M_{W} 为全中误差(mm)；W 为附合路线或环线闭合差(mm)；N 为附合线路和闭合环的总个数。

2. 收敛监测

1) 竖径收敛

使用 Leica TS15 系列免棱镜全站仪(标称精度 1 mm+1.5 ppm)实施测量，收敛测点布设如图 6-53 所示。在圆形隧道顶部布设小棱镜，采用全站仪直接测量出顶部测点相对底部测点的高差值，两测点间的高差差值即为竖向直径值，相邻两次所得的竖向直径值相减，即为隧道竖向直径的本次变形量。将本次竖径值减去初始竖径值，即为竖向累计变形量。

2) 横径收敛

由于外滩隧道侧墙相对封闭，利用全站仪和手持测距仪相结合，分三段测量，侧墙内两段以及防撞墙之间取三段之和，作为本次测量值。如图 6-53 所示，在隧道两侧防撞墙和隧道壁上分别布设 A，B，C，D 四个测点，AB 段为 L_3，CD 段为 L_2，均使用手持测距仪测量；

BC 段使用全站仪自由设站法测量两测点三维坐标，由此计算两测点间距，此间距记为 L_1。取横径值 $S=L_1+L_2+L_3$，将前后两次所得的横向长度值相减，即得到横向本次变形量。将本次长度值减去初始长度值，即得到横向累计变形量。

6.3.4.3 长期变形分析

外滩隧道于 2012 年完成了测点布设和初始值的采集，并从 2012 年开始对沉降和收敛变形进行长期监测，监测频率为每季度 1 次，每年 4 次。

1. 沉降监测

图 6-55 为外滩隧道历年沉降变形曲线。从图中监测数据可以看出，自 2012 年实施长期变形监测以来，除工作井位置，外滩隧道整体变形呈逐年上抬趋势，盾构段和复兴路矩形段尤为明显。截至 2020 年底，吴淞路段最大上抬 +12.1 mm(WS057 测点)，盾构段最大上抬 +8.6 mm(S048 测点)，复兴路段最大上抬 +14.4 mm(FS077 测点)。图 6-56 为沉降变形历时曲线，逐年上抬趋势较为明显。

在天潼路和福州路工作井位置，外滩隧道有沉降槽，福州路工作井较为明显。两工作井与盾构段连接处历史差异沉降最大值分别为 2.5 mm 和 14.0 mm。

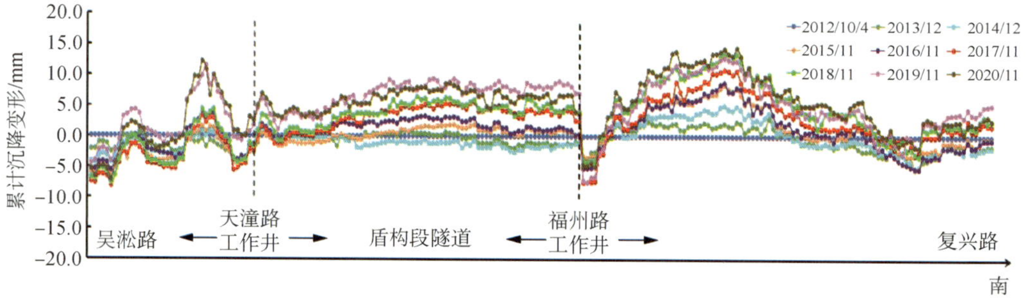

图 6-55 外滩隧道历年沉降变形

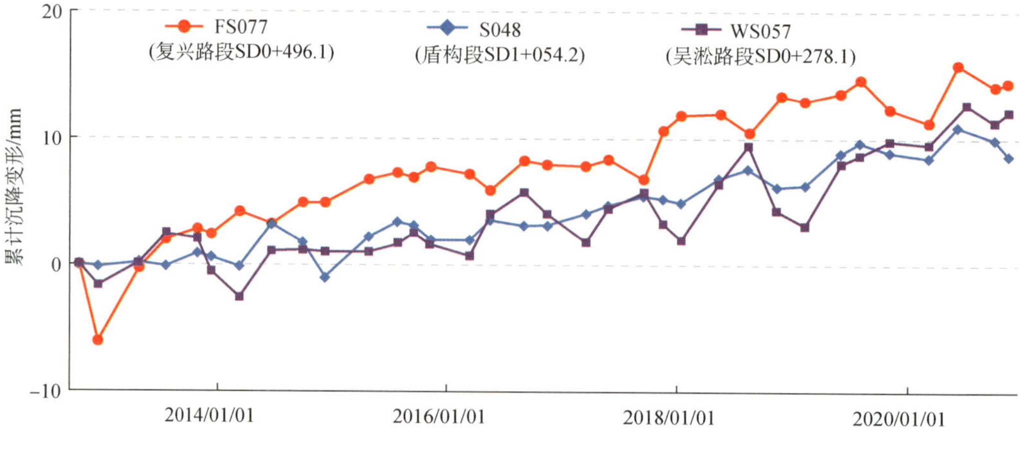

图 6-56 外滩隧道沉降变形历时曲线

2. 收敛监测

图6-57—图6-59分别为外滩隧道盾构段上层竖向收敛、下层竖向收敛和下层横向收敛历年年度变形曲线。竖向收敛为正值，表示竖向拉伸，反之表示竖向压缩；横向收敛为正值，表示横向拉伸，反之表示横向压缩。从图中数据统计得出，上层竖向收敛变化范围在−2.8～+7.3 mm，下层竖向收敛变化范围在−12.2～+6.3 mm，下层横向收敛变化范围在−4.9～+10.0 mm。

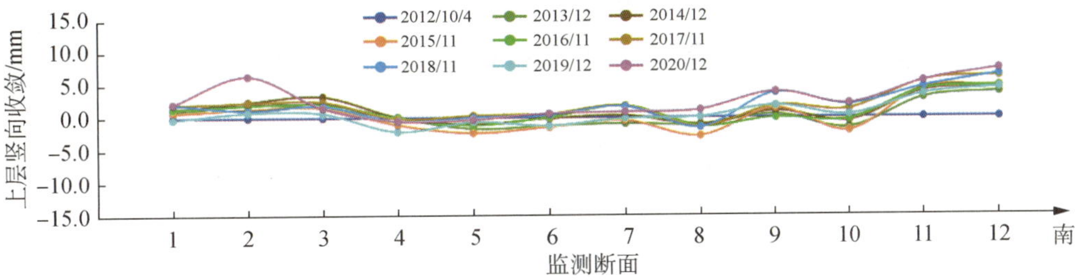

图 6-57 外滩隧道盾构段上层竖向收敛

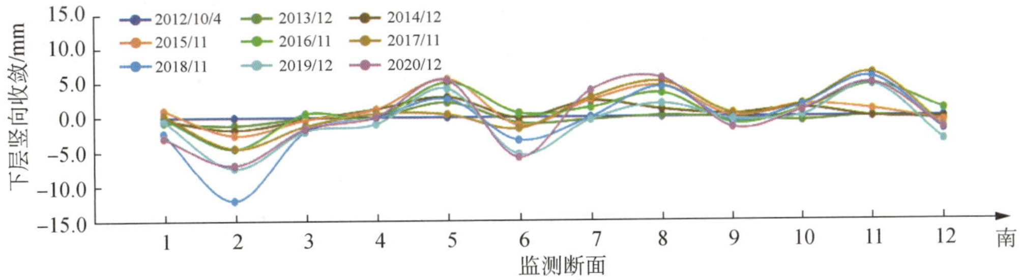

图 6-58 外滩隧道盾构段下层竖向收敛

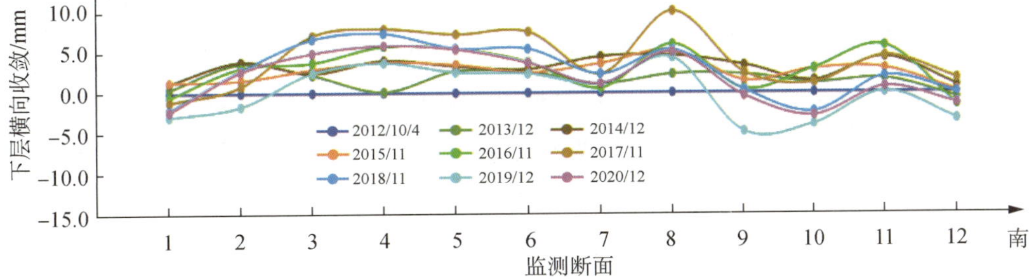

图 6-59 外滩隧道盾构段下层横向收敛

6.3.4.4 施工影响分析

在城市桥梁、隧道安全保护区域内进行外部作业时，应对其结构进行监测，根据监测数据，结合结构安全控制指标，对外部作业实行过程监控。

1. 穿越工程

轨道交通 14 号线豫园站—陆家嘴站区间上、下行线隧道始发施工约 400 m 后于中山东二路位置先后穿越外滩隧道，区间隧道相交范围约为里程 SK21＋298—SK21＋324，XK21＋289—XK21＋317。资料显示，盾构穿越外滩隧道长度约 28 m，区间隧道和外滩隧道呈 63°和 64°斜交，盾构穿越外滩隧道过程需切削其桩基(图 6-60)。

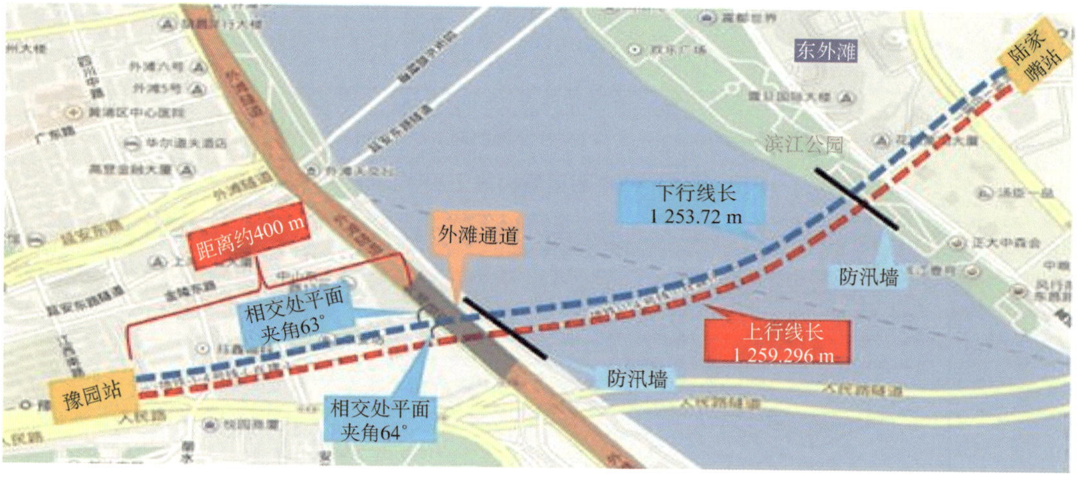

图 6-60 轨道交通 14 号线区间隧道与外滩隧道地理位置关系

外滩隧道围护结构为 800 mm 厚地下连续墙，隧道与其最小垂直距离为 3.04 m。区间隧道施工将穿越 5 根外滩隧道桩基，其中上行线断面内共有 1 根 A 型立柱桩，2 根 B 型立柱桩；下行线断面内共有 1 根 A 型立柱桩，1 根 B 型立柱桩，盾构机直接切削立柱桩进行穿越。A 型立柱桩为 ϕ700 钻孔灌注桩，底标高－37.0 m；B 型立柱桩为 ϕ700 钻孔灌注桩，底标高－48.0 m。A，B 型桩配筋一致，但桩底标高不同，经向原设计单位咨询，该桩为施工阶段临时承重桩，其与外滩隧道底板结构间无钢筋直接连接，详见图 6-61。内设 8Φ25 主筋，水下采用 C30 混凝土。穿越区域所处土层为⑤$_{3-1}$ 灰色粉质黏土，隧道纵坡为 6‰及 R5 000 m 竖曲线，隧道平面为直线。

2. 工程影响分析

图 6-62 为穿越施工影响外滩隧道累计沉降变形曲线，从图中可以看出，地铁 14 号线豫

园站—陆家嘴站区间隧道穿越外滩隧道期间，引起外滩隧道最大隆起量约 3.0 mm，工后最大沉降约−4.1 mm。图 6-63 为特征点的沉降变化历时曲线，从历时曲线可以看出，在上下行线穿越期间，外滩隧道明显上抬，穿越后又表现出下沉趋势。穿越期间和工后变形均未达到报警值(10.0 mm)。

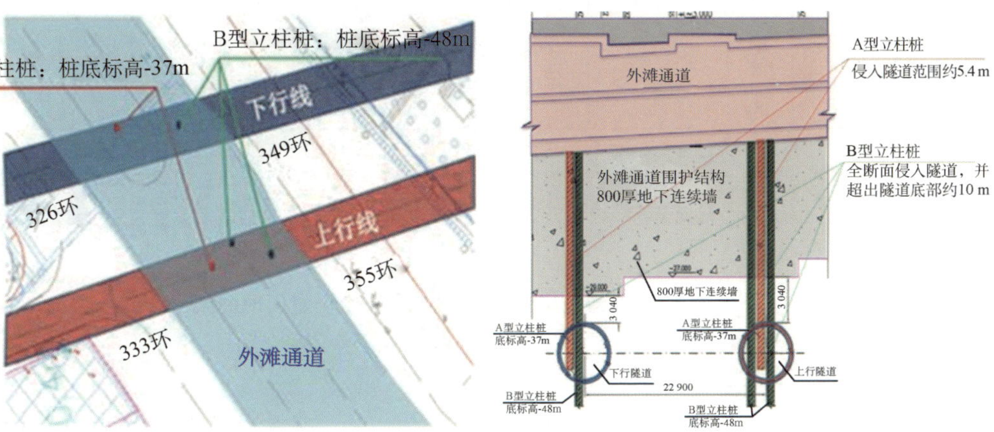

(a) 穿越平面示意图　　　　(b) 穿越立面示意图

图 6-61　轨道交通 14 号区间隧道穿越外滩隧道

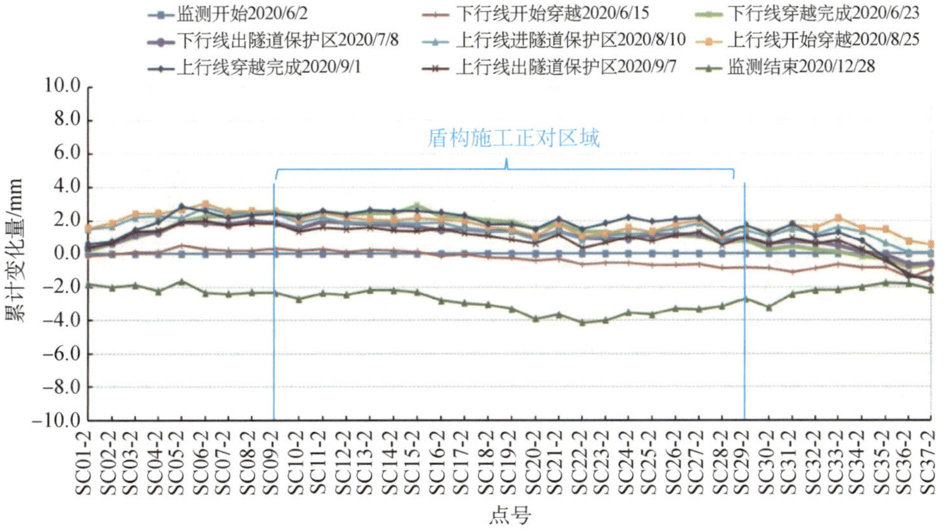

图 6-62　外滩隧道沉降累计变化量曲线

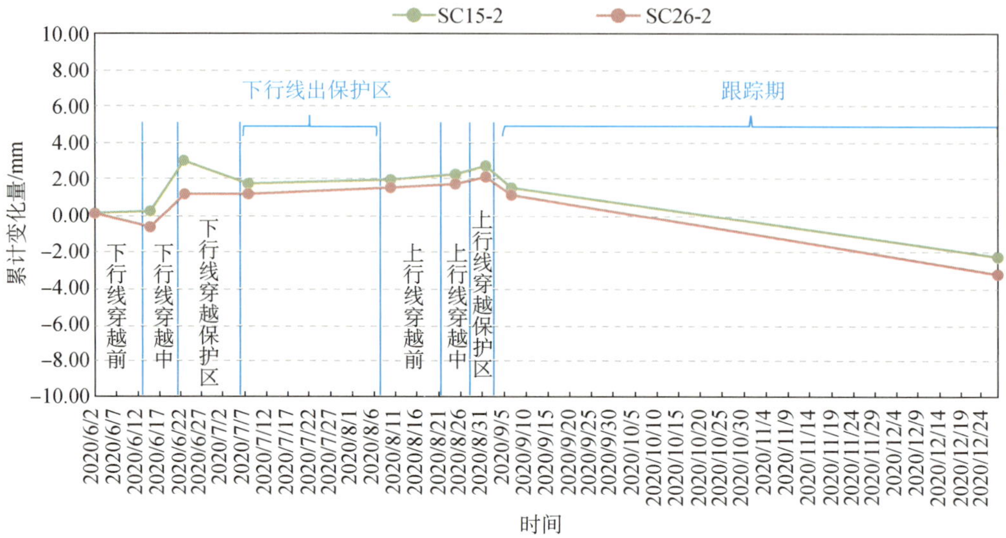

图 6-63　外滩隧道沉降特征点累计变化量历时曲线

6.3.4.5　结论与建议

1. 结论

(1) 从 2012 年开始，截至目前，外滩隧道长期监测历时 9 年，隧道整体表现出上抬趋势，矩形段年度最大上抬变化量为 1.6 mm，盾构段年度最大上抬变化量约 1.0 mm，工作井位置沉降明显，盾构段连接处历史差异沉降最大值为 14.0 mm。

(2) 从长期收敛监测结果可知，上层竖向收敛变化范围在 −2.8～+7.3 mm，下层竖向收敛变化范围在 −12.2～+6.3 mm，下层横向收敛变化范围在 −4.9～+10.0 mm，竖向收敛年度最大变化量约 1.4 mm，横向收敛年度最大变化量约 1.0 mm。

(3) 2020 年地铁 14 号线豫园站—陆家嘴站区间隧道下穿外滩隧道，穿越期间引起外滩隧道最大上抬约 3.0 mm，工后最大下沉约 −4.1 mm，均未达到监测报警值。

2. 建议

(1) 建议继续开展运营期长期监护监测，加强日常巡检，准确如实记录日常结构病害（结构裂缝、渗漏水等）；矩形段变形缝和工作井接头处需要特别关注。

(2) 建议及时掌握沿线安全保护区内施工活动舆情，事先制订施工活动影响监测方案和应急预案等；关注周边区域地下水位变化动态；等等。

(3) 由于装饰板的阻挡，不能直观、及时发现结构本身存在的病害隐患，建议加强病害巡查力度，可考虑采用结构无损快速探测等手段。

参考文献

[1] 唐咸燕. 路面病害智能识别和养护管理系统应用[J]. 交通与运输，2021，37(5)：39-43.

[2] 王博，贾婧媛，李涛. 基于精准时空信息的城市关键公共基础设施运行预警决策方法综述[J]. 地理信息世界，2020，27(4)：13-21.

[3] 刘伯权. 土木工程概论[M]. 武汉：武汉大学出版社，2014.

[4] 陈忠达. 路基路面工程[M]. 北京：人民交通出版社，2009.

[5] 余建星. 工程项目风险管理[M]. 天津：天津大学出版社，2006.

[6] 王炳龙. 高速铁路路基工程[M]. 北京：中国铁路出版社，2007.

[7] 简斌. 道路工程路基失稳原因分析[J]. 科技信息，2012(7)：559.

[8] 徐慧，罗建华，张丽娟. 沿河公路路基动态失稳风险分析[J]. 科学咨询，2008(10)：58-59.

[9] 牟顺，王亮，马保成. 山区公路路基沉陷风险识别方法研究[J]. 路基工程，2011(1)：54-56.

[10] 孙金峰. 软土路基工程的风险管理研究[D]. 天津：天津大学，2016.

[11] 于文平，刘辉. 沥青混凝土路面的主要破坏形式分析[J]. 科技创新与应用，2012(6)：175.

[12] 李虹昱. 高速公路沥青路面早期损坏分析与防治对策[J]. 四川水泥，2017(7)：15.

[13] 章金钊，李祝龙，武憨民. 冻土路基稳定性主要影响因素探讨[J]. 公路，2000(2)：17-20.

[14] 柴贺军，李海平，王俊杰. 山区公路斜坡地形路基病害类型及处治方法[J]. 公路交通技术，2008(6)：1-5，10.

[15] 陈连峰，杜军芝，陈德文. 路基侧滑失稳分析及其解决方案[J]. 硅谷，2008(7)：3-4.

[16] 黄永强. 高速公路路基沉降及路面动力特性研究[D]. 长沙：中南大学，2010.

[17] 周德泉，杨帆，周毅. 路基病害处治技术与应用[J]. 中外公路，2010，30(6)：17-21.

[18] 王定敏. 基于 DCP 的路基压实度及承载能力评定[J]. 公路工程，2011，36(1)：109-111.

[19] 郭成超，钟燕辉，李嘉，等. 路基承载力的评定[J]. 华北水利水电学院学报，2006，27(2)：85-87.

[20] 杜攀峰，廖立坚，杨新安. 铁路路基病害的智能识别[J]. 铁道学报，2010，32(3)：142-146.

[21] 交通运输部公路科学研究院. 公路技术状况评定标准：JTG 5210—2018[S]. 北京：人民交通出版社，2018.

[22] 张明，叶巧玲，冯晓. 路面平整度检测技术现状与发展[J]. 重庆交通大学学报：自然科学版，2007，26(4)：112-114，127.

[23] 中交路桥技术有限公司. 公路沥青路面设计规范：JTG D50—2017[S]. 北京：人民交通出版社，2017.

[24] 交通运输部公路科学研究院. 公路沥青路面养护技术规范：JTG 5142—2019[S]. 北京：人民交通出版

社，2019.
[25] 刘黎萍，孙立军. 沥青路面全寿命结构设计方法概述[J]. 同济大学学报：自然科学版，2003，31(9)：1044-1048.
[26] 叶远春，宋谷长. 城市道路空洞风险评估方法研究[J]. 城市道桥与防洪，2012(4)：209-213，280.
[27] 张兴强，陈波，闫澎旺，等. 路基不均匀沉降对沥青路面受力变形影响的有限元分析[J]. 中国公路学报，2004，17(1)：16-19.
[28] 姚雪梅. 地下工程施工安全风险管理系统研究[D]. 武汉：武汉理工大学，2010.
[29] 孙立军. 沥青路面结构行为理论[M]. 北京：人民交通出版社，2005.
[30] 徐剑，黄颂昌. 沥青路面预防性养护理念与技术[M]. 北京：人民交通出版社，2011.
[31] 夏宇沛. 基于预防性养护的城市道路路面养护管理系统及工程应用研究[D]. 广州：华南理工大学，2011.
[32] 董瑞琨，孙立军. 路面维护及预防性养护效益分析[J]. 公路，2004(3)：121-125.
[33] 徐培华. 高等级公路路基路面养护技术[M]. 北京：人民交通出版社，2003.
[34] 马雳. 城市道路建设工程安全风险管理研究[J]. 城市建设理论研究 2013(4).
[35] 阮欣. 桥梁工程风险评估体系及关键问题研究[D]. 上海：同济大学，2006.
[36] STEWART M G. Reliability-based assessment of ageing bridges using risk ranking and life cycle cost decision analyses[J]. Reliability Engineering & System Safety, 2001, 74(3): 263-273.
[37] 范立础. 桥梁工程(上册)[M]. 2 版. 北京：人民交通出版社，2012.
[38] 建设部城市建设研究所. 城市桥梁设计荷载标准：CJJ 77—98[M]. 北京：中国建筑工业出版社，1998.
[39] 项贻强，张婷婷，孙筠. 国外桥梁工程项目风险及评估研究综述[J]. 中外公路，2010，30(2)：153-158.
[40] SEXSMITH R G, et al. Safety factors for bridge falsework by risk management[J]. Structural Safety, 2003, 25(2)：227-243.
[41] 阮欣，陈艾荣，石雪飞. 桥梁工程风险评估[M]. 北京：人民交通出版社，2008.
[42] 孙博，肖汝诚. 基于层次分析-模糊综合评价法的桥梁火灾风险评估体系[J]. 同济大学学报：自然科学版，2015，43(11)：1619-1625.
[43] 易仁彦，周瑞峰，黄茜. 近 15 年国内桥梁坍塌事故的原因和风险分析[J]. 交通科技，2015(5)：61-64.
[44] 王增忠，王君杰，范立础. 船撞桥风险评估与管理[J]. 自然灾害学报，2008，17(4)：7-11.
[45] 宋建. 城市桥梁运营期风险评估与对策研究[D]. 天津：天津大学，2011.
[46] 肖汝诚，等. 桥梁结构体系[M]. 北京：人民交通出版社，2013.
[47] 穆祥纯. 城市桥梁风险评价的案例分析及对策研究[J]. 城市道桥与防洪，2008(10)：9-14.
[48] 付涛，王君杰. 桥梁船撞风险分析与对策研究[J]. 公路工程，2009，34(4)：85-88，93.
[49] 刘晓娣，赵君黎，冯苠. 货运高速公路桥梁汽车超载风险评估[J]. 公路，2010(10)：43-46.
[50] SABATINO S, FRANGOPOL D M, Dong Y. Sustainability-informed maintenance optimization of highway bridges considering multi-attribute utility and risk attitude[J]. Engineering Structures, 2015, 102(1): 310-321.
[51] 王建秀，秦权. 在氯侵蚀和混凝土碳化环境下用时变可靠度和预后验决策优化桥梁检修制度[J]. 工程力

学,2008,25(4):140-145,183.

[52] 朱劲松,王诗青,赵君黎,等. 公路桥梁工程安全风险识别的综合法研究[C]//第十九届全国桥梁学术会议,2010.

[53] 陈力波,张建经,卓卫东. 汶川地区公路桥梁系统地震风险评估[J]. 土木工程学报,2013(S2):242-248.

[54] 马明雷,马如进,陈艾荣. 车致桥梁火灾发生概率评价模型[J]. 华南理工大学学报:自然科学版,2015,43(12):133-140.

[55] ZANINI M A, FALESCHINI F, PELLEGRINO C. Probabilistic seismic risk forecasting of aging bridge networks[J]. Engineering Structures, 2017, 136(1): 219-232.

[56] BHATTACHARYA B. Risk and reliability in bridges [M]. Innovative Bridge Design Handbook-Construction, Rehabilitation and Maintenance, 2016: 155-193.

[57] KHAN M A, KHAN A A, DOMADA R, et al. Fire hazard assessment, performance evaluation, and fire resistance enhancement of bridges[J]. Structures, 2021, 34: 4704-4714.

[58] 张晓栋,马如进,陈艾荣. 车辆火灾作用下桥梁风险概率评估方法[J]. 华南理工大学学报:自然科学版,2019,47(6):108-118.

[59] 彭建新,邵旭东. 混凝土桥梁结构性能退化可靠性评估及全寿命设计方法[M]. 北京:人民交通出版社,2014.

[60] 赵君黎,张杰. 公路桥梁安全风险现状及其与设计规范相关问题研究[C]//茅以升科技教育基金会,台湾土木水利工程学会,2009.

[61] 庞于涛,袁万城,党新志,等. 考虑材料劣变过程的桥梁地震易损性分析[J]. 同济大学学报:自然科学版,2013(3):348-354.

[62] 王勇. 上海外滩隧道工程大直径盾构出洞施工技术概述[J]. 地下工程与隧道,2011,(4):27-29,54.

[63] 上海市城乡建设和管理委员会. 隧道养护技术规程:DG/TJ 08—2175—2015[S]. 上海:同济大学出版社,2015.

[64] 中国国家标准化管理委员会. 国家一、二等水准测量规范:GB/T 12897—2006[S]. 北京:中国标准出版社,2006.

[65] 中华人民共和国住房和城乡建设部. 城市轨道交通结构安全保护技术规范:CJJ/T 202—2013[S]. 北京:中国建筑工业出版社,2013.

[66] 中华人民共和国建设部. 地铁及地下工程建设风险管理指南[M]. 北京:中国建筑工业出版社,2007.

[67] 上海勘察设计研究院(集团)有限公司. 上海市轨道交通 14 号线工程土建 11 标豫园站—陆家嘴站盾构区间施工期间外滩隧道专项监护总结报告[R]. 上海,2021.

[68] 谢雄耀,张玉红,宋学良. 隧道工程建设风险与保险[M]. 上海:同济大学出版社,2019.

[69] 中国平安财产保险股份有限公司,等. 中国地铁风险管理与保险蓝皮书[M]. 上海:同济大学出版社,2018.

[70] 胡怡东. 城市轨道交通运营线路土建结构维修技术研究与应用[M]. 广州:暨南大学出版社,2018.

[71] 刘辉,张智超,王林娟. 2004—2008 年我国隧道施工事故统计分析[J]. 中国安全科学学报,2010,20(1):96-100.

[72] 沈劲利，游步上. 隧道工程风险管理之研究[C]//首届全球华人岩土工程论坛论文集，2003：233-240.

[73] 张雁，黄宏伟. 地铁与地下工程建设技术风险管理指南[M]. 北京：中国建筑工业出版社，2007.

[74] 中华人民共和国住房和城乡建设部. 城市轨道交通地下工程建设风险管理规范：GB 50652—2011[S]. 北京：中国建筑工业出版社，2012.

[75] 张少夏，黄宏伟. 影响隧道施工工期的风险分析[J]. 地下空间与工程学报，2005，1(6)：936-939.

[76] 陈亮，黄宏伟，胡群芳，等. 盾构隧道施工风险管理数据库系统开发[J]. 地下空间与工程学报，2005，1(6)：964-967.

[77] 罗勇，李宝文，袁家伟，等. 高速公路隧道运营安全风险评估研究[J]. 现代隧道技术，2016，(6)：25-30.

[78] 林志，吴森阳. 隧道运营安全风险评估办法[J]. 中国公路，2016(5)：110-114.

[79] 陈建勋，罗彦斌，姜久纯. 运营公司隧道安全评估[J]. 现代隧道技术，2006(4)：68-71.

[80] 王永红，刘兵，张永刚. 渤海湾海底隧道运营风险评估分析[J]. 中国工程科学，2013，(12)：107-112.

[81] 李鑫. 城市隧道施工环境风险评估研究[D]. 重庆：重庆大学，2010.

[82] 胡振华. 工程项目管理[M]. 长沙：湖南人民出版社，2001.

[83] 杨仲杰. 地铁隧道大跨断面施工技术[D]. 成都：西南交通大学，2005.

[84] 尹光明. 城市隧道临近建筑物超深基坑支护理论与安全控制技术研究[D]. 长沙：中南大学，2012.

[85] 姜青舫，陈方正. 风险度量原理[M]. 上海：同济大学出版社，2000.

[86] 崇明越江通道工程风险分析研究总报告[R]. 上海，2002.

[87] 黄宏伟. 隧道及地下工程建设中的风险管理研究进展[J]. 地下空间与工程学报，2006，2(1)：13-20.

[88] 姚宣德，王梦恕. 对地铁工程风险评估体系框架的研究[J]. 中国安全科学学报，2005，15(8)：88-92.

[89] 赵惠祥. 城市轨道交通系统的运营安全性与可靠性研究[D]. 上海：同济大学，2006.